강화학습 시리즈 2

강화학습 기본 다지기와 PyTorch

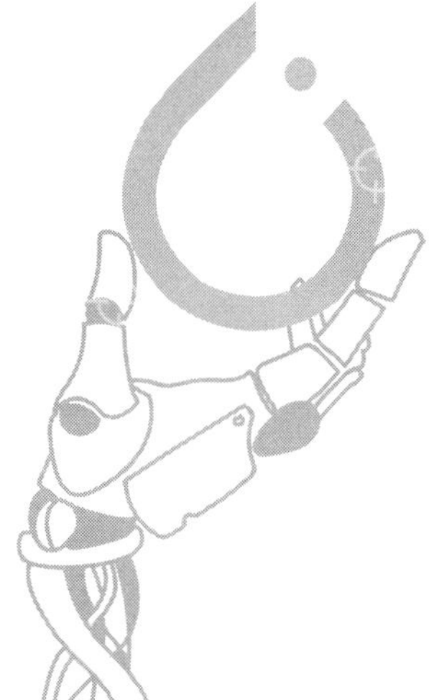

추상목 지음

자유아카데미

머리말

강화학습 알고리즘을 코드 구현 중심으로 설명하고, 실제 학습되는 코드를 제공하는 저서를 찾기 어렵다. 이러한 어려움을 해결하고자 2023년에 첫 번째 책인「강화학습 기본과 PyTorch」를 출간하였고, 이 책은 2024년 세종도서 학술부문에 선정되기도 하였다. 이번에는 두 번째 책인「강화학습 기본 다지기와 PyTorch」를 출판하게 되었다.

첫 번째 책에서는 환경과 에이전트의 예제를 시작으로 Bellman 방정식을 소개하며, 전통적인 가치 기반(value-based) 강화학습인 DQN(Deep Q Network), Double DQN, Dueling DQN, PER(Prioritized Experience Replay) 등을 다루었다. 두 번째 책에서는 N-step DQN, NoisyNet, Categorical DQN(C51), QRDQN(Quantile Regression DQN), IQN(Implicit Quantile Network), FQF(Fully parameterized Quantile Function), Rainbow와 같은 다양한 알고리즘을 심도 있게 다루어, 가치 기반 강화학습의 폭넓은 기법들을 설명하고자 했다.

이 책은 다음의 네 가지 집필 원칙을 바탕으로 집필되었다.

1. 알고리즘을 구현한 코드가 학습되어야 한다.
2. 코드로 구현하는 데 중점을 두어 알고리즘을 설명한다.
3. 가능한 한 그림을 활용하여 이해를 돕는다.
4. 알고리즘과 코드를 이해했는지 확인할 수 있도록 연습문제를 제공한다.

알고리즘을 구현한 코드가 학습이 안 되면, 알고리즘을 실질적으로 사용할 수 없으므로 첫 번째 원칙이 필요하다. 알고리즘 이해는 코드 구현으로 완성되므로, 두 번째 원칙에 따라 코드 구현을 염두에 두고 알고리즘을 설명한다. 또한, 다양한 그림을 사용하여 알고리즘에 대한 이해도를 높이고자 했으며, 독자가 알고리즘 내용과 코드 내용을 이해했는지 확인할 수 있도록 연습문제를 제공하여 나머지 원칙을 실천하고자 했다.

QRDQN, IQN, FQF는 분위수를 이용하는 알고리즘으로, 다른 알고리즘들과 차이점이 크지만, 각 알고리즘을 용어 설명과 구성 요소, 신경망 구조, 정책(policy), 학습 데이터(memory), 손실(loss), 파라미터 업데이트 함수, main, 코드 설명, 전체 코드, 연습문제와 풀이라는 공통된 주제를 통해 설명함으로써 일관성을 유지하려고 노력했다.

출간 후 나올 수 있는 수정사항이나 참고자료 등은 자유아카데미 홈페이지 자료실(www.freeaca.com)을 통해 게시할 것이니 참고하기를 바란다. 앞서 출간한 강화학습 시리즈 1과 이번 시리즈 2를 통해 강화학습의 기본 개념과 가치 기반(value-based) 강화학습을 소개하였다. 시리즈 3에서는 정책 기반(policy-based) 강화학습에 대해 다룰 예정이다.

강화학습 공부를 시작하는 후학에게 큰 도움이 되길 기대하면서

울산대학교 수학과 **추상목**

차례

제 1 장 N-step DQN

제 2 장 NoisyNet

제3장 CategoricalDQN(C51)

제4장 Quantile Regression DQN(QRDQN)

제5장 Implicit Quantile Network(IQN)

제 1 장

N-step DQN

1. 용어 설명과 구성요소
2. 신경망 구조
3. 정책(상태가 입력되면 행동 출력) 정의
4. 학습데이터(memory) 정의
5. 손실 정의
6. 파라미터 업데이트 함수 정의
7. Main
8. 코드 설명
9. 전체 코드
10. 연습문제
11. 부록

Q-러닝(Q-Learning)은 상태(state)-행동(action) 쌍의 가치(Q value, q 값, q(s,a))를 추정하여 최적의 정책(policy)을 찾는 강화학습 방법이다. DQN(Deep Q-Network)은 신경망을 사용하지 않는 Q-러닝을 딥 러닝(신경망)과 결합한 방법으로, 인공신경망을 사용하여 Q value를 계산한다. DQN은 단일 단계(1-step) 보상(reward)만을 다루지만, **N-step DQN**은 N 단계에 걸친 보상의 합을 반영하여 Q value를 업데이트한다. 2-step을 기준으로 N-step DQN에 대하여 알아보자.

1 용어 설명과 구성요소

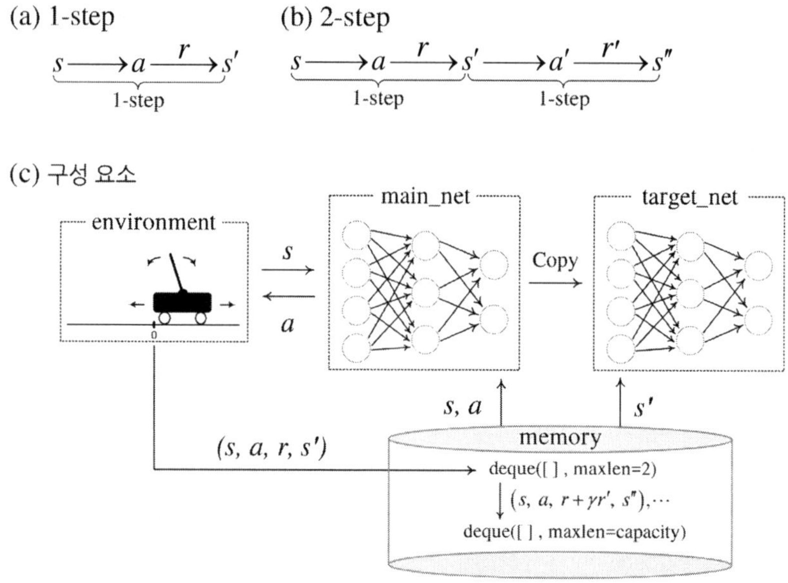

그림1

그림1(a)와 (b)는 1-step DQN과 2-step DQN의 작동 방식을 나타낸다. **그림1**(a)는 상태 s에서 행동 a를 취했을 때의 결과를 보여준다. 행동 후, 에이전트는 보상 r를 받고 새로운 상태 s'으로 이동한다. 1-step 전이는 DQN 업데이트 공식에서 사용되며, 보상과 다음 상태의 최대 q 값만을 고려한다. **그림1**(b)는 두 번의 연속적인 행동과 전이를 나타낸다. 상태 s에서 행동 a를 취한 후, 에이전트는 보상 r를 받고 상태 s'

으로 이동한다. 그 후, 두 번째 행동 a'을 취하여 보상 r'을 받고 다른 상태 s''으로 이동한다. 이 과정에서 발생하는 두 번의 보상과 마지막 상태의 최대 q 값을 2-step DQN 업데이트 공식에 사용한다. 기호 (s, a, r, s')과 $(s, a, r+\gamma r', s'')$를 각각 1-step 경험과 2-step 경험이라고 하자.

그림1(c)는 2-step DQN을 구성하는 요소와 이들 간의 상호작용 관계를 나타낸다. DQN(1-step DQN)의 memory와 달리 두 번의 연속적인 행동과 전이를 기억하는 보조기억장치를 사용하고 있다(참고로, 이러한 보조기억장치를 사용하지 않고도 N-step DQN을 구현할 수 있다). 구성 요소들의 상호작용에 대한 자세한 그림과 설명은 강화학습 시리즈1 '강화학습 기본과 PyTorch'의 제7장으로 대신한다.

이제부터 **그림1**(c)에 있는 구성요소와 신경망 학습에 필요한 내용을 코드 구현 관점에서 아래 순서로 설명한다.

- q 값 신경망 정의
- 정책(상태가 입력되면 행동 출력) 정의
- 학습데이터(memory) 정의
- 손실 정의
- 파라미터 업데이트 함수
- Main
- 코드 설명
- 전체 코드

2 신경망 구조

상태 s가 입력되면 상태 s-행동 a의 가치인 q 값을 출력하는 신경망을 클래스로 코딩해야 한다. 이를 위하여 만든 그림이 아래 **그림2**(a)로, state(s)가 신경망에 입력되어 q 값을 출력하는 과정을 나타내고 있다. 이 과정을 보면 신경망에 대하여 다음을 알 수 있다.

- DQN(1-step DQN) 구조와 같다.
- 세 개의 선형연결층(linear1, linear2, linear3)과 활성함수 selu를 사용하고 있다.
- 두 개 함수(__init__, forward)를 가진다.
- 함수 __init__ 내부에서 선형연결층을 변수 A에 할당한다.
- 함수 forward 내부에서 변수 A를 사용하여 q 값을 return한다.
- 신경망의 인스턴스를 ndqn이라 할 때, ①, ②, ③은 다음을 나타낸다.
  ① x=selu(ndqn.linear1(state))
  ② x=selu(ndqn.linear2(x))
  ③ x=ndqn.linear3(x)
- 신경망의 출력은 q(s,a1)과 q(s,a2)이다. **그림1**(c)에 있는 main_net을 사용하여 q(s,a) 대신 $q_{main_net}(s)[a]$로 나타낼 수 있다.

아래 **그림2**(b)를 보면, 함수 forward 내부에서 처리하는 선형연결층의 입력과 출력의 형태(shape)를 알 수 있다.

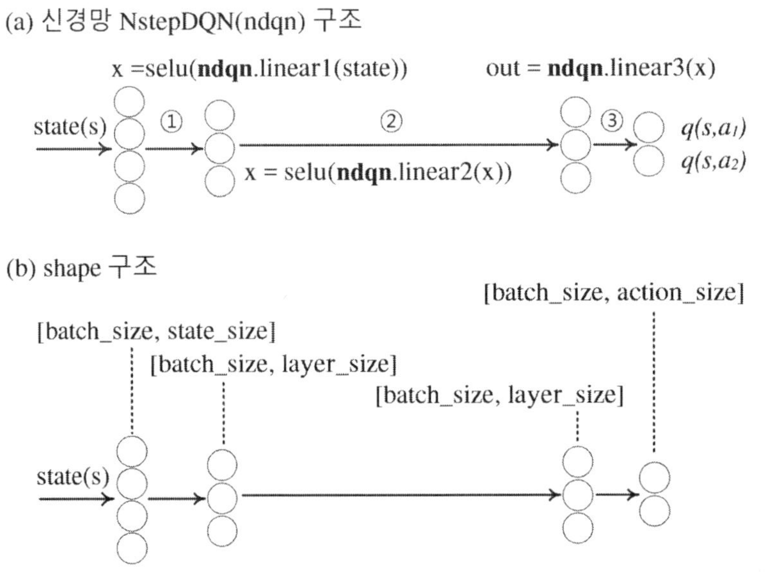

그림2. 신경망 클래스 코딩에 사용하는 이미지

위 **그림2**는 정책(policy) 신경망을 설명하기 위한 toy 신경망으로, 4개의 입력 노드와 2개의 출력 노드를 가진다. 4개 숫자를 가진 환경(CartPole-v0)의 상태인 s = (카트의 위치, 카트의 속도, 폴의 각도, 폴의 각속도)가 신경망으로 입력되기 때문에 4개 입력 노드를 가진다. 1번째 출력 노드가 가지는 값은 상태(s)에서 왼쪽 행동(a1)의 가치이고, 2번째는 상태(s)에서 오른쪽 행동(a2)의 가치를 가지게 된다. Toy 신경망에서 layer_size(은닉노드 개수)는 3이지만, 코드에서는 128이다.

3 정책(상태가 입력되면 행동 출력) 정의

그림2에서 batch_size=1이고 신경망에 상태 s가 입력되면, 출력은 두 개의 숫자 q(s, a1)과 q(s, a2)가 된다. q 값이 큰 행동 a를 선택할 때, 탐욕적 정책(greedy policy)이라고 한다. 우리가 사용할 정책은 ε-탐욕적 정책(ε-greedy policy)으로 다음과 같다.

$$\text{policy}(s) = \begin{cases} \text{random.choice}(actions) & (\text{random.random}(\ ) < \varepsilon) \\ \arg\max_a \{ q(s,a) \mid a = a_1, a_2 \} & (\text{otherwise}) \end{cases}$$

그림3. 정책 코딩에 사용하는 이미지

탐험(exploration)과 탐색(exploitation, 활용, 이용)을 모두 사용하는 정책으로, 에이전트가 최적의 행동을 선택하는 동시에 새로운 행동을 탐험할 기회를 제공한다. random.random( )은 구간 [0, 1)에서 난수를 생성한다. 이 난수가 ε보다 작으면, 무작위로 행동을 선택한다. 코드에서 ε 값을 감소하게 만들어, 시간이 지남에 따라 탐험보다는 탐색을 더 자주 한다. random.choice(actions)는 가능한 행동 집합에서 하나의 행동을 무작위로 선택하는 것을 의미한다. 다음 식은 주어진 상태 s에서 가능한 모든 행동 a에 대한 q 값을 계산하여, 가장 높은 q 값을 가진 행동을 나타낸다.

$$\arg\max_a \{ q(s,a) \mid a = a_1, a_2 \} \tag{1}$$

이는 “탐색”의 한 형태로, 에이전트가 이전 경험을 기반으로 최선의 행동을 선택하게 한다. 위 **그림1**(c)에서 신경망을 main_net으로 표기했기 때문에 식(1)을 다음과 같이 나타낼 수 있다.

$$\arg\max_{a} q_{\text{main\_net}}(s)[a]$$

4 학습데이터(memory) 정의

신경망을 학습하기 위해서는 학습데이터가 필요하다. 일반적으로 학습데이터를 미리 준비하지만, 강화학습에서는 환경과 에이전트(정책)가 상호작용하면서 얻은 경험을 학습데이터로 사용한다. **그림4**와 같이 경험을 memory에 저장하고 여기서 추출한 경험을 학습데이터로 사용한다.

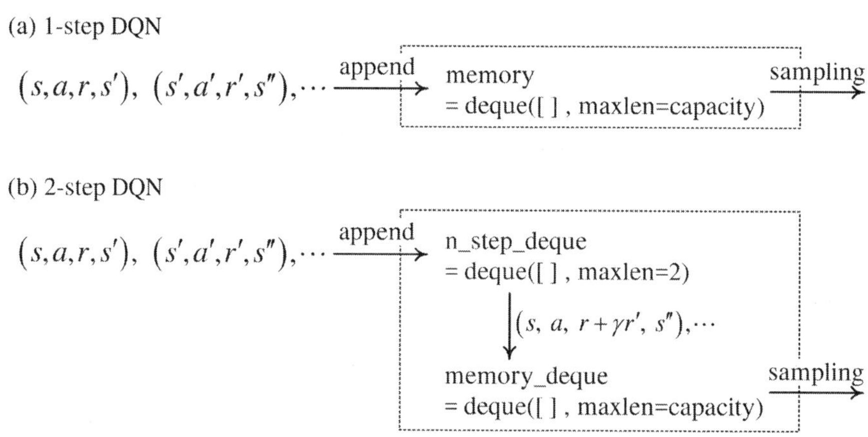

그림4. 메모리 코딩에 사용하는 이미지

그림4는 1-step DQN과 2-step DQN에서의 경험 재생(replay) 메커니즘을 설명하는 그림이다. 1-step 경험은 다음과 같다.

(상태 s, 행동 a, 보상 r, 다음 상태 s'), (s', a', r', s''), · · ·

그림4(a)에서는 이 경험을 memory라는 이름의 deque(양방향 큐)에 저장한다. 이

deque의 최대 길이는 capacity로 정해져 있어서 이 값을 초과하면 가장 오래된 경험을 제거한다. 학습을 위해 memory에서 무작위로 경험을 샘플링(sampling, 표본추출)하여 비슷한 경험에 치우치지 않고 다양한 상황에서 신경망을 학습할 수 있다. **그림4**(b)에서는 두 개의 deque를 사용하고 있다.

- 첫 번째는 n_step_deque(최대 길이 2)이다. 이곳에 1-step 경험(transition)을 저장한다.
- 두 번째는 memory_deque(최대 길이 capacity)이다. 이곳에 2-step 경험을 저장하기 위하여, 먼저 n_step_deque에 저장된 두 개의 경험을 추출하여 다음과 같이 2-step 경험을 만든다.

$$(s, a, r+\gamma r', s'')$$

그리고 memory_deque에 2-step 경험을 저장한다.

2-step DQN에서는 학습을 위하여 memory_deque에서 2-step 경험을 추출한다.

5 손실 정의

아래 **그림5**(a)는 DQN(1-step DQN)에서 벨만 최적 방정식을 사용하여 손실(loss)을 정의하는 내용이다. **그림5**(b)는 이 과정을 2-step DQN으로 확장한 그림이다. 2-step DQN의 loss에 사용할 target을 정하기 위하여, 벨만 최적 방정식을 1번 적용하여 구한 $q_*(s', a')$ 에 다시 벨만 최적 방정식을 적용했다. 그래서 2번째 상태 전이 후의 최대 q 값 $\max_{a''} q_*(s'', a'')$ 을 반영한 벨만 최적 방정식을 얻게 되고, 이를 2-step DQN의 loss에 사용한다. 이 그림을 사용하여 다음 순서로 손실을 정의해 보자.

- 예측값
- 타겟값
- 예측값과 타겟값의 오차를 제곱하여 구하는 손실

5-1. 예측값

1-step이나 2-step DQN에서 예측값은 신경망의 출력인 $q_{main_net}(s)[a]$이 된다. 추가 설명하면 다음과 같다.

- 상태 s와 행동 a는 memory에서 추출한 경험의 상태와 행동이다.
- 출력 $q_{main_net}(s)[a]$는 **그림2**(a)의 출력 $q_{main_net}(s)[a_1]$과 $q_{main\_net}(s)[a_2]$ 중, 행동 a에 해당하는 출력을 나타낸다.

(a) 1-step DQN

1-step Bellman optimality eq.

$$\underbrace{q_*(s,a)}_{\text{현재 } q \text{ value}} = R_s^a + \gamma \sum_{s'} p(s'|s,a) \max_{a'} \underbrace{q_*(s',a')}_{\text{미래 } q \text{ value}}$$

main 신경망 q_{main_net}, target 신경망 q_{target_net}

경험 (s,a,r,s')

$$q_{main\_net}(s)[a] \approx r + \gamma \max_{a'} q_{target\_net}(s')[a']$$

$$\text{loss} = \left\{ q_{main\_net}(s)[a] - \left(r + \gamma \max_{a'} q_{target\_net}(s')[a'] \right) \right\}^2$$

(b) 2-step DQN

2-step Bellman optimality eq.

$$q_*(s,a) = R_s^a + \gamma \sum_{s'} p(s'|s,a) \max_{a'} q_*(s',a')$$

$$= R_s^a + \gamma \sum_{s'} p(s'|s,a) \max_{a'} \left\{ R_{s'}^{a'} + \gamma \sum_{s''} p(s''|s',a') \max_{a''} q_*(s'',a'') \right\}$$

main 신경망 q_{main_net}, target 신경망 q_{target_net}

경험 $\{(s,a,r,s'),(s',a',r',s'')\}$

$$q_{main\_net}(s)[a] \approx r + \gamma r' + \gamma^2 \max_{a''} q_{target\_net}(s'')[a'']$$

$$\text{loss} = \left\{ q_{main\_net}(s)[a] - \left(r + \gamma r' + \gamma^2 \max_{a''} q_{target\_net}(s'')[a''] \right) \right\}^2$$

그림5. 손실 코딩에 사용하는 이미지

5-2. 타겟값

1-step DQN에서 타겟값은 **그림5**(a)에 의하여 다음과 같다.

$$r + \gamma \max_{a'} q_{target\_net}(s')[a']$$

여기서 target_net은 위 **그림1**(c)에 있는 타겟 신경망이고 상태 s'은 경험에 있는 다음 상태이다. 2-step DQN에서 타겟값은 위 **그림5**(b)에 의하여 다음과 같다.

$$r + \gamma r' + \gamma^2 \max_{a''} q_{target\_net}(s'')[a'']$$

여기서 r'은 다음 상태 s'에서 행동 a'을 취했을 때 즉시 받는 보상이다. s''은 다음 상태 s'에서 행동 a'을 취했을 때 환경의 상태이다.

5-3. 예측값과 타겟값의 오차를 제곱하여 구하는 손실

그림5와 같이 오차는 예측값과 타겟값의 차이이고, 손실은 오차 제곱으로 정의한다. 만약 batch를 반영하면, 손실은 오차 제곱의 평균이 된다.

6 파라미터 업데이트 함수 정의

아래 순서로 코딩하여 신경망의 파라미터를 업데이트한다.

- **그림4**(b)에서 설명한 memory로부터 batch_size만큼의 경험을 추출한다.
- **그림5**(b)에서 설명한 예측값과 타겟값을 사용하여 손실을 만든다.
- 손실의 gradient를 구하여 파라미터를 업데이트한다.

7 Main

지금까지 위에서 설명한 '신경망 클래스 코딩에 사용하는 이미지(**그림2**)', '정책 코딩에 사용하는 이미지(**그림3**)', '메모리 코딩에 사용하는 이미지(**그림4**)'와 '손실 코딩에 사용하는 이미지(**그림5**)'를 이용하여 아래 순서로 N-step DQN을 코딩한다.

① 환경의 상태를 초기화한다.

② 환경의 현재 상태를 정책에 입력하여 행동을 선택한다(**그림2, 3**).

③ 행동을 환경에 입력하여, 환경으로부터 다음 상태, 보상, CartPole 이동 종료 여부(done)를 반환받는다

④ 경험(현재 상태, 행동, 보상, 다음 상태, done)을 메모리에 저장한다(**그림4**).

⑤ 다음 상태를 현재 상태로 저장한다.

⑥ memory에 저장된 경험 개수가 batch_size보다 작으면 위 과정을 반복한다. 그렇지 않으면 위의 '6. 파라미터 업데이트 함수'를 호출하여 main_net의 파라미터를 업데이트한다(**그림5**).

⑦ target_net의 파라미터를 main_net의 파라미터로 soft update한다.

8 코드 설명

정책(policy)과 메모리(memory) 코드에 대하여 알아보자.

8-1. 정책(policy) 코드

Line 1(**그림6**): state는 **그림1**과 같이 환경이 알려주는 자신의 상태이고 자료형은 numpy.ndarray이다. eps는 main 코드에서 아래와 같이 감소하는 값이다.

$$eps = max(eps\_end,\ eps\_decay*eps)$$

반환값은 정수형 자료이다.

Line 2, 3: np.random.rand( ) 함수는 NumPy에서 [0, 1) 사이의 균등분포에서 임의의 수를 생성하는 함수이다. np.random.rand( )로 생성된 임의의 숫자가 eps보다 작으면, env.action_space.sample( )을 사용하여 무작위로 행동(action)을 선택한다. 행동은 0 또는 1이다.

```
1 def policy(state: np.ndarray, eps)->int:
2   if np.random.rand() < eps: # 탐험(exploration, epsilon)
3     action = env.action_space.sample()
4   else: # 탐색(exploitation, greedy)
5     state = torch.FloatTensor(state).to(device)
6     with torch.no_grad():
7       action = ndqn(state).max(0)[1].item()
8   return action
```

그림6

Line 4, 5: 신경망 입력으로 사용하기 위해서는 데이터가 Tensor 형식이어야 한다. FloatTensor는 32비트 부동 소수점으로 이루어진 텐서를 생성하는 PyTorch의 클래스이다. torch.FloatTensor(state)는 state를 float32 PyTorch 텐서로 변환한다. 그리고 신경망 모델이 있는 장치(device, 보통 GPU)로 상태를 보낸다.

Line 6, 7: ndqn(state)를 계산하면, computation graph(ndqn의 파라미터를 업데이트하기 위한 gradient를 계산할 때 사용)가 생성된다. 그러나 행동을 결정할 때, ndqn의 파라미터는 업데이트 대상이 아니므로 computation graph가 필요하지 않다. 불필요한 computation graph가 생성되어 컴퓨터 메모리 자원을 낭비하는 문제를 해결하기 위해 'with torch.no_ grad( )'를 사용한다. 'with torch.no_ grad( )' 블록 내부에서 ndqn(state)를 계산하면 computation graph가 생성되지 않는다. 그리고 ndqn(state).max(0)[1].item( )으로 현재 상태에서 행동 가치를 계산한 후, 가장 높은 가치를 가진 행동을 선택한다. ndqn(state).max(0)[1].item( )에 대한 설명은 아래 **그림7**의 코드와 출력 결과이다.

```
1 import torch, torch.nn as nn, torch.nn.functional as F, gym
2 env = gym.make("CartPole-v0")
3
4 # 정책에 사용할 신경망
5 class DQN(nn.Module):
6   def __init__(self):
7     super().__init__()
8     self.layer1 = nn.Linear(4, 2)
9   def forward(self, x):
10    return F.selu(self.layer1(x))
11 dqn = DQN()
12
13 state = env.reset()
14 print('1: ', state)
15 state=torch.FloatTensor(state)
16 print('2: ', state)
17 print('3: ', dqn(state))
18 print('4: ', dqn(state).max(0))
19 print('5: ', dqn(state).max(0)[1])
20 print('6: ', dqn(state).max(0)[1].item())
```

1: [0.00707343 -0.02887609 0.02746976 -0.0327246]

2: tensor([0.0071, -0.0289, 0.0275, -0.0327])

3: tensor([-0.0454, 0.2482], grad_fn=〈EluBackward0〉)

4: torch.return_types.max(values=tensor(0.2482, grad_fn=〈MaxBackward0〉), indices=tensor(1))

5: tensor(1)

6: 1

그림7

Line 13, 14(그림7): state는 환경의 출력, type은 클래스 numpy.ndarray, shape은 (4,)이고 dtype은 float32이다.

Line 15, 16: state의 type은 클래스 torch.Tensor, shape은 torch.Size([4])이고 dtype은 torch.float32이다.

Line 17: 신경망 dqn에 state를 대입한 결과로, type은 클래스 torch.Tensor, shape은 torch.Size([2])이고 dtype은 torch.float32이다. −0.0454과 0.2482는 state에서 두 행동의 q 값이다.

Line 18: dqn(state).max(0)은 dqn(state)의 1차원(dim=0)을 따라서 최댓값과 해당 인덱스를 가진다. 1차원에는 두 개 숫자 [−0.0454, 0.2482]가 있고 최댓값은 0.2482이고 해당 인덱스는 1이다.

Line 19: dqn(state).max(0)[1]은 dqn(state).max(0)에 있는 (최댓값, 인덱스)에서 1번째(dim=0)에 있는 인덱스를 가진다.

Line 20: dqn(state).max(0)[1].item( )은 한 개 숫자만 가지는 텐서 dqn(state).max(0)[1]에서 해당 숫자를 가진다. Tensor가 아닌 int 자료형이 된다.

8-2. 메모리(memory) 코드

아래 **그림8**은 메모리 코드로, 네 개 메소드로 구성된다.

초기화 __init__, 경험 추가 add, 샘플링 sampling, 버퍼 크기 반환 __len__

```python
##### 3. 메모리(memory) : 그림4
class Memory:
    def __init__(self, n_step, capacity):
        self.n_step = n_step
        self.n_step_buffer = deque(maxlen=n_step)
        self.memory_buffer = deque(maxlen=capacity)

    def add(self,
            state: np.ndarray,
            action: int,
            reward: float,
            next_state: np.ndarray,
            done: bool):

        # 현재 경험 저장
        self.n_step_buffer.append((state, action, reward, next_state, done))

        if len(self.n_step_buffer) == self.n_step:
            first_state, first_action, _, _, _ = self.n_step_buffer[0]

            # Initialize reward, next_state, and done from the last experience
            total_reward, last_next_state, last_done = self.n_step_buffer[-1][2:]

            # Iterate over the experiences in reverse order (except the last one)
            for experience in reversed(list(self.n_step_buffer)[:-1]):
                r, n_s, d = experience[2:]
                total_reward = r + gamma * total_reward * (1 - d)
                last_next_state, last_done = (n_s, d) if d else (last_next_state, last_done)

            # N-step 경험 저장
            self.memory_buffer.append(
                (first_state, first_action, total_reward, last_next_state, last_done))

    def sampling(self, batch_size) -> list:
        return random.sample(self.memory_buffer, batch_size)

    def __len__(self):
        return len(self.memory_buffer)

memory = Memory(n_step=2, capacity=10000)
```

그림8

Line 3~6(그림8): 초기화 함수 __init__의 정의로 다음과 같다.

- n_step과 capacity라는 두 개의 매개변수를 입력받아 버퍼를 초기화
- self.n_step: N-step 경험의 길이를 정의
- self.n_step_buffer: 1-step 경험을 저장하는 deque(더블 엔디드 큐). 최대 길이는 n_step으로 설정
- self.memory_buffer: N-step 경험을 저장할 버퍼로, capacity만큼의 경험을 저장하는 deque

Line 16~32: self.n_step_deque에 저장된 1-step 경험이 n_step 개 되면, 이를 사용하여 N-step 경험을 만들어 self.memory_deque에 저장하는 코드이다. 예를 들어, self.n_step_buffer에 저장할 수 1-step 경험이 3개(self.n_step=3)이고 다음과 같다 하자.

(s1,a1,r1,s2,done1), (s2,a2,r2,s3,done2), (s3,a3,r3,s4,done3)

case1. (done1, done2, done3)=(False, False, False)

CartPole 이동이 멈추지 않고 연속해서 3번 이동했다(done1, 2, 3이 모두 False). 따라서 다음과 같은 3-step 경험이 self.memory_deque에 저장된다([부록-memory-case1 코드] 참고).

$$(s1,a1,r1+\gamma r2+\gamma^2 r3,\ s4,\ done3)$$

여기서 γ는 할인율이다.

case2. (done1, done2, done3)=(False, False, True)

CartPole 이동이 마지막 경험에서 멈추었다(done3=True). 따라서 case1과 같이 3-step 경험이 self.memory_deque에 저장된다([부록-memory-case2 코드] 참고).

$$(s1,a1,r1+\gamma r2+\gamma^2 r3,\ s4,\ done3)$$

case3. (done1, done2, done3)=(False, True, False)

CartPole 이동이 2번째 경험에서 멈추었다(done2=True). 따라서 2-step 경험이 self.memory_deque에 저장된다([부록-memory-case3 코드] 참고).

$$(s1, a1, r1+\gamma r2, s3, done2)$$

위 case1, 2, 3에서 알 수 있듯이 self.n_step_deque에 저장된 모든 경험의 done이 False이면 n-step 경험을 memory_deque에 저장한다. 그러나 i번째 1-step 경험의 done이 True이면, CartPole 이동이 종료된 상황이므로 이후의 1-step 경험을 무시한다. 즉, n-step 경험이 아닌 i-step 경험을 memory_deque에 저장한다.

Line 34, 35: sampling 메서드는 memory_buffer에서 batch_size만큼 임의의 샘플을 비복원 추출하여 반환한다.

Line 37, 38: __len__ 메서드는 memory_buffer의 길이를 반환한다.

Line 40: n_step이 2이고 capacity가 10000인 클래스 Memory의 인스턴스 memory를 생성한다.

9 전체 코드

그림9는 전체 코드를 실행했을 때의 학습 과정을 나타낸다.

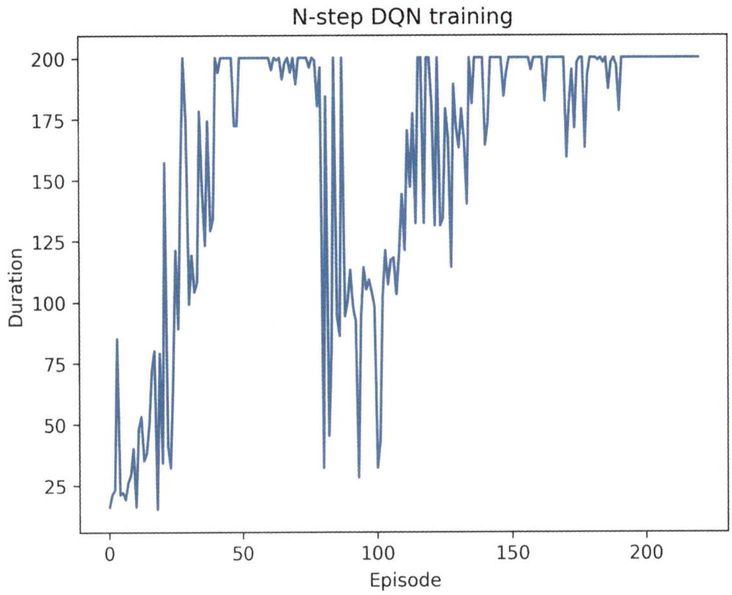

그림9

전체 코드를 아래와 같은 흐름으로 구현한다.

#1. 신경망 정의(**그림10** line 19~30)

그림2를 이용하여 신경망을 코드로 구현한다.

#2. 행동을 선택하는 정책 정의(line 36~44)

그림3을 이용하여 ε-탐욕적 정책(ε-greedy policy)을 코드로 구현한다. 입력은 상태(s)이고 return은 선택한 행동(a)이다.

#3. 메모리 정의(line 46~83)

그림4를 이용하여 memory를 코드로 구현한다.

#4. 파라미터 update 함수 정의(line 87~116)

메모리에서 batch_size만큼의 경험을 무작위로 추출하여(line 92) 학습데이터를 만든다(line 94~102). Loss 계산을 위해 타겟값을 구할 때, 신경망 target_net의 출력을 계산하는 연산이 포함된다. 이 과정에서 파라미터 업데이트에 사용할 gradient를 계산하기 위해 자동으로 computation graph가 생성된다. 그러나 타겟값에 포함된 두 신경망의 파라미터는 업데이트 대상이 아니므로 computation graph가 필요하지 않다. 불필요한 computation graph가 생성되어 컴퓨터 메모리 자원을 낭비하는 문제를 해결하기 위해 'with torch.no_ grad( )'를 사용한다. 'with torch.no_ grad( )' 블록 내부에서 타겟값을 계산하면 computation graph가 생성되지 않는다(line 107~110). **그림5**를 이용하여 loss를 정의하고 신경망 N-step DQN의 파라미터를 업데이트한다(line 111~116).

#5. main(line 124~170)

for 에피소드_인덱스 in range(num_episodes):

  환경이 현재 상태 제공

  for 이동_인덱스 in range(200):#200은 이동 가능한 최대 횟수

    epsilon-greedy 정책으로 행동 선택

    행동을 입력받은 환경이 다음 상태, 보상, 종료여부를 제공

    메모리에 경험 저장

    환경의 다음 상태를 현재 상태로 저장

    메모리의 경험이 배치 사이즈 이상이면 update 함수 실행

    ndqn으로 target_net을 업데이트

    이동이 종료되면 이동 횟수를 append

  이동 횟수 200번이 연속해서 30회이면 학습을 종료

전체 코드를 구현하면 다음과 같다.

```
import statistics, gym, math, random, numpy as np, time, warnings
import matplotlib.pyplot as plt
import torch, torch.nn as nn, torch.optim as optim, torch.nn.functional as F
from torch.utils.data import DataLoader
from collections import deque
from itertools import groupby
warnings.filterwarnings('ignore')

env = gym.make("CartPole-v0")
batch_size = 128
gamma = 0.99 # discount factor
eps_start, eps_end, eps_decay = 1., 0.01, 0.99
eps=eps_start
target_rate = 0.005 # soft copy rate
LR = 1e-4 # learning rate

device=torch.device('cuda' if torch.cuda.is_available() else 'cpu')

##### 1. 신경망(DQN) : 그림2
class DQN(nn.Module):
  def __init__(self):
    super().__init__()
    self.layer1 = nn.Linear(4, 128)
    self.layer2 = nn.Linear(128, 128)
    self.layer3 = nn.Linear(128, 2)

  def forward(self, x):
    x = F.selu(self.layer1(x))
    x = F.selu(self.layer2(x))
    return self.layer3(x)

ndqn = DQN().to(device)
target_net = DQN().to(device)
target_net.load_state_dict(ndqn.state_dict())

##### 2. 행동을 선택하는 정책(policy): 그림3
def policy(state: np.ndarray, eps)->int:
  if np.random.rand() < eps: # 탐험(exploration, epsilon)
    action = env.action_space.sample()
  else: # 탐색(exploitation, greedy)
    state = torch.FloatTensor(state).to(device)
    with torch.no_grad():
      action = ndqn(state).max(0)[1].item()
  return action
```

```python

##### 3. 메모리(memory) : 그림4
class Memory:
    def __init__(self, n_step, capacity):
        self.n_step = n_step
        self.n_step_buffer = deque(maxlen=n_step)
        self.memory_buffer = deque(maxlen=capacity)

    def add(self,
            state: np.ndarray,
            action: int,
            reward: float,
            next_state: np.ndarray,
            done: bool):

        # 현재 경험 저장
        self.n_step_buffer.append((state, action, reward, next_state, done))

        if len(self.n_step_buffer) == self.n_step:
            first_state, first_action, _, _, _ = self.n_step_buffer[0]

            # Initialize reward, next_state, and done from the last experience
            total_reward, last_next_state, last_done = self.n_step_buffer[-1][2:]

            # Iterate over the experiences in reverse order (except the last one)
            for experience in reversed(list(self.n_step_buffer)[:-1]):
                r, n_s, d = experience[2:]
                total_reward = r + gamma * total_reward * (1 - d)
                last_next_state, last_done = (n_s, d) if d else (last_next_state, last_done)

            # N-step 경험 저장
            self.memory_buffer.append(
                (first_state, first_action, total_reward, last_next_state, last_done))

    def sampling(self, batch_size) -> list:
        return random.sample(self.memory_buffer, batch_size)

    def __len__(self):
        return len(self.memory_buffer)

memory = Memory(n_step=2, capacity=10000)
```

```

##### 4. 파라미터 업데이트 함수: 그림5
optimizer = optim.Adam(ndqn.parameters(), lr=LR)

def update():
  # numpy 경험 추출
  experience = memory.sampling(batch_size)
  # tensor 학습 데이터
  dataloader = DataLoader(experience, batch_size=batch_size)
  # batch_size = experience_size 이므로 experience 1개를 batch로 처리.
  # 즉, 아래 for loop은 1회 실행
  for states, actions, rewards, next_states, dones in dataloader:
    states = states.to(device)
    actions = actions.to(device)
    rewards = rewards.to(device)
    next_states = next_states.to(device)
    dones = dones.to(device)

    # 예측값
    q_values = ndqn(states).gather(1, actions.unsqueeze(-1))
    # 타겟값
    with torch.no_grad():
      next_q_values - target_net(next_states).max(1)[0]
      expected_q_values=rewards \
                      +gamma**memory.n_step*(1-dones.float())*next_q_values
    # 손실
    loss = (q_values - expected_q_values.unsqueeze(1)).pow(2).mean()
    # 업데이트
    optimizer.zero_grad()
    loss.backward()
    optimizer.step()

##### 30번 연속해서 만점을 받으면 학습 종료할 때 사용할 함수
# 리스트 lst의 처음 요소부터 시작하여 순차적으로 연속된 정수를 그룹화하고
# 그룹의 길이를 계산
def consecutive_length(lst):
  return [len(list(group)) for _, group in groupby(enumerate(lst),
                                  lambda i_x:i_x[0]-i_x[1])]
##### 5. main
episode_durations = []# episode에서 CartPole 움직인 횟수(최대 횟수 200)를 담는 변수
movement200=[] # 움직인 횟수가 최대횟수 200인 episode_idx를 담는 변수
num_episodes = 5000 # 최대 episode
t0 = time.time()
```

```python

for episode_idx in range(num_episodes):

  # env 상태 초기화
  seed_idx = random.randint(0, int(1e6))
  state = env.reset(seed=seed_idx)# np.ndarray[float32](4,)

  for movement_idx in range(200):
    # epsilon-greedy 방식으로 행동 선택
    action = policy(state, eps)# int
    # 행동을 입력받은 환경이 다음 다음 상태, 보상, 종료 여부를 제공
    next_state, reward, done, _ = env.step(action)#np.ndarray[float32](4,), float, bool, _

    # 메모리에 경험저장
    memory.add(state, action, reward, next_state, done)
    # 환경의 다음 상태를 현재 상태로 저장
    state = next_state
    # 메모리가 배치 사이즈 이상이면 update 함수 실행
    if len(memory) >= batch_size:
      update()

    # main_net으로 target_net 업데이트
    with torch.no_grad():
      for target_param, local_param in zip(target_net.parameters(), ndqn.parameters()):
        target_param.data.copy_(target_rate*local_param.data \
                    + (1.0-target_rate)*target_param.data)

    # done=True이면 CartPole 이동 횟수(movement_end)를 append
    if done:
      movement_end=movement_idx+1
      episode_durations.append(movement_end)
      break

  # 탐험 가능성 축소
  eps = max(eps_end, eps_decay*eps)

  # 200회 이동 횟수가 연속해서 30번이면 학습 종료
  if movement_end==200:
    movement200.append(episode_idx)
    print(episode_idx,',',max(consecutive_length(movement200)))
    if max(consecutive_length(movement200))>=30:
      break

t1 = time.time()
print("Training time: {}min".format(round((t1-t0)/60,2)))
plt.title('N-step DQN training')
plt.ylabel('Duration')
```

```
plt.xlabel('Episode')
plt.plot(episode_durations)
plt.savefig('NStepDQN_training.png', dpi=300, bbox_inches='tight')

##### 6. 검증
from tqdm import tqdm
ndqn.eval()
with torch.no_grad():
 scores=[]
 for episode_idx in tqdm(range(5000)):
  state = env.reset()

  done=False
  t=0
  while not done:
   t +=1
   action = ndqn(torch.FloatTensor(state).unsqueeze(0).to(device)).max(1)[1].item()
   next_state, _, done, _ = env.step(action)
   state = next_state
   if done:
    scores.append(t)
    if t!=200:
     print(t)

print("score 평균: ",statistics.mean(scores))
print("score 표준편차:", statistics.stdev(scores))
```

그림10

10 연습문제

문제1 신경망

다음 물음에 답하시오.

1-1. N-step DQN과 DQN의 신경망 구조가 같으면 Yes, 그렇지 않으면 No를 적으시오.

1-2. 형태(shape)가 [batch_size, state_size]인 input을 N-step DQN에 대입했을 때, 출력층의 출력 형태를 적으시오.

1-3. N-step DQN에서 사용하는 선형연결층을 정의하는 코드가 **그림10**(전체 코드)에 있다. 해당하는 코드 line을 모두 적으시오.

1-4. input을 N-step DQN에 대입하는 코드를 **그림10**(전체 코드) line 19~30에서 찾아 적으시오.

문제2 정책

N-step DQN은 ε-greedy 정책을 사용한다. 다음 물음에 답하시오.

2-1. **그림10**(전체 코드)에서 정책을 정의하는 line 번호를 모두 적으시오.

2-2. 정책 정의 코드에서 탐험(ε에 해당)으로 행동을 선택하는 line 번호를 모두 적으시오.

2-3. 정책 정의 코드에서 탐색(greedy에 해당)으로 행동을 선택하는 line 번호를 모두 적으시오.

문제3 학습데이터, memory

아래 그림과 **그림10**(전체 코드)에 대하여 물음에 답하시오.

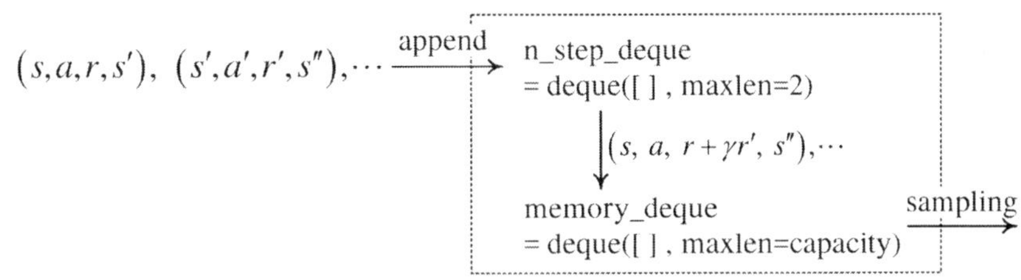

3-1. 위 그림에 있는 두 개 deque를 정의한 코드를 모두 적으시오.

3-2. 1-step 경험(또는 transition)을 저장하는 코드를 모두 적으시오.

3-3. n_step_deque에 저장된 두 개의 경험을 추출하여 2-step 경험$(s, a, r+\gamma r', s'')$을 만드는 코드를 모두 적으시오.

3-4. 학습을 위하여 memory_deque에서 경험을 추출하는 코드를 모두 적으시오.

3-5. n_step_deque의 maxlen=4이고 다음과 같은 1-step 경험이 저장되었다고 하자.

(s1,a1,r1,s2,done1),(s2,a2,r2,s3,done2),(s3,a3,r3,s4,done3),
(s4,a4,r4,s5,done4)

여기서 CartPole의 이동 종료를 나타내는 done1~4가 다음과 같다.

done1=False, done2=False, done3=True, done4=False

이때 memory_deque에 저장되는 N-step 경험(**그림10** line 77)은 (A, B, C, D, E)가 된다. A, B, C, D, E에 알맞은 내용을 적으시오.

3-6. 아래 2-step 그림과 loss에 대하여 다음 물음에 답하시오.

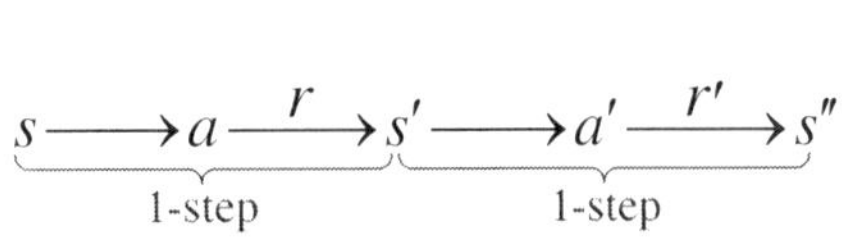

$$\text{loss} = \left\{ q_{main\_net}(s)[a] - \left(r + \gamma r' + \gamma^2 \max_{a''} q_{target\_net}(s'')[a''] \right) \right\}^2$$

3-6-1. 위 2-step 그림과 loss를 확장하여 3-step과 loss를 적으시오.

3-6-2. **그림10**(전체 코드)을 3-step DQN으로 사용하기 위하여 수정해야 할 코드 번호와 수정할 내용을 적으시오.

문제4 파라미터 업데이트 함수

그림10(전체 코드)에 대하여 다음 물음에 답하시오.

4-1. 업데이트할 파라미터가 있는 line 번호를 모두 적으시오.

4-2. Line 92에 있는 experience는 memory에서 비복원으로 추출한 경험이고 개수는 batch_size이다. 경험의 자료형을 알 수 있는 line 번호를 모두 적으시오.

4-3. batch_size=2라고 할 때, line 92에 있는 experience가 다음과 같다고 하자.

```
experience = [
(array([0.1, 0.2, 0.3, 0.4], dtype=float32), 0, 1.99, array([0.2, 0.3,
0.4, 0.5], dtype=float32), False),
(array([0.3, 0.4, 0.5, 0.6], dtype=float32), 1, 1.99, array([0.4, 0.5,
0.6, 0.7], dtype=float32), False) ]
```

변수 experience는 리스트이고 원소는 두 개다. 각 원소는 경험을 나타내고, 현재 상태와 다음 상태는 numpy의 array(dtype=float32)이다. 이런 experience를 PyTorch로 만든 신경망 ndqn과 target_net에 사용하기 위해서 **그림10**(전체 코드)에서 다음과 같이 experience를 tensor로 변환한다.

```
states=tensor([[0.1, 0.2, 0.3, 0.4], [0.3, 0.4, 0.5, 0.6]],
dtype=torch.float32)
actions=tensor([0, 1], dtype=torch.int64)
rewards=tensor([1.9900, 1.9900], dtype=torch.float64)
next_states=tensor([[0.2, 0.3, 0.4, 0.5], [0.4, 0.5, 0.6, 0.7]],
dtype=torch.float32)
dones=tensor([False, False], dtype=torch.bool)
```

위와 같이 experience를 tensor로 변환하는 line 번호를 모두 적으시오.

4-4. Line 104~110에서 예측값은 with torch.no_grad( ) 외부에 있고 타겟값은 내부에 있다. 그 이유를 적으시오.

4-5. 파라미터 업데이트에 사용한 gradient를 zero로 만드는 line 번호를 적으시오.

4-6. 파라미터 업데이트에 사용할 gradient를 구하는 line 번호를 적으시오.

4-7. 경사하강법을 이용하여 파라미터를 업데이트한 line 번호를 적으시오.

문제5 main

그림10(전체 코드) line 124~170은 환경과 에이전트(정책)가 상호작용하면서 신경망의 파라미터를 업데이트하는 코드이다. 이 코드에 대하여 다음 물음에 답하시오.

5-1. CartPole을 처음으로 이동할 때부터 done이 True인 이동까지를 한 개의 A라고 한다. A를 최대 B번 시행한다. A, B에 알맞은 내용을 적으시오.

5-2. 환경의 처음 상태를 결정하는 line 번호를 모두 적으시오.

5-3. CartPole을 처음으로 이동해서 done이 True일 때까지 이동시키는 line 번호를 모두 적으시오.

5-4. 정책으로 처음 행동을 선택할 때 사용하는 eps 값을 적으시오.

5-5. 환경에 행동이 입력되면, 환경이 출력하는 변수는 n개이다. n을 적으시오.

5-6. Line 143을 실행하면, 1-step 경험이 n_step buffer에 자료형 A로 append된다. A에 알맞은 내용을 적으시오.

5-7. CartPole을 이동할 때마다 target_net 파라미터를 업데이트한다. 맞으면 Yes, 틀리면 No를 적으시오.

11 부록

[부록-memory-case1 코드]

```
import numpy as np, gym; from collections import deque
env = gym.make("CartPole-v0"); gamma=0.99
##### 3. 메모리(memory) : 그림4
class Memory:
    def __init__(self, n_step, capacity):
        self.n_step = n_step
        self.n_step_buffer = deque(maxlen=n_step)
        self.memory_buffer = deque(maxlen=capacity)
    def add(self, state, action, reward, next_state, done):
        # 현재 경험 저장
        self.n_step_buffer.append((state, action, reward, next_state, done))
        if len(self.n_step_buffer) == self.n_step:
            first_state, first_action, _, _, _ = self.n_step_buffer[0]
            total_reward, last_next_state, last_done = self.n_step_buffer[-1][2:]
            for experience in reversed(list(self.n_step_buffer)[:-1]):
                r, n_s, d = experience[2:]
                total_reward = r + gamma * total_reward * (1 - d)
                last_next_state, last_done = (n_s, d) if d else (last_next_state, last_done)
            # N-step 경험 저장
            self.memory_buffer.append(
                (first_state, first_action, total_reward, last_next_state, last_done))

memory = Memory(n_step=3, capacity=10000)

# 1번째 경험을 n_step_buffer에 저장
state=env.reset(); action=env.action_space.sample()
next_state, reward, done,_=env.step(action)
done=False
memory.add(state, action, reward, next_state, done)
print(f'state={state}')
# 2번째 경험을 n_step_buffer에 저장
state=next_state; action=env.action_space.sample()
next_state, reward, done,_=env.step(action)
done=False
memory.add(state, action, reward, next_state, done)
# 3번째 경험을 n_step_buffer에 저장
state=next_state; action=env.action_space.sample()
next_state, reward, done,_=env.step(action)
done=False
memory.add(state, action, reward, next_state, done)
print(f'last_next_state={next_state}')
memory.memory_buffer
```

```
state=[0.01621112 0.04296511 0.00407644 0.03190178]
last_next_state=[ 0.00707804 -0.5426808   0.02363252  0.9162331 ]
deque([(array([0.01621112, 0.04296511, 0.00407644, 0.03190178], dtype=float32),
        0,
        2.9701,
        array([ 0.00707804, -0.5426808 ,  0.02363252,  0.9162331 ], dtype=float32),
        False)])
```

[부록-memory-case2 코드]

```
24 # Line 1~23은 [부록-memory-case1 코드]과 동일
25
26 # 1번째 경험을 n_step_buffer에 저장
27 state=env.reset()
28 action=env.action_space.sample()
29 next_state, reward, done,_=env.step(action)
30 done=False
31 memory.add(state, action, reward, next_state, done)
32 print(f'state={state}')
33
34 # 2번째 경험을 n_step_buffer에 저장
35 state=next_state
36 action=env.action_space.sample()
37 next_state, reward, done,_=env.step(action)
38 done=False
39 memory.add(state, action, reward, next_state, done)
40
41 # 3번째 경험을 n_step_buffer에 저장
42 state=next_state
43 action=env.action_space.sample()
44 next_state, reward, done,_=env.step(action)
45 done=True
46 memory.add(state, action, reward, next_state, done)
47 print(f'last_next_state={next_state}')
48 memory.memory_buffer
```

```
state=[-0.02507087  0.03185285 -0.04488602 -0.01333813]
last_next_state=[-0.01141556  0.61912596 -0.06407779 -0.934874  ]
deque([(array([-0.02507087,  0.03185285, -0.04488602, -0.01333813], dtype=float32),
        1,
        2.9701,
        array([-0.01141556,  0.61912596, -0.06407779, -0.934874  ], dtype=float32),
        True)])
```

[부록-memory-case3 코드]

```
24 # Line 1~23은 [부록-memory-case1 코드]과 동일
25
26 # 1번째 경험을 n_step_buffer에 저장
27 state=env.reset()
28 action=env.action_space.sample()
29 next_state, reward, done,_=env.step(action)
30 done=False
31 memory.add(state, action, reward, next_state, done)
32 print(f'state={state}')
33
34 # 2번째 경험을 n_step_buffer에 저장
35 state=next_state
36 action=env.action_space.sample()
37 next_state, reward, done,_=env.step(action)
38 done=True
39 memory.add(state, action, reward, next_state, done)
40 print(f'last_next_state={next_state}')
41
42 # 3번째 경험을 n_step_buffer에 저장
43 state=next_state
44 action=env.action_space.sample()
45 next_state, reward, done,_=env.step(action)
46 done=False
47 memory.add(state, action, reward, next_state, done)
48 memory.memory_buffer
```

```
state=[ 0.04812361 -0.01062708 -0.00988857 -0.00518196]
last_next_state=[ 0.04379895 -0.0103428  -0.00430492 -0.01145291]
deque([(array([ 0.04812361, -0.01062708, -0.00988857, -0.00518196], dtype=float32),
        0,
        1.99,
        array([ 0.04379895, -0.0103428 , -0.00430492, -0.01145291], dtype=float32),
        True)])
```

제 2 장

NoisyNet

Noisy Network(NoisyNet)는 심층 강화 학습(Deep Reinforcement Learning)에서 신경망의 파라미터에 노이즈를 추가하여 탐색(exploration)을 개선한 방법이다. DQN (Deep Q-Network)은 (1) 파라미터 w_{old}를 업데이트하여 w_{new}를 얻은 후, (2) 학습 및 행동 선택에 w_{new}를 사용한다. 그러나 NoisyNet의 경우, (2)에서 w_{new}를 사용하지 않고 w_{new}에 노이즈를 추가한 $w_{\text{new_noise}}$를 사용한다. 이를 위하여 NoisyLinear를 정의하여 NoisyNet을 구현하는 과정을 알아보자.

1 용어 설명과 구성 요소

NoisyLinear(3,2)

(a) Noisy weight and bias

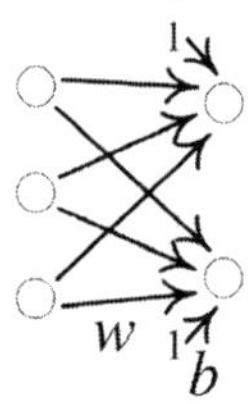

(b) __init__

$\mu^w_{2\times3}$, $\sigma^w_{2\times3}$, μ^b_2, σ^b_2

- parameter로 등록
- 적절한 초기화(reset_parameters)

$\varepsilon^w_{2\times3}$, ε^b_2

- noise로 사용, buffer에 등록
- 적절한 초기화(reset_noise)

(c) forward

$$w_{2\times3} = \underbrace{\mu^w_{2\times3}}_{\text{para}} + \underbrace{\sigma^w_{2\times3}}_{\text{para}} \odot \underbrace{\varepsilon^w_{2\times3}}_{\text{non-para}}$$

$$b_2 = \overbrace{\mu^b_2} + \overbrace{\sigma^b_2} \odot \overbrace{\varepsilon^b_2}$$

(para=parameter)

$input = x_{1\times3}$

$output = x_{1\times3}{w_{2\times3}}^T + b_2$

(+는 브로드캐스팅 연산)

(d) reset_parameters

with torch.no_grad():

$$\mu^w_{2\times3}.\text{uniform\_}\left(-\frac{1}{\sqrt{3}}, \frac{1}{\sqrt{3}}\right)$$

$$\sigma^w_{2\times3}.\text{fill\_}\left(\frac{0.4}{\sqrt{3}}\right)$$

$$\mu^b_2.\text{uniform\_}\left(-\frac{0.1}{\sqrt{2}}, \frac{0.1}{\sqrt{2}}\right)$$

$$\sigma^b_2.\text{fill\_}\left(\frac{0.4}{\sqrt{2}}\right)$$

(e) reset_noise (parameter 업데이트 마치면 재실행)

$$\varepsilon^w_{2\times3} = \text{sgn}\left(\varepsilon^w_2\right)\sqrt{\left|\varepsilon^w_2\right|} \otimes \text{sgn}\left(\varepsilon^w_3\right)\sqrt{\left|\varepsilon^w_3\right|}\ ,\ \varepsilon^b_2 = \text{sgn}\left(\varepsilon^b_2\right)\sqrt{\left|\varepsilon^b_2\right|}$$

$$\varepsilon^w_2 = \left(\varepsilon^w_{21}, \varepsilon^w_{22}\right), \varepsilon^w_3 = \left(\varepsilon^w_{31}, \varepsilon^w_{32}, \varepsilon^w_{33}\right), \varepsilon^b_2 = \left(\varepsilon^b_{21}, \varepsilon^b_{22}\right), \varepsilon^p_{ij} \sim N(0,1)(p = w, b)$$

그림1

그림1(a)는 입력 노드 3개와 출력 노드 2개를 완전연결한 신경망으로 가중치 w는 2x3인 행렬(2행,3열)이고 편향치 b는 2차원 벡터이다.

그림1(b)는 함수 __init__에 정의할 내용으로, 노이즈가 있는 가중치 w와 편향치 b를 만들기 위하여 4개 파라미터를 준비한다.

$\mu^w_{2\times3}$ (2x3인 행렬이고 w의 평균으로 사용)

$\sigma^w_{2\times3}$ (2x3인 행렬이고 w의 표준편차로 사용)

μ^b_2 (2차원 벡터이고 b의 평균으로 사용)

σ^b_2 (2차원 벡터이고 b의 표준편차로 사용)

여기서 $\mu^w_{2\times3}$, $\sigma^w_{2\times3}$, μ^b_2, σ^b_2 는 노이즈가 아니다. 그리고 함수 reset_parameters( )를 사용하여 초기화한다. $w_{2\times3}$ 와 b_2 의 노이즈로 사용할 $\varepsilon^w_{2\times3}$ 과 ε^b_2 를 buffer에 등록하면, model(q_net와 target_net)을 GPU로 이동할 때, $\varepsilon^w_{2\times3}$ 과 ε^b_2 도 자동으로 이동한다. 여기서 $\varepsilon^w_{2\times3}$ 과 ε^b_2 은 학습할 파라미터가 아니다. 그리고 함수 reset_noise( )를 사용하여 초기화한다. buffer에 등록할 때와 미등록할 때를 비교하면 다음과 같다.

구분	buffer에 등록	buffer에 미등록
state_dict( )에 포함 여부	자동으로 포함됨	자동으로 포함되지 않음
장치(CPU, GPU) 관리	모델이 다른 장치로 이동할 때 자동으로 이동	수동으로 장치 이동 필요 (코드 추가 필요)
모드 의존성	train( ) 나 eval( ) 과 관계없이 동일하게 동작	train( ) 나 eval( ) 과 관계없이 동일하게 동작
필요한 추가 관리	없음 (PyTorch가 자동으로 관리)	수동으로 상태 저장 및 로딩, 장치 이동 등을 관리해야 함

그림2

그림1(c)는 함수 forward에 정의할 내용으로, 가중치 $w_{2\times3}$ 는 $\mu^w_{2\times3}$ 에 $\sigma^w_{2\times3} \odot \varepsilon^w_{2\times3}$ 을 더하여 만든 2x3인 행렬이다. 여기서 연산 기호 $\odot$ 는 $\sigma^w_{2\times3}$ 와 $\varepsilon^w_{2\times3}$ 의 성분별 곱(Hadamard product, 아다마르 곱)이다. 편향치 b_2 는 μ^b_2 에 $\sigma^b_2 \odot \varepsilon^b_2$ 를 더하여 만든

2차원 벡터이다. 파라미터로 등록된 $\mu^w_{2\times3}$, $\sigma^w_{2\times3}$, μ^b_2, σ^b_2에 의하여 가중치와 편향치는 간접적으로 업데이트된다. 그리고 함수 forward가 반환하는 값은 $x_{1\times3}w^T_{2\times3}+b_2$으로, $x_{1\times3}$은 신경망 입력이고 행렬 $x_{1\times3}w^T_{2\times3}$ (shape [1,2])에 벡터 b_2 (shape [2])를 더할 때, 브로드캐스팅 연산(shape [2]가 [1,2]로 확장)을 사용한다.

그림1(d)는 함수 reset_parameters에 정의할 내용으로, NoisyLinear 클래스의 파라미터(weight_mu, weight_sigma, bias_mu, bias_sigma)를 초기화한다. with torch.no_grad( )으로 감싼 코드(블록)를 실행할 때, 기울기(gradient) 추적을 비활성하므로(computation graph 생성하지 않음) 블록 내에서 텐서의 값이 변경되더라도 자동 미분 시스템에 기록되지 않아서 기울기에 영향을 미치지 않는다. 따라서 파라미터 초기화나 재설정과 같은 작업에 사용한다. torch.no_grad( )이 감싼 내용은 다음과 같다.

(1) $\mu^w_{2\times3}.\text{uniform\_}\left(-\frac{1}{\sqrt{3}},\frac{1}{\sqrt{3}}\right)$: 파라미터 $\mu^w_{2\times3}$의 모든 요소를 $-\frac{1}{\sqrt{3}}$과 $\frac{1}{\sqrt{3}}$ 사이의 균등분포에서 무작위로 추출한 값으로 초기화한다. 신경망 파라미터가 극단적인 값으로 쏠리지 않고 고르게 분포되도록 도와주어, 학습 과정에서 안정적이고 효율적인 수렴을 촉진한다.

(2) $\sigma^w_{2\times3}.\text{fill\_}\left(\frac{0.4}{\sqrt{3}}\right)$: 파라미터 $\sigma^w_{2\times3}$의 모든 요소를 $\frac{0.4}{\sqrt{3}}$으로 초기화한다.

(3) $\mu^b_2.\text{uniform\_}\left(-\frac{0.1}{\sqrt{2}},\frac{0.1}{\sqrt{2}}\right)$: 파라미터 μ^b_2의 모든 요소를 $-\frac{0.1}{\sqrt{2}}$과 $\frac{0.1}{\sqrt{2}}$ 사이의 균등분포에서 무작위 추출한 값으로 초기화한다.

(4) $\sigma^b_2.\text{fill\_}\left(\frac{0.4}{\sqrt{2}}\right)$: 파라미터 σ^b_2의 모든 요소를 $\frac{0.4}{\sqrt{2}}$로 초기화한다.

그림1(e)는 함수 reset_noise에 정의할 내용으로, 실수 부호 함수(sgn)와 두 벡터의 외적(outer product ⊗)을 사용하여 노이즈 $\varepsilon^w_{2\times3}$를 정의한다.

$$\mathrm{sgn}(x) = \begin{cases} 1 & (x > 0) \\ 0 & (x = 0) \\ -1 & (x < 0) \end{cases}$$

이고 $\varepsilon_2^w = \left(\varepsilon_{21}^w, \varepsilon_{22}^w\right)$, $\varepsilon_3^w = \left(\varepsilon_{31}^w, \varepsilon_{32}^w, \varepsilon_{33}^w\right)$ 일 때, 노이즈 $\varepsilon_{2\times3}^w$ 는 다음과 같다.

$$\begin{aligned}
\varepsilon_{2\times3}^w &= \mathrm{sgn}\left(\varepsilon_2^w\right)\sqrt{\left|\varepsilon_2^w\right|} \otimes \mathrm{sgn}\left(\varepsilon_3^w\right)\sqrt{\left|\varepsilon_3^w\right|} \\
&= \left(\mathrm{sgn}\left(\varepsilon_{21}^w\right)\sqrt{\left|\varepsilon_{21}^w\right|},\ \mathrm{sgn}\left(\varepsilon_{22}^w\right)\sqrt{\left|\varepsilon_{22}^w\right|}\right) \\
&\quad \otimes \left(\mathrm{sgn}\left(\varepsilon_{31}^w\right)\sqrt{\left|\varepsilon_{31}^w\right|},\ \mathrm{sgn}\left(\varepsilon_{32}^w\right)\sqrt{\left|\varepsilon_{32}^w\right|},\ \mathrm{sgn}\left(\varepsilon_{33}^w\right)\sqrt{\left|\varepsilon_{33}^w\right|}\right) \\
&= \begin{bmatrix} a_{11} & a_{12} & a_{13} \\ a_{21} & a_{22} & a_{23} \end{bmatrix}
\end{aligned}$$

여기서 외적으로 구하는 $a_{ij}\ (i = 1, 2,\ j = 1, 2, 3)$ 는 다음과 같다.

$$a_{ij} = \mathrm{sgn}\left(\varepsilon_{2i}^w\right)\sqrt{\left|\varepsilon_{2i}^w\right|}\,\mathrm{sgn}\left(\varepsilon_{3j}^w\right)\sqrt{\left|\varepsilon_{3j}^w\right|}$$

예를 들면,

$\varepsilon_2 = \left(\varepsilon_{21}, \varepsilon_{22}\right) = (1, -2)$, $\varepsilon_3 = \left(\varepsilon_{31}, \varepsilon_{32}, \varepsilon_{33}\right) = (-1, 0, 1)$ 일 때,

$$\begin{aligned}
\varepsilon_{2\times3} &= \left(1\sqrt{1},\ -1\sqrt{2}\right) \otimes \left(-1\sqrt{1},\ 0\sqrt{0},\ 1\sqrt{1}\right) \\
&= \begin{bmatrix} -1 & 0 & 1 \\ \sqrt{2} & 0 & -\sqrt{2} \end{bmatrix}
\end{aligned}$$

마찬가지로, 노이즈 ε_2^b 는 다음과 같다.

$$\varepsilon_2^b = \mathrm{sgn}\left(\varepsilon_2^b\right)\sqrt{\left|\varepsilon_2^b\right|} = \left(\mathrm{sgn}\left(\varepsilon_{21}^b\right)\sqrt{\left|\varepsilon_{21}^b\right|},\ \mathrm{sgn}\left(\varepsilon_{22}^b\right)\sqrt{\left|\varepsilon_{22}^b\right|}\right)$$

두 노이즈 $\varepsilon^{w}_{2\times3}$ 과 ε^{b}_{2} 를 정의할 때 사용한 ε^{w}_{21}, ε^{w}_{22}, ε^{w}_{31}, ε^{w}_{32}, ε^{w}_{33}, ε^{b}_{21}, ε^{b}_{22} 는 표준정규분포에서 추출한 값이다. $\varepsilon^{w}_{ij} \sim N(0,1)$ 이므로 $\varepsilon^{w}_{2\times3}$ 의 각 성분은 평균이 0이고 분산은 $\frac{2}{\pi}$ 이며, $\varepsilon^{b}_{ij} \sim N(0,1)$ 이므로 ε^{b}_{2} 의 각 성분은 평균이 0이고 분산은 $\sqrt{\frac{2}{\pi}}$ 이다(부록 참고). 그러므로 가중치 $w_{2\times3} = \mu^{w}_{2\times3} + \sigma^{w}_{2\times3} \odot \varepsilon^{w}_{2\times3}$ 의 평균은 $\mu^{w}_{2\times3}$ 이고 분산은 $\left(\sigma^{w}_{2\times3}\right)^2 \frac{2}{\pi}$ 가 된다. 그리고 편향치 $b_2 = \mu^{b}_{2} + \sigma^{b}_{2} \odot \varepsilon^{b}_{2}$ 의 평균은 μ^{b}_{2} 이고 분산은 $\left(\sigma^{b}_{2}\right)^2 \sqrt{\frac{2}{\pi}}$ 가 된다.

NoisyNet의 구성요소는 아래 **그림3**과 같다. nn.Linear만 사용하는 DQN과 달리 NoisyLinear도 사용한다.

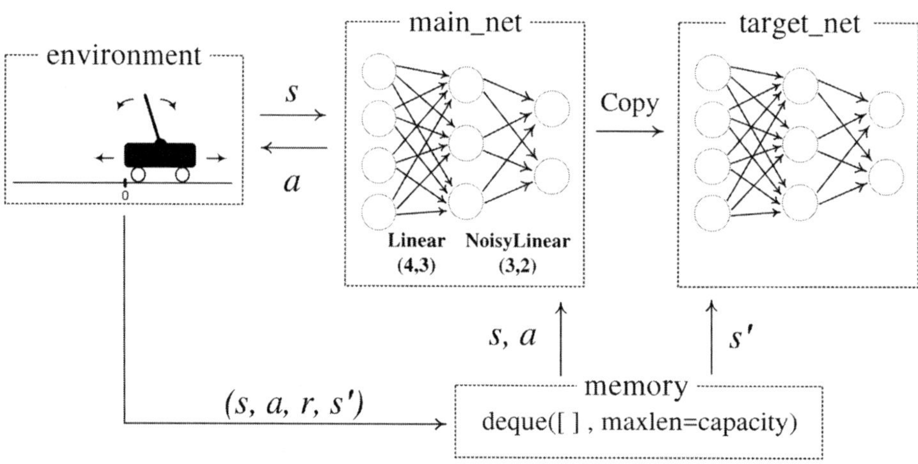

그림3

2 신경망 구조

상태 s가 입력되면, 상태 s-행동 a의 가치인 q 값을 출력하는 신경망을 클래스로 코딩해야 한다. 이를 위하여 만든 그림이 아래 **그림4**(a)와 (b)이다. (a)는 N-step DQN을 코딩할 때 사용한 그림이고, (b)는 NoisyNet을 코딩할 때 사용할 그림으로, nn.Linear와 **그림1**에 있는 NoisyLinear를 사용하고 있다.

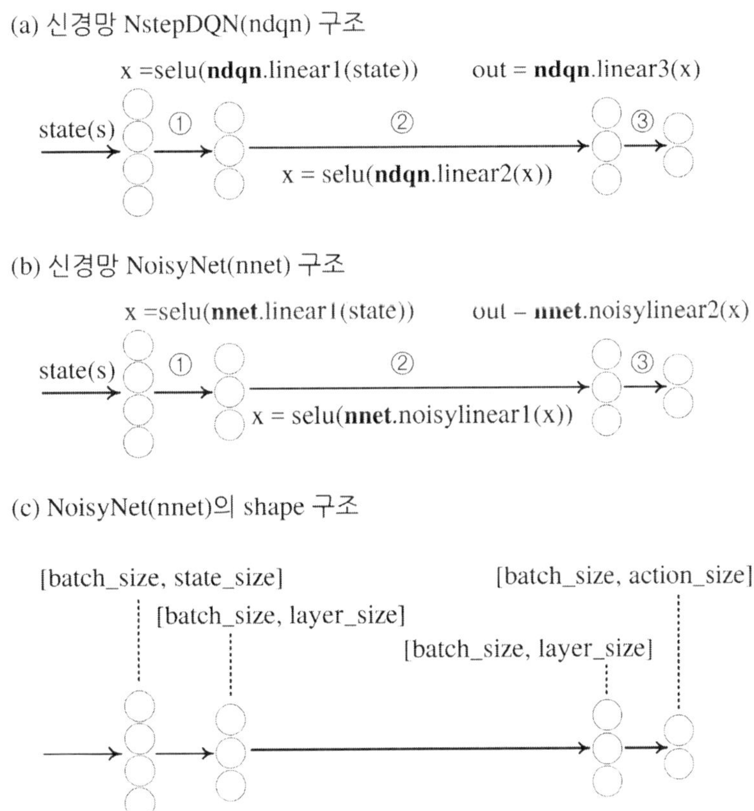

그림4. 신경망 클래스 코딩에 사용하는 이미지

state(s)가 신경망에 입력되어 q 값을 출력하는 과정을 나타내는 **그림4**(b)를 보면, 신경망에 대하여 다음을 알 수 있다.

- DQN 구조와 같다.

- 한 개의 선형연결층(linear1)과 두 개의 노이즈 선형연결층(noisylinear1, noisylinear2)을 사용한다. 그리고 활성함수은 selu 이다.
- 두 개 함수(__init__, forward)를 가진다.
- 함수 __init__ 내부에서 연결층을 변수 A에 할당한다.
- 함수 forward 내부에서 변수 A를 사용하여 q 값을 return한다.
- 신경망의 인스턴스를 nnet이라 할 때, ①, ②, ③은 다음을 나타낸다.
  ① x=selu(nnet.linear1(state))
  ② x=selu(nnet.noisylinear1(x))
  ③ x=nnet.noisylinear2(x)
- 신경망의 출력은 q(s,a1)과 q(s,a2)이다. **그림3**에 있는 main_net을 사용하여 q(s,a) 대신 q_{main_net}(s)[a]로도 나타낸다.

그림4(c)를 보면, 함수 forward 내부에서 처리하는 선형연결층의 입력과 출력의 형태(shape)를 알 수 있다. **그림4**는 toy 신경망으로, 4개의 입력 노드와 2개의 출력 노드를 가진다. 4개 숫자를 가진 환경(CartPole-v0)의 상태인 s = (카트 위치, 카트 속도, 폴 각도, 폴 각속도)가 신경망으로 입력되기 때문에 4개 입력 노드를 가진다. 하나의 출력 노드는 상태(s)에서 왼쪽 행동(a_1)의 가치를 가지고 다른 하나는 상태(s)에서 오른쪽 행동(a_2)의 가치를 가지게 된다. 입력층과 1번째 은닉층은 nn.Linear를 사용하는 선형연결이고 1번째와 2번째 은닉층의 연결, 2번째와 3번째 은닉층의 연결은 NoisyLinear(**그림1**)이다. Toy 신경망에서 layer_size(은닉노드 개수)는 3이지만, 코드에서는 128이다.

3 정책(상태가 입력되면 행동 출력) 정의

그림4에서 batch_size=1이고 신경망에 상태 s가 입력되면, 출력은 두 개의 숫자 q(s, a1)과 q(s, a2)가 된다. q 값이 큰 행동 a을 선택할 때, 탐욕적 정책(greedy policy)이라고 한다. **그림5**(a)는 N-step DQN에서 사용한 ε-탐욕적 정책(ε-greedy policy)

이고, **그림5**(b)는 NoisyNet에서 사용하는 탐욕적 정책으로, 탐험(exploration)하지 않고 탐색(exploitation, 활용, 이용)만 한다.

(a) NstepDQN의 정책

$$\text{policy}(s) = \begin{cases} \text{random.choice}(actions) & (\text{random.random}(\ ) < \varepsilon) \\ \arg\max_a \{ q(s,a) | a = a_1, a_2 \} & (\text{otherwise}) \end{cases}$$

(b) NoisyNet의 정책

$$\text{policy}(s) = \arg\max_a \{ q(s,a) | a = a_1, a_2 \}$$

그림5. 정책 코딩에 사용하는 이미지

탐험(exploration)을 사용하지 않는 이유는 탐험에서 사용하는 노이즈 ε이 NoisyLinear의 파라미터에 포함되었기 때문이다. 따라서 상태 s에서 가능한 행동 a에 대한 q 값을 계산하여, 가장 높은 q 값을 가진 행동을 선택하게 된다. **그림3**에서 신경망을 main_net으로 표기했기 때문에 **그림5**(b)의 정책을 다음과 같이 나타낼 수 있다.

$$\text{policy}(s) = \arg\max_a q_{\text{main\_net}}(s)[a]$$

4 학습데이터(memory) 정의

신경망을 학습하기 위해서는 학습데이터가 필요하다. 일반적으로 학습데이터를 미리 준비하지만, 강화학습에서는 환경과 정책이 상호작용하면서 얻은 경험을 학습데이터로 사용한다. 아래 **그림6**과 같이 경험을 memory에 저장하고 memory에서 추출한 경험을 학습데이터로 사용한다. **그림6**(a)와 (b)는 각각 2-step DQN과 NoisyNet에서 경험 재생(replay) 메커니즘을 설명하는 그림이다. NoisyNet에서도 N-step 경험을 사용할 수 있지만, DQN과 마찬가지로 1-step 경험(상태 s, 행동 a, 보상 r, 다음 상태 s')을 memory라는 이름의 deque(양방향 큐)에 저장한다.

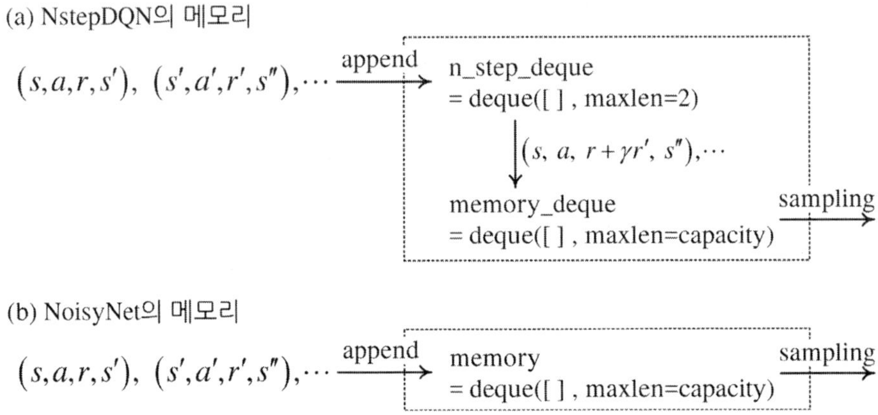

그림6. 메모리 코딩에 사용하는 이미지

5 손실 정의

아래 **그림7**은 1-step 경험과 벨만 최적 방정식(Bellman Optimality Equation)을 사용하여 손실(loss)을 정의하는 내용이다.

1-step Bellman optimality eq.

$$\underbrace{q_*(s,a)}_{\text{현재 } q \text{ value}} = R_s^a + \gamma \sum_{s'} p(s'|s,a) \max_{a'} \underbrace{q_*(s',a')}_{\text{미래 } q \text{ value}}$$

⇩

main 신경망 q_{main_net}, target 신경망 q_{target_net}

경험 (s,a,r,s')

$$q_{main\_net}(s)[a] \approx r + \gamma \max_{a'} q_{target\_net}(s')[a']$$

$$\text{loss} = \left\{ q_{main\_net}(s)[a] - \left(r + \gamma \max_{a'} q_{target\_net}(s')[a'] \right) \right\}^2$$

그림7. 손실 코딩에 사용하는 이미지

위 **그림7**을 사용하여 다음 순서로 손실을 정의해보자.

- 예측값
- 타겟값
- 예측값과 타겟값의 오차를 제곱하여 구하는 손실

5-1. 예측값

신경망의 출력 $q_{main_net}(s)[a]$이 예측값이다. 추가 설명하면 다음과 같다.

- 상태 s와 행동 a는 memory에서 추출한 경험의 상태와 행동이다.
- 출력 $q_{main_net}(s)[a]$는 **그림4**(b)의 출력 $q_{main_net}(s)[a_1]$과 $q_{main\_net}(s)[a_1]$ 중, 행동 a에 해당하는 출력을 나타낸다.

5-2. 타겟값

위 **그림7**에 의하여 타겟값은 다음과 같다.

$$r + \gamma \max_{a'} q_{target\_net}(s')[a']$$

여기서 target_net은 **그림3**에 있는 타겟 신경망이고 상태 s'은 경험에 있는 다음 상태이다.

5-3. 예측값과 타겟값의 오차를 제곱하여 구하는 손실

그림7과 같이 오차는 예측값과 타겟값의 차이이고, 손실은 오차 제곱으로 정의한다. 만약 batch를 반영하면, 손실은 오차 제곱의 평균이 된다.

6 파라미터 업데이트 함수

아래 순서로 코딩하여 신경망의 파라미터를 업데이트한다.

① **그림6**(b)에서 설명한 memory로부터 batch_size만큼의 경험을 추출한다.

② **그림7**에서 설명한 예측값과 타겟값을 사용하여 손실을 만든다.

③ 손실의 gradient를 구하여 파라미터를 업데이트한다.

7 Main

지금까지 위에서 설명한 '신경망 클래스 코딩에 사용하는 이미지(**그림4**)', '정책 코딩에 사용하는 이미지(**그림5**)', '메모리 코딩에 사용하는 이미지(**그림6**)'와 '손실 코딩에 사용하는 이미지(**그림7**)'를 이용하여 아래 순서로 NoisyNet을 코딩한다.

① 환경의 상태를 초기화한다.

② 환경의 현재 상태를 정책에 입력하여 행동을 선택한다(**그림4, 5**).

③ 행동을 환경에 입력하여, 환경으로부터 다음 상태, 보상, cartpole 이동 종료 여부(done)를 반환받는다.

④ 경험(현재 상태, 행동, 보상, 다음 상태, done)을 메모리에 저장한다(**그림6**).

⑤ 다음 상태를 현재 상태로 저장한다.

⑥ memory에 저장된 경험 개수가 batch_size보다 작으면 위 과정 ②~⑤를 반복한다. 그렇지 않으면 위의 '6. 파라미터 업데이트 함수'를 호출하여 main_net의 파라미터를 업데이트한다(**그림7**).

⑦ target_net의 파라미터를 main_net의 파라미터로 soft update한다.

8 코드 설명

그림1을 코드로 구한 class NoisyLinear에 대하여 알아보자.

8-1. 함수 __init__

아래 **그림1(b)**를 코드로 구현하면 아래 **그림8**이 된다.

__init__

$\mu^{w}_{2\times3}$, $\sigma^{w}_{2\times3}$, μ^{b}_{2}, σ^{b}_{2}

· parameter로 등록

· 적절한 초기화(reset_parameters)

$\varepsilon^{w}_{2\times3}$, ε^{b}_{2}

· noise로 사용, buffer에 등록

· 적절한 초기화(reset_noise)

그림1(b)

Line 8~12(**그림8**): $\mu^{w}_{2\times3}$, $\sigma^{w}_{2\times3}$, μ^{b}_{2}, σ^{b}_{2}를 파라미터로 등록한 변수명은 self.weight_mu, self.weight_sigma, self.bias_mu, self.bias_sigma이다. 이때 사용한 클래스는 nn.Parameter이고 신경망을 학습할 때, 파라미터 self.weight_mu, self.weight_sigma, self.bias_mu, self.bias_sigma가 업데이트된다. Line 12에서 함수 reset_parameters를 호출(뒤에서 설명)하여 파라미터의 초깃값을 결정한다.

Line 15~17: 노이즈로 사용할 $\varepsilon^{w}_{2\times3}$, ε^{b}_{2}를 buffer에 등록한 변수명은 self.weight_epsilon, self.bias_epsilon이다. Line 17에서 함수 reset_noise를 호출(뒤에서 설명)하여 노이즈의 초깃값을 결정한다.

```
1 class NoisyLinear(nn.Module):
2   def __init__(self, in_features, out_features):
3     super( ).__init__( )
4     self.in_features = in_features
5     self.out_features = out_features
6
7     # parameter로 등록, 적절한 초기화
8     self.weight_mu = nn.Parameter(torch.FloatTensor(out_features, in_features))
9     self.weight_sigma = nn.Parameter(torch.FloatTensor(out_features, in_features))
10    self.bias_mu = nn.Parameter(torch.FloatTensor(out_features))
11    self.bias_sigma = nn.Parameter(torch.FloatTensor(out_features))
12    self.reset_parameters()
13
14    # noise로 사용, buffer에 등록, 적절한 초기화
15    self.register_buffer('weight_epsilon', torch.FloatTensor(out_features, in_features))
16    self.register_buffer('bias_epsilon', torch.FloatTensor(out_features,))
17    self.reset_noise()
```

그림8

참고로, 아래 코드는 line 10, 11, 16에서 사용한 코드로, 소괄호에서 ',' 가 있을 때와 없을 때, 반환값이 같다.

torch.FloatTensor(out_features,), torch.FloatTensor(out_features)

표로 비교하면 다음과 같다.

코드	출력	type
torch.FloatTensor(2,)	두 개의 무작위 숫자* tensor([9.7781e+29, 3.2191e-41])	(2,)은 2를 가진 tuple
torch.FloatTensor(2)	두 개의 무작위 숫자* tensor([1.9208e+31, 2.0196e-19])	(2)는 2를 가진 int

* 텐서는 초기화되지 않은 메모리 위치에 생성된다. 따라서 텐서의 값은 해당 메모리 위치에 이미 남아 있던 임의의 데이터로, 이는 매우 크거나 작을 수 있는 예상치 못한 숫자이다.

여기서 comma(,)는 tuple을 만드는 데 사용한다고 생각하면 된다. 두 코드의 출력은 크기가 2인 1D tensor가 된다.

8-2. 함수 forward

아래 **그림1**(c)를 코드로 구현하면 아래 **그림9**가 된다.

forward

$$w_{2\times3} = \underbrace{\mu^{w}_{2\times3}}_{\text{para}} + \underbrace{\sigma^{w}_{2\times3}}_{\text{para}} \odot \underbrace{\varepsilon^{w}_{2\times3}}_{\text{non-para}}$$

$$b_2 = \overbrace{\mu^{b}_{2}} + \overbrace{\sigma^{b}_{2}} \odot \overbrace{\varepsilon^{b}_{2}}$$

(para=parameter)

$$input = x_{1\times3}$$

$$output = x_{1\times3}{w_{2\times3}}^{T} + b_2$$

(+는 브로드캐스팅 연산)

그림1(c)

```
1 class NoisyLinear(nn.Module):
2   def __init__(self, in_features, out_features):
3     #그림8
4
5   def forward(self, x):
6     if self.training:
7       weight = self.weight_mu + self.weight_sigma * self.weight_epsilon
8       bias = self.bias_mu + self.bias_sigma * self.bias_epsilon
9     else:
10      weight = self.weight_mu
11      bias = self.bias_mu
12    return F.linear(x, weight, bias)
```

그림9

Line 6~8, 12(**그림9**): 신경망을 학습할 때, 가중치는 $w_{2\times3} = \mu^{w}_{2\times3} + \sigma^{w}_{2\times3} \odot \varepsilon^{w}_{2\times3}$ 으로 line 7에서 변수 weight으로 정의하고 편향치는 $b_2 = \mu^{b}_{2} + \sigma^{b}_{2} \odot \varepsilon^{b}_{2}$ 으로 line 8에서 변수 bias로 정의한다. **그림1**(c)의 output $x_{1\times3} w^{T}_{2\times3} + b_2$ 은 line 12에서 함수 torch.functional.linear에 입력 데이터 x, 가중치 weight, 편향치 bias를 대입하여 얻는다.

Line 9~12: 학습된 신경망을 검증할 때, 가중치는 $w_{2\times3} = \mu^{w}_{2\times3}$ 이고 편향치는 $b_2 = \mu^{b}_{2}$ 으로, line 10, 11에서 변수 weight과 bias로 정의하고, line 12에서 함수 torch.functional.linear에 입력 데이터 x, 가중치 weight, 편향치 bias를 대입하여 출력을 얻는다.

8-3. 함수 reset_parameters

아래 **그림1**(d)를 코드로 구현하면 아래 **그림10**이 된다.

reset_parameters
with torch.no_grad():

$$\mu^{w}_{2\times3}.\text{uniform\_}\left(-\frac{1}{\sqrt{3}}, \frac{1}{\sqrt{3}}\right)$$

$$\sigma^{w}_{2\times3}.\text{fill\_}\left(\frac{0.4}{\sqrt{3}}\right)$$

$$\mu^{b}_{2}.\text{uniform\_}\left(-\frac{0.1}{\sqrt{2}}, \frac{0.1}{\sqrt{2}}\right)$$

$$\sigma^{b}_{2}.\text{fill\_}\left(\frac{0.4}{\sqrt{2}}\right)$$

그림1(d)

```
1 class NoisyLinear(nn.Module):
2   def __init__(self, in_features, out_features):
3     # 그림8
4
5   def forward(self, x):
6     # 그림9
7
8   # parameter를 적절하게 초기화
9   def reset_parameters(self):
10    with torch.no_grad():
11      weight_mu_range = 1 / math.sqrt(self.in_features)
12      self.weight_mu.uniform_(-weight_mu_range, weight_mu_range)
13      self.weight_sigma.fill_(std_init / math.sqrt(self.in_features))
14      bias_mu_range = 1 / math.sqrt(self.out_features)*0.1
15      self.bias_mu.uniform_(-bias_mu_range, bias_mu_range)
16      self.bias_sigma.fill_(std_init / math.sqrt(self.out_features))
```

그림10

그림10에서 self.in_features=3, self.out_features=2, std_init=0.4로 가정하고 코드를 설명한다.

Line 9(**그림10**): 함수 __init__에서 파라미터로 등록한 $\mu^{w}_{2\times3}$, $\sigma^{w}_{2\times3}$, μ^{b}_{2}, σ^{b}_{2}를 초기화할 때 사용하는 함수이다.

Line 10: **그림1**(d)의 설명과 같이 with torch.no_grad( )으로 감싼 블록(line 11~16)을 실행할 때, 기울기(gradient) 추적을 비활성화하게(computation graph 생성하지 않음) 되므로, 블록 내에서 텐서($\mu^{w}_{2\times3}$, $\sigma^{w}_{2\times3}$, μ^{b}_{2}, σ^{b}_{2})의 값이 변경되더라도 자동미분 시스템에 기록되지 않아서 기울기에 영향을 미치지 않는다.

Line 11, 12: self.in_features=3일 때, $\mu^{w}_{2\times3}.\text{uniform_}\left(-\frac{1}{\sqrt{3}}, \frac{1}{\sqrt{3}}\right)$을 구현한 코드이다. **그림1**(d)의 설명과 같이 self.weight_mu의 모든 요소를 $-\frac{1}{\sqrt{3}}$과 $\frac{1}{\sqrt{3}}$ 사이의 균등분포에서 무작위 추출한 값으로 초기화한다.

Line 13: self.in_features=3이고 std_init=0.4일 때, $\sigma_{2\times3}^{w}.\text{fill_}\left(\frac{0.4}{\sqrt{3}}\right)$을 구현한 코드이다. **그림1**(d)의 설명과 같이 self.weight_sigma의 모든 요소를 $\frac{0.4}{\sqrt{3}}$으로 초기화한다.

Line 14, 15: self.out_features=2일 때, $\mu_{2}^{b}.\text{uniform_}\left(-\frac{0.1}{\sqrt{2}},\frac{0.1}{\sqrt{2}}\right)$을 구현한 코드이다. **그림1**(d)의 설명과 같이 self.bias_mu의 모든 요소를 $-\frac{0.1}{\sqrt{2}}$과 $\frac{0.1}{\sqrt{2}}$ 사이의 균등분포에서 무작위 추출한 값으로 초기화한다.

Line 16: self.out_features=2이고 std_init=0.4일 때, $\sigma_{2}^{b}.\text{fill_}\left(\frac{0.4}{\sqrt{2}}\right)$를 구현한 코드이다. self.bias_sigma의 모든 요소를 $\frac{0.4}{\sqrt{2}}$로 초기화한다.

8-4. 함수 reset_noise

아래 **그림1**(e)를 코드로 구현하면 아래 **그림11**이 된다.

reset_noise (parameter 업데이트 마치면 재실행)

$$\varepsilon_{2\times3}^{w}=\text{sgn}\left(\varepsilon_{2}^{w}\right)\sqrt{\left|\varepsilon_{2}^{w}\right|}\otimes\text{sgn}\left(\varepsilon_{3}^{w}\right)\sqrt{\left|\varepsilon_{3}^{w}\right|}\ ,\ \varepsilon_{2}^{b}=\text{sgn}\left(\varepsilon_{2}^{b}\right)\sqrt{\left|\varepsilon_{2}^{b}\right|}$$

$$\varepsilon_{2}^{w}=\left(\varepsilon_{21}^{w},\varepsilon_{22}^{w}\right),\varepsilon_{3}^{w}=\left(\varepsilon_{31}^{w},\varepsilon_{32}^{w},\varepsilon_{33}^{w}\right),\varepsilon_{2}^{b}=\left(\varepsilon_{21}^{b},\varepsilon_{22}^{b}\right),\varepsilon_{ij}^{p}\sim N(0,1)(p=w,b)$$

그림1(e)

```
1 class NoisyLinear(nn.Module):
2  def __init__(self, in_features, out_features):
3    # 그림8
4
5  def forward(self, x):
6    # 그림9
7
8  # parameter를 적절하게 초기화
9  def reset_parameters(self):
10    # 그림10
11
12  # noise를 적절하게 초기화
13  # parameter 업데이트를 마칠 때마다 재실행
14  def reset_noise(self):
15   epsilon_in = self._scale_noise(self.in_features)
16   epsilon_out = self._scale_noise(self.out_features)
17   self.weight_epsilon.copy_(torch.outer(epsilon_out, epsilon_in))
18   self.bias_epsilon.copy_(self._scale_noise(self.out_features))
19
20  def _scale_noise(self, size):
21   x = torch.randn(size)
22   x = x.sign().mul(x.abs().sqrt())
23   return x
```

그림11

Line 14(**그림11**): 함수 __init__에 정의된 노이즈(**그림8**)의 값을 초기화할 때 사용하는 함수이다. 이때, line 20의 함수 _scale_noise를 사용한다.

Line 15: 변수 epsilon_in 에 저장하는 내용은, 함수 _scale_noise를 호출하여 생성한 in_features 크기의 잡음이다.

Line 16: 변수 epsilon_out에 저장하는 내용은, 함수 _scale_noise를 호출하여 생성한 out_features 크기의 잡음이다.

Line 17: self.weight_epsilon에 epsilon_out과 epsilon_in의 외적(**그림1**(e)의 외적 설명 참고)을 복사한다. PyTorch에서 .copy_는 한 텐서의 내용을 다른 텐서로 복사하는 인플레이스(in_place) 연산이다. 예를 들면, tensor1.copy_(tensor2)를 사용하면 tensor1에 tensor2의 내용을 복사한다는 의미이다. 이 연산은 새로운 텐서를 생성하

지 않고 tensor1을 직접 수정하게 되고, tensor1과 tensor2는 분리된 변수가 된다. 그 결과 컴퓨터 메모리에서 다른 위치를 차지하기 때문에, copy 후에 tensor2가 변해도 tensor1은 변하지 않는다.

Line 18: self.bias_epsilon에 저장하는 내용은, 함수 _scale_noise를 호출하여 생성한 in_features 크기의 잡음을 in_place로 복사한 내용이다.

Line 20: 함수 reset_noise에서 호출하여 사용하는 함수이다.

Line 21: torch.randn(size) 함수는 표준정규분포(평균이 0이고 분산이 1인 정규분포)에서 무작위로 값을 추출한다. size는 생성할 텐서의 크기를 지정한다. 예를 들면, torch.randn(2)는 tensor([−0.2345, 1.5678])와 같이 크기가 2인 1차원 텐서를 생성하며, 이 텐서의 각 요소는 표준정규분포에서 무작위로 추출한 값이다.

Line 22: x 값에 저장하는 내용은, x의 각 요소의 부호(x.sign( ))와 x의 절댓값의 제곱근(x.abs( ).sqrt( ))을 곱한 값이다. 여기서 x.sign( )는 각 요소의 부호(−1 또는 1)를 반환하고, x.abs( ).sqrt( )는 각 요소의 절댓값의 제곱근을 반환한다. 예를 들면, x=torch.tensor([−0.2345, 1.5678])에 대하여 x.sign()=tensor([−1., 1.]) 이고 x.abs().sqrt()=tensor([0.4843, 1.2521]) 이므로 x.sign().mul(x.abs().sqrt())=tensor([−0.4843, 1.2521])가 된다.

9 전체 코드

그림12는 전체 코드를 실행했을 때의 학습 과정을 나타낸다.

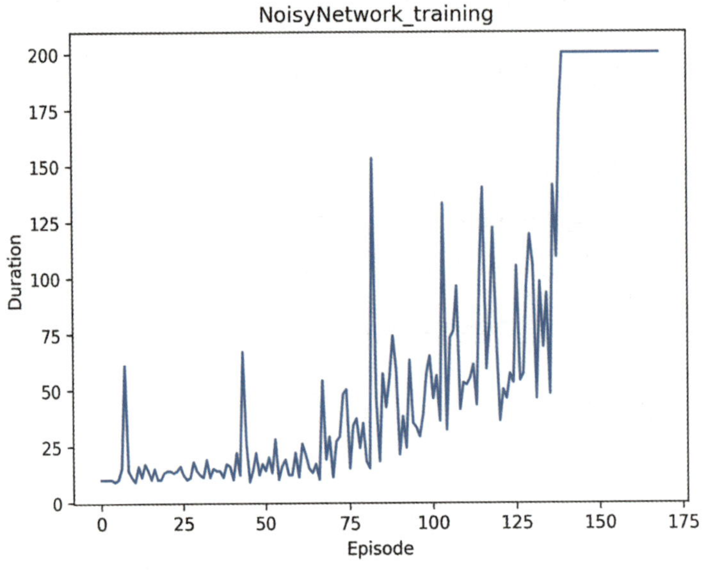

그림12

전체 코드를 아래와 같은 흐름으로 구현한다.

#1. 노이즈가 있는 선형연결층 NoisyLinear 정의(**그림13** line 17~67)

그림1을 이용하여 클래스 NoisyLinear를 코드로 구현한다.

#2. 신경망(NoisyDQN) 정의(line 69~86)

그림4를 이용하여 신경망을 코드로 구현한다.

#3. 행동을 선택하는 정책(policy) 정의(line 92~97)

그림5를 이용하여 탐욕적 정책(greedy policy)을 코드로 구현한다. 입력은 상태(s)이고 return은 선택한 행동(a)이다.

#4. 메모리 정의(line 99, 100)

그림6을 이용하여 memory를 코드로 구현한다.

#5. 파라미터 update 함수 정의(line 102~139)

메모리에서 batch_size만큼의 경험을 무작위로 추출하여(line 107) 학습데이터를 만든다(line 109~118). Loss 계산을 위해 타겟값을 구할 때(line 123~126), 신경망 target_net의 출력을 계산하는 연산이 포함된다. 이 과정에서 gradient를 계산하기 위해 자동으로 computation graph가 생성된다. 그러나 타겟값에 포함된 파라미터는 업데이트 대상이 아니므로 computation graph가 필요하지 않다. 불필요한 computation graph가 생성되어 컴퓨터 메모리 자원을 낭비하는 문제를 해결하기 위해 'with torch.no_ grad( )'를 사용한다. 'with torch.no_ grad( )' 블록 내부에서 타겟값을 계산하면 computation graph가 생성되지 않는다. **그림7**을 이용하여 loss를 정의하고 신경망 NoisyDQN의 파라미터를 업데이트한다(line 132~135). 업데이트를 마친 후에 NoisyLinear에서 정의한 noise를 reset한다(line 137~139).

#6. main(line 148~190)

for 에피소드_인덱스 in range(num_episodes):
  환경이 현재 상태 제공
  for 이동_인덱스 in range(200):#200은 이동 가능한 최대 횟수
    greedy 정책으로 행동 선택
    행동을 입력받은 환경이 다음 상태, 보상, 종료 여부(done)를 제공
    메모리에 경험 저장
    환경의 다음 상태를 현재 상태로 저장
    메모리의 경험이 배치 사이즈 이상이면 update 함수 실행
    ndqn으로 target_net을 업데이트
    이동이 종료되면 이동 횟수를 append
  이동 횟수 200번이 연속해서 30회이면 학습을 종료

전체 코드를 구현하면 다음과 같다.

```
import math, random, gym, numpy as np, time, statistics, torch, torch.nn as nn
import torch.optim as optim, torch.nn.functional as F, matplotlib.pyplot as plt
from torch.utils.data import DataLoader
from collections import deque
from itertools import groupby
import  warnings
warnings.filterwarnings('ignore')

env = gym.make("CartPole-v0")
batch_size = 128
gamma = 0.99
target_rate = 0.005 # soft copy rate
LR = 1e-4 # learning rate
std_init = 0.4
device=torch.device('cuda' if torch.cuda.is_available() else 'cpu')

##### 1. 노이즈가 있는 선형 연결층 NoisyLinear : 그림1
class NoisyLinear(nn.Module):

    def __init__(self, in_features, out_features):
        super( ).__init__( )
        self.in_features = in_features
        self.out_features = out_features

        # parameter로 등록, 적절한 초기화
        self.weight_mu = nn.Parameter(torch.FloatTensor(out_features, in_features))
        self.weight_sigma = nn.Parameter(torch.FloatTensor(out_features, in_features))
        self.bias_mu = nn.Parameter(torch.FloatTensor(out_features))
        self.bias_sigma = nn.Parameter(torch.FloatTensor(out_features))
        self.reset_parameters()

        # noise로 사용, buffer에 등록, 적절한 초기화
        self.register_buffer('weight_epsilon', torch.FloatTensor(out_features, in_features))
        self.register_buffer('bias_epsilon', torch.FloatTensor(out_features,))
        self.reset_noise()

    def forward(self, x):
        if self.training:
            weight = self.weight_mu + self.weight_sigma * self.weight_epsilon
            bias = self.bias_mu + self.bias_sigma * self.bias_epsilon
        else: # 7. 검증에 사용
            weight = self.weight_mu
            bias = self.bias_mu
        return F.linear(x, weight, bias)
```

```
    # parameter를 적절하게 초기화
    def reset_parameters(self):
        with torch.no_grad():
            weight_mu_range = 1 / math.sqrt(self.in_features)
            self.weight_mu.uniform_(-weight_mu_range, weight_mu_range)
            self.weight_sigma.fill_(std_init / math.sqrt(self.in_features))
            bias_mu_range = 1 / math.sqrt(self.out_features)*0.1
            self.bias_mu.uniform_(-bias_mu_range, bias_mu_range)
            self.bias_sigma.fill_(std_init / math.sqrt(self.out_features))

    # noise를 적절하게 초기화
    # parameter 업데이트를 마칠 때마다 재실행
    def reset_noise(self):
        epsilon_in = self._scale_noise(self.in_features)
        epsilon_out = self._scale_noise(self.out_features)
        self.weight_epsilon.copy_(torch.outer(epsilon_out, epsilon_in))
        self.bias_epsilon.copy_(self._scale_noise(self.out_features))

    def _scale_noise(self, size):
        x = torch.randn(size)
        x = x.sign().mul(x.abs().sqrt())
        return x

##### 2. 신경망(NoisyDQN) : 그림4
class NoisyDQN(nn.Module):
    def __init__(self):
        super( ).__init__( )
        self.linear =  nn.Linear(4, 128)
        self.noisy1 = NoisyLinear(128, 128)
        self.noisy2 = NoisyLinear(128, 2)

    def forward(self, x):
        x = F.selu(self.linear(x))
        x = F.selu(self.noisy1(x))
        x = self.noisy2(x)
        return x

    # parameter 업데이트를 마칠 때마다 재실행
    def reset_noise(self):
        self.noisy1.reset_noise()
        self.noisy2.reset_noise()

nnet = NoisyDQN( ).to(device)
target_net  = NoisyDQN( ).to(device)
target_net.load_state_dict(nnet.state_dict())
```

```
##### 3. 행동을 선택하는 정책(policy) : 그림5
def policy(state: np.ndarray)->int:
    state  = torch.FloatTensor(state).to(device)
    q_value = nnet.forward(state)
    action  = q_value.max(0)[1].item()
    return action

##### 4. 메모리(memory) : 그림6
memory = deque([ ], maxlen=10000)

##### 5. 파라미터 업데이트 함수 : 그림7
optimizer = optim.Adam(nnet.parameters(), lr=LR)

def update():
    # numpy 경험 추출
    experience = random.sample(memory, batch_size)

    # tensor 학습 데이터
    dataloader = DataLoader(experience, batch_size=batch_size)
    # batch_size = experience_size 이므로 experience 1개를 batch로 처리.
    # 즉, 아래 for loop은 1회 실행
    for states, actions, rewards, next_states, dones in dataloader:
        states = states.to(device)
        actions = actions.to(device)
        rewards = rewards.to(device)
        next_states = next_states.to(device)
        dones = dones.to(device)

        # 예측값
        q_values = nnet(states).gather(1, actions.unsqueeze(-1)).squeeze(1)

        # 타겟값
        with torch.no_grad():
            next_q_values = target_net(next_states).max(1)[0]
            expected_q_values = rewards + gamma * next_q_values * (1 -dones.float())

        # 손실
        loss = (q_values - expected_q_values.detach()).pow(2)
        loss = loss.mean()

        # 업데이트
        optimizer.zero_grad()
        loss.backward()
        optimizer.step()
```

```
        # 노이즈 초기화
        nnet.reset_noise()
        target_net.reset_noise()

##### 30번 연속해서 만점을 받으면 학습 종료할 때 사용할 함수
# 리스트 lst의 처음 요소부터 시작하여 순차적으로 연속된 정수를 그룹화하고
# 그룹의 길이를 계산
def consecutive_length(lst):
    return [len(list(group)) for _, group in groupby(enumerate(lst),
                                        lambda i_x:i_x[0]-i_x[1])]

##### 6. main
episode_durations = []
movement200=[]
num_episodes = 5000
t0 = time.time()

for episode_idx in range(num_episodes):
    # env 상태 초기화
    seed_idx = random.randint(0, int(1e6))
    state = env.reset(seed=seed_idx)# np.ndarray[float32](4,)

    for movement_idx in range(200):
        # 행동 선택
        action = policy(state)
        # 행동을 입력받은 환경이 다음 다음 상태, 보상, 종료 여부를 제공
        next_state, reward, done, _ = env.step(action)

        # 메모리에 경험저장
        memory.append((state, action, reward, next_state, done))
        # 환경의 다음 상태를 현재 상태로 저장
        state = next_state
        # 메모리가 배치 사이즈 이상이면 update 함수 실행
        if len(memory) > batch_size:
            update()

        # main_net으로 target_net 업데이트
        with torch.no_grad():
            for target_param, local_param in zip(target_net.parameters(), nnet.parameters()):
                target_param.data.copy_(target_rate*local_param.data \
                            + (1.0-target_rate)*target_param.data)

        # done=True이면 CartPole 이동 횟수(movement_end)를 append
        if done:
            movement_end=movement_idx+1
            episode_durations.append(movement_end)
            break
```

```

 # 200회 이동 횟수가 연속해서 30번이면 학습 종료
 if movement_end==200:
  movement200.append(episode_idx)
  print(episode_idx,',',max(consecutive_length(movement200)))
  if max(consecutive_length(movement200))>=30:
   break

t1 = time.time()
print("Training time: {}min".format(round((t1-t0)/60,2)))
plt.title('NoisyNetwork_training')
plt.ylabel('Duration')
plt.xlabel('Episode')
plt.plot(episode_durations)
plt.savefig('Noisy_Network_training.png', dpi=300, bbox_inches='tight')

##### 7. 검증
from tqdm import tqdm
nnet.eval()
with torch.no_grad():
 scores=[]
 for episode_idx in tqdm(range(5000)):
  state = env.reset()

  done=False
  t=0
  while not done:
   t +=1
   action = policy(state)

   next_state, _, done, _ = env.step(action)
   state = next_state
   if done:
    scores.append(t)
    if t!=200:
     print(t)

print("score 평균: ",statistics.mean(scores))
print("score 표준편차:", statistics.stdev(scores))
```

그림13

10 연습문제

문제1 신경망

그림13(전체 코드)에 있는 line 69~86에 대하여 다음 물음에 답하시오.

1-1. Line 73에 있는 가중치와 편향치의 형태(shape)를 각각 적으시오.

1-2. Line 74를 아래와 같이 수정하면 A, B, C, D가 print된다. A, B, C, D에 있는 파라미터 이름을 알 수 있는 line 번호를 모두 적으시오.

self.noisy1 = NoisyLinear(128, 128); print(list(self.noisy1.named_parameters( )))

1-3. Line 75를 아래와 같이 수정하면 A, B, C, D가 print된다. A, B, C, D에 있는 파라미터 이름을 알 수 있는 line 번호를 모두 적으시오.

self.noisy2 = NoisyLinear(128, 2); print(list(self.noisy2.named_parameters( )))

1-4. Line 71~75를 실행시키는 line 번호를 **그림13**에서 찾아 모두 적으시오.

1-5. Line 77~81을 실행시키는 line 번호를 **그림13**에서 찾아 모두 적으시오.

1-6. Line 84~86을 실행시키는 line 번호를 **그림13**에서 찾아 모두 적으시오.

문제2 정책

그림13(전체 코드)에 있는 line 92~97에 대하여 다음 물음에 답하시오.

2-1. Line 94를 다음과 같이 나타낼 수 있다. A, B, C에 알맞은 내용을 적으시오.

state = torch.tensor(A, dtype=B, device=C)

2-2. q_value의 형태는 torch.Size([A])이다. A에 알맞은 내용을 적으시오.

2-3. Line 96은 보면, q_value가 최대인 행동(action)을 선택하므로 정책은 greedy 정책으로 보인다. 그러나 ε-greedy 정책으로 볼 수 있는 이유를 적으시오.

문제3 학습데이터, memory

그림13(전체 코드)의 line 99, 100에 있는 양방향 큐인 deque 대한 물음에 답하시오.

3-1. 다음은 maxlen=2인 deque 코드이다.

```
memory = deque([], maxlen=2)
memory.append('A') ; print(memory)
memory.append('B') ; print(memory)
memory.append('C') ; print(memory)
```

위 코드를 실행할 때, 다음 내용이 출력된다. X, Y, Z에 알맞은 내용을 적으시오.

```
deque([X], maxlen=2)
deque([Y], maxlen=2)
deque([Z], maxlen=2)
```

3-2. memory의 속성(attribute)을 사용하는 line 번호를 적으시오.

문제4 파라미터 업데이트 함수

그림13(전체 코드)에 대하여 다음 물음에 답하시오.

4-1. 업데이트할 파라미터가 정의된 line 번호를 모두 적으시오.

4-2. Line 107에 있는 experience는 memory에서 비복원으로 추출한 경험이고 개수는 batch_size이다. 경험의 자료형을 알 수 있는 line 번호를 모두 적으시오.

4-3. batch_size=2라고 할 때, line 107에 있는 experience가 다음과 같다고 하자.

```
experience = [
(array([0.1, 0.2, 0.3, 0.4], dtype=float32), 0, 1.99, array([0.2, 0.3,
0.4, 0.5], dtype=float32), False),
(array([0.3, 0.4, 0.5, 0.6], dtype=float32), 1, 1.99, array([0.4, 0.5,
0.6, 0.7], dtype=float32), False) ]
```

변수 experience는 리스트이고 원소는 두 개이다. 각 원소는 경험을 나타내고, 현재 상태와 다음 상태는 numpy의 array(dtype=float32)이다. 이런 experience를 PyTorch

로 만든 신경망 ndqn과 target_net에 사용하기 위해서 **그림13**(전체 코드)에서 다음과 같이 experience를 tensor로 변환한다.

```
states=tensor([[0.1, 0.2, 0.3, 0.4], [0.3, 0.4, 0.5, 0.6]],
dtype=torch.float32)
actions=tensor([0, 1], dtype=torch.int64)
rewards=tensor([1.9900, 1.9900], dtype=torch.float64)
next_states=tensor([[0.2, 0.3, 0.4, 0.5], [0.4, 0.5, 0.6, 0.7]],
dtype=torch.float32)
dones=tensor([False, False], dtype=torch.bool)
```

위와 같이 experience를 tensor로 변환하는 line 번호를 모두 적으시오.

4-4. Line 120~126에서 예측값은 with torch.no_grad( ) 외부에 있고 타겟값은 내부에 있다. 그 이유를 적으시오.

4-5. 파라미터 업데이트에 사용한 gradient를 zero로 만드는 line 번호를 적으시오.

4-6. 파라미터 업데이트에 사용할 gradient를 구하는 line 번호를 적으시오.

4-7. 경사하강법을 이용하여 파라미터를 업데이트한 line 번호를 적으시오.

문제5 main

그림13(전체 코드)의 line 148~190은 환경과 에이전트(정책)가 상호작용하면서 신경망의 파라미터를 업데이트하는 코드이다. 이 코드에 대하여 다음 물음에 답하시오.

5-1. CartPole을 처음으로 이동할 때부터 done이 True인 이동까지를 한 개의 A라고 한다. A를 최대 B번 시행한다. A, B에 알맞은 내용을 적으시오.

5-2. 환경의 처음 상태를 결정하는 line 번호를 모두 적으시오.

5-3. CartPole을 처음으로 이동해서 done이 True일 때까지 이동시키는 line 번호를 모두 적으시오.

5-4. 환경에 행동이 입력되면, 환경이 출력는 변수는 n개이다. n을 적으시오.

5-5. Line 166을 실행하면, 1-step 경험이 memory에 자료형 A로 append된다. 리스트(List), 튜플(Tuple), 셋(Set), 딕셔너리(Dict) 중, A에 알맞은 내용을 적으시오.

5-6. CartPole을 이동할 때마다 target_net 파라미터를 업데이트한다. 맞으면 Yes, 틀리면 No를 적으시오.

문제6 다음 중에서 손실(loss)의 그래디언트(gradient)를 구할 때 사용하는 변수(업데이트 대상인 변수)를 모두 적으시오.

$$\mu^{w}_{2\times3}\ ,\ \sigma^{w}_{2\times3}\ ,\ \mu^{b}_{2}\ ,\ \sigma^{b}_{2}\ ,\ \varepsilon^{w}_{2\times3}\ ,\ \varepsilon^{b}_{2}\ ,\ w_{2\times3}\ ,\ b_{2}$$

문제7 그림13(전체 코드)의 line 26, 49, 50은 아래와 같다.

```
self.weight_mu = nn.Parameter(torch.FloatTensor(out_features, in_features))
weight_mu_range = 1 / math.sqrt(self.in_features)
self.weight_mu.uniform_(-weight_mu_range, weight_mu_range)
```

out_features=in_features=self.in_features=128이고 변수 self.weight_mu를 μ^{w} 라고 할 때, μ^{w}는 파라미터인가? 자료형과 shape? 초깃값은 어떻게 결정되는가? 이 질문에 대하여 답하시오.

문제8 그림13(전체 코드)의 line 59, 64~67 코드는 아래와 같다.

```
epsilon_in = self._scale_noise(self.in_features)
def _scale_noise(self, size):
    x = torch.randn(size)
    x = x.sign().mul(x.abs().sqrt())
    return x
```

self.in_features=128이고 변수 epsilon_in를 ε_{in}이라고 할 때, ε_{in}은 파라미터인가? 자료형과 shape은? 어떤 확률분포에서 추출한 값을 가지는가? 이 질문에 답하시오.

문제9 아래 ①~⑥가 그림13(전체 코드)에서 실행되는 순서대로 적으시오.

① $\varepsilon_{2\times3}^{w}$, ε_{2}^{b} 의 값을 리셋(reset)한다.

② 에이전트가 환경과 상호작용하여 얻은 경험이 batch_size개가 될 때까지 파라미터를 업데이트하지 않고 메모리에 경험을 저장한다.

③ $\mu_{2\times3}^{w}$, $\sigma_{2\times3}^{w}$, μ_{2}^{b} , σ_{2}^{b} 를 정의하고 초기화한다.

④ 가중치 $w_{2\times3}$ 와 편향치 b_2 를 정의한다.

⑤ 메모리에 batch_size개 이상의 경험이 쌓이면 파라미터를 업데이트한다.

⑥ $\varepsilon_{2\times3}^{w}$, ε_{2}^{b} 를 정의하고 초기화한다.

문제10 아래 그림14에 대한 물음에 답하시오.

```
import  gym, torch, torch.nn as nn, torch.nn.functional as F
env = gym.make("CartPole-v0")

class NoisyLincar(nn.Module):
 def __init__(self, in_features=3, out_features=2):
  super( ).__init__( )
  self.weight_mu = nn.Parameter(torch.FloatTensor(2, 3))
  self.weight_sigma = nn.Parameter(torch.FloatTensor(2, 3))

  self.register_buffer('weight_epsilon', torch.FloatTensor(2, 3))
  self.reset_noise()

 def forward(self, x):
  self.weight = self.weight_mu + self.weight_sigma * self.weight_epsilon
  return F.linear(x, self.weight, bias=None)

 def reset_noise(self):
  epsilon_in = torch.randn(3)
  epsilon_out = torch.randn(2)
  self.weight_epsilon.copy_(torch.outer(epsilon_out, epsilon_in))

class NoisyDQN(nn.Module):
 def __init__(self):
  super( ).__init__( )
  self.linear =  nn.Linear(4, 3)
  self.noisy = NoisyLinear(3, 2)
```

```
27
28  def forward(self, x):
29    x = self.linear(x)
30    x = self.noisy(x)
31    return x
32
33  def reset_noise(self):
34    self.noisy.reset_noise()
35
36 nnet = NoisyDQN( )
37 print(list(nnet.named_parameters()))
38
39 state = env.reset()
40 print(f'weight_epsilon1={nnet.noisy.weight_epsilon}')
41 q_values = nnet(torch.FloatTensor(state))
42 print(f'weight_epsilon2={nnet.noisy.weight_epsilon}')
43
```

그림14

10-1. **그림14**의 line 37을 실행하면, NoisyDQN이 가진 모든 파라미터의 이름과 값이 출력된다. 다음 물음에 답하시오.

10-1-1. **그림14**의 line X에 있는 신경망의 가중치와 편향치가 출력된다. X에 알맞은 내용을 적으시오.

10-1-2. 신경망 NoisyLinear가 가진 파라미터 Y, Z가 출력된다. Y, Z에 알맞은 내용을 적으시오.

10-2. **그림14**의 line 14에 있는 self.weight는 파라미터가 아니다. 그 이유를 적으시오.

10-3. **그림14**의 line 40과 42의 출력은 같다. 그 이유를 적으시오.

10-4. **그림14**의 line 43에 함수 reset.noise를 실행할 수 있는 코드를 적으시오.

11 부록

정리1 $Z \sim N(0,1)$ 일 때, 확률변수 $X = \text{sgn}(Z)\sqrt{|Z|}$ 에 대하여 평균 $E[X]=0$ 이고 분산 $V[X]=\sqrt{\frac{2}{\pi}}$ 이다.

(풀이) 표준정규분포를 따르는 확률변수 Z 의 pdf는 다음과 같다.

$$f(z)=\frac{1}{\sqrt{2\pi}}\exp\left(-\frac{z^2}{2}\right)(-\infty<z<\infty)$$

적분의 성질과 $f(z)$ 의 y 축 대칭 성질에 의하여 평균은 0이다. 확률밀도함수를 이용하여 다음과 같이 평균은 0임을 증명할 수 있다.

$$\begin{aligned}E[X]&=E\left[\text{sgn}(Z)\sqrt{|Z|}\right]\\&=\int_{-\infty}^{\infty}\text{sgn}(z)\sqrt{|z|}f(z)\,dz\\&=\int_{-\infty}^{0}\text{sgn}(z)\sqrt{|z|}f(z)\,dz+\int_{0}^{\infty}\text{sgn}(z)\sqrt{|z|}f(z)\,dz\\&=\int_{-\infty}^{0}-\sqrt{-z}f(z)\,dz+\int_{0}^{\infty}\sqrt{z}f(z)\,dz\\&=\int_{\infty}^{0}\sqrt{t}f(-t)\,dt+\int_{0}^{\infty}\sqrt{z}f(z)\,dz\langle\because t=-z\\&=\int_{\infty}^{0}\sqrt{t}f(t)\,dt+\int_{0}^{\infty}\sqrt{z}f(z)\,dz\\&=-\int_{0}^{\infty}\sqrt{t}f(t)\,dt+\int_{0}^{\infty}\sqrt{z}f(z)\,dz=0\end{aligned}$$

또한 분산의 성질과 $E[x]=0$ 를 사용하면, 다음과 같이 분산은 $\sqrt{\frac{2}{\pi}}$ 이다.

$$\begin{aligned} V[X] &= E\left[X^2\right]-\{E[X]\}^2 = E\left[X^2\right] \\ &= E\left[\left\{\operatorname{sgn}(Z)\sqrt{|Z|}\right\}^2\right] = E[|Z|] \\ &= \int_{-\infty}^{\infty}|z| f(z)\,dz = 2\int_0^{\infty} z\frac{1}{\sqrt{2\pi}}\exp\left(-\frac{z^2}{2}\right)dz \\ &= \frac{-2}{\sqrt{2\pi}}\left[\exp\left(-\frac{z^2}{2}\right)\right]_{z=0}^{\infty} = \sqrt{\frac{2}{\pi}} \end{aligned}$$

정리2 $Z_1 \sim N(0,1)$, $Z_2 \sim N(0,1)$ 이고 독립일 때, 확률변수 X가 다음과 같다고 하자.

$$X = \operatorname{sgn}(Z_1)\sqrt{|Z_1|}\operatorname{sgn}(Z_2)\sqrt{|Z_2|}$$

이때, 평균 $E[X]=0$ 이고 분산은 $V[X]=\frac{2}{\pi}$ 이다.

(풀이) Z_1, Z_2가 독립이고 [정리1]에 의하여 $E\left[\operatorname{sgn}(Z_i)\sqrt{|Z_i|}\right]=0\,(i=1,2)$ 이므로 다음이 성립하다.

$$\begin{aligned} E[X] &= E\left[\operatorname{sgn}(Z_1)\sqrt{|Z_1|}\operatorname{sgn}(Z_2)\sqrt{|Z_2|}\right] \\ &= E\left[\operatorname{sgn}(Z_1)\sqrt{|Z_1|}\right]\times E\left[\operatorname{sgn}(Z_1)\sqrt{|Z_1|}\right] = 0\times 0 = 0 \end{aligned}$$

또한 Z_1, Z_2가 독립, $E[X]=0$ 이고 $E\left[\left\{\operatorname{sgn}(Z_i)\sqrt{|Z_i|}\right\}^2\right]=\sqrt{\frac{2}{\pi}}\,(i=1,2)$ 이므로 다음이 성립한다.

$$\begin{aligned} V[X] &= E\left[X^2\right]-\{E[X]\}^2 = E\left[X^2\right] \\ &= E\left[\left\{\operatorname{sgn}(Z_1)\sqrt{|Z_1|}\right\}^2\left\{\operatorname{sgn}(Z_2)\sqrt{|Z_2|}\right\}^2\right] \\ &= E\left[\left\{\operatorname{sgn}(Z_1)\sqrt{|Z_1|}\right\}^2\right]E\left[\left\{\operatorname{sgn}(Z_2)\sqrt{|Z_2|}\right\}^2\right] \\ &= \sqrt{\frac{2}{\pi}}\times\sqrt{\frac{2}{\pi}} = \frac{2}{\pi} \end{aligned}$$

제 3 장

CategoricalDQN (C51)

CategoricalDQN은 DQN의 변형으로, 출력인 q 값을 이산확률분포로 나타낸다. 주어진 환경의 상태에서 무작위로 행동을 선택하거나 각 행동의 평균 q 값이 최대인 행동을 선택하여, 보상을 받고, 환경은 새로운 상태로 전환된다. 이러한 경험을 메모리에 저장하게 된다. 메모리에서 다수의 경험을 샘플링하여 예측 분포와 실제 분포(타겟 분포)를 만들고, 크로스 엔트로피(cross entropy, 두 분포의 유사도)로 손실 함수를 만들어 두 분포 간의 차이를 최소화한다. 이를 통해 에이전트는 각 행동의 q 값 분포를 정확하게 예측하여 더 나은 결정을 내릴 수 있다. CategoricalDQN의 주요 장점은 q 값을 단일 값이 아닌 확률분포로 나타냄으로써, 상태-행동 쌍에 대한 미래 보상의 불확실성을 반영하여 학습할 수 있다는 점이다. q 값을 확률분포로 나타내고 평균을 구하는 과정과 예측 분포와 타겟 분포의 가까운 정도를 측정하는 크로스 엔트로피에 대한 이해가 중요하다.

1 용어 설명과 구성 요소

DQN과 같은 전통적인 강화학습 알고리즘에서는 신경망의 출력인 상태-행동 가치가 하나의 실수이지만, CategoricalDQN에서는 이산확률분포가 된다. 확률변수가 가지는 값을 1, 2, 3과 같이 3개 범주(Category)로 가정한 CategoricalDQN을 간단히 C3라고 하면, **그림1**과 같이 C3는 이 범주에 대한 확률을 출력하게 된다. 상태 s가 C3에 입력되면, C3가 출력하는 q(s,a)은 이산확률변수가 되고 이를 $q_{main_net}(s)[a]$로 나타내자.

확률변수 $q_{main\_net}(s)[a]$	1*	2*	3*	hyperparameter
확률 p	0.1	0.3	0.6	신경망 출력
평균 $E[q_{main\_net}(s)[a]]$	1×0.1 + 2×0.3 + 3×0.6 = 2.5			

* 확률변수가 가지는 값을 atom이라고 함

그림1

그림1과 같이, 확률변수 $q_{main_net}(s)[a]$가 가지는 값은 하이퍼파라미터이고, 확률은 C3의 출력이다. CategoricalDQN의 구성 요소는 아래 **그림2**와 같이, 환경 CartPole의 상태 s가 입력되면 q 값을 출력하는 main_net, q 값을 사용하여 선택한 행동 a, 타겟인 q 값의 확률을 계산하는데 사용하는 target_net, 그리고 경험을 저장하는 memory로 구성되어 있다. 상호작용에 대한 자세한 그림과 설명은 강화학습 시리즈1인 '강화학습 기본과 PyTorch'의 제7장으로 대신한다.

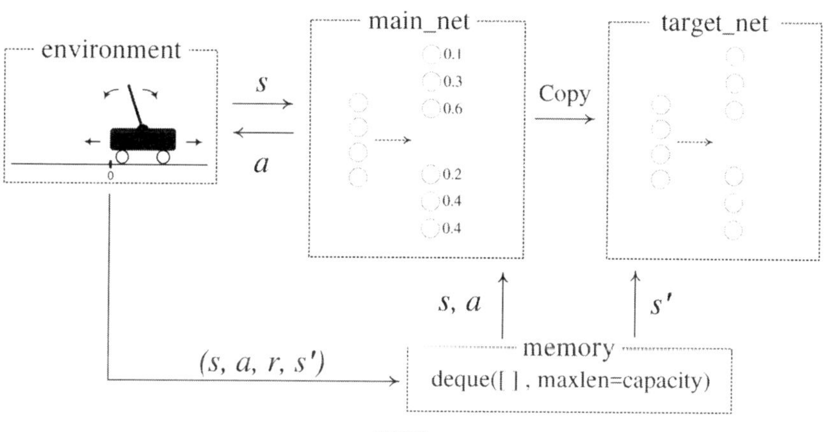

그림2

2 신경망 구조

상태 s가 입력되면 상태 s-행동 a의 가치인 q 값을 출력하는 신경망을 클래스로 코딩해야 한다. 이를 위하여 만든 그림이 아래 **그림3**(a)와 (b)이다. (a)는 NoisyNet을 코딩할 때 사용한 그림이고, (b)는 CategoricalDQN을 코딩할 때 사용할 그림이다. state(s)가 신경망에 입력되어 q 값을 출력하는 과정인 (b)를 보면, 신경망에 대하여 다음을 알 수 있다.

- 출력층을 제외하고 DQN 구조와 동일하다.
- 세 개의 선형연결층(linear1, linear2, linear3)을 사용한다. 그리고 활성함수은 selu이다.

- 두 개 함수(__init__, forward)를 가진다.
- 함수 __init__ 내부에서 선형연결층을 변수 A에 할당한다.
- 함수 forward 내부에서 변수 A를 사용하여 q 값의 분포를 return한다.
- 신경망의 인스턴스를 cdqn이라 할 때, ①, ②, ③은 다음을 나타낸다.
  ① x=selu(cdqn.linear1(state))
  ② x=selu(cdqn.linear2(x))
  ③ x=cdqn.linear3(x)
- 신경망의 출력은 q(s,a1)와 q(s,a2)의 확률분포이다. **그림2**에 있는 main_net을 사용하여 q(s,a) 대신 q_{main_net}(s)[a]로도 나타내자.

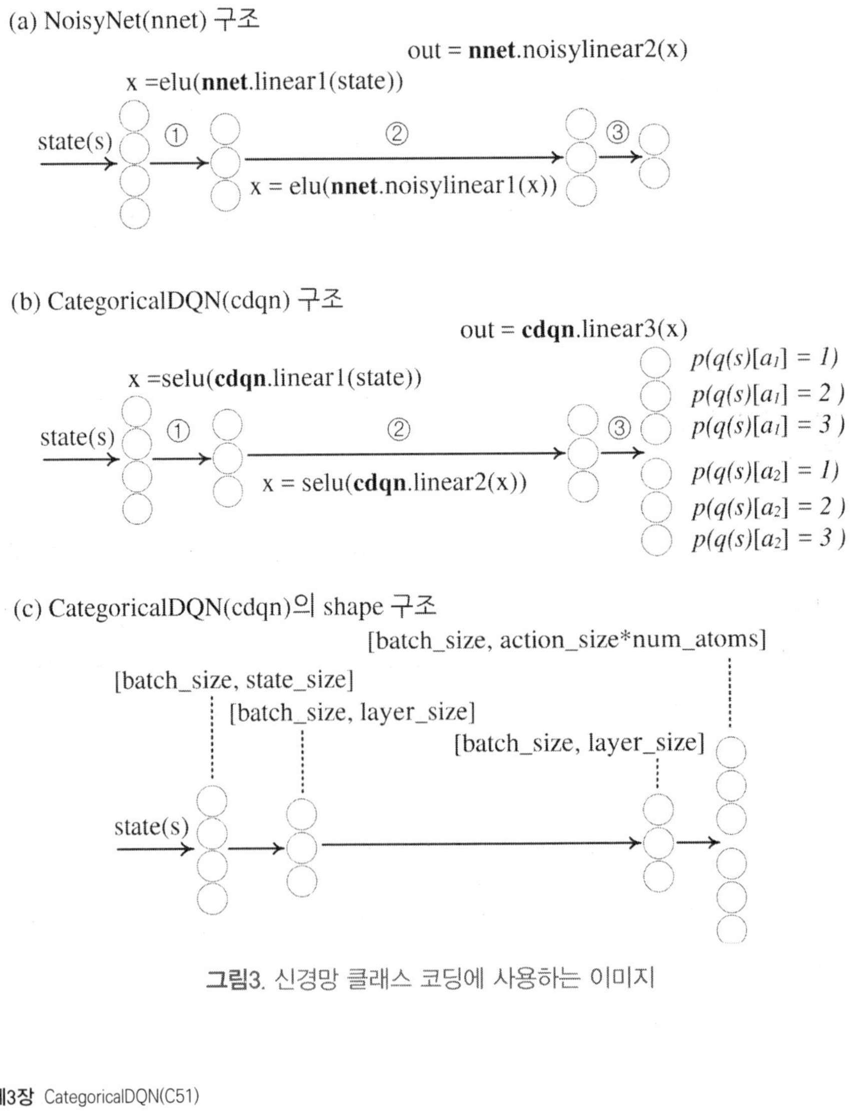

그림3. 신경망 클래스 코딩에 사용하는 이미지

위 **그림3**(c)를 보면, 함수 forward 내부에서 처리하는 선형연결층의 입력과 출력의 형태(shape)를 알 수 있다. **그림3**(b)와 (c)는 toy 신경망으로, 네 개의 입력 노드와 action_size*num_atoms=2*3=6개의 출력 노드를 가진다. 4개 숫자를 가진 환경(CartPole-v0)의 상태인 s = (카트의 위치, 카트의 속도, 폴의 각도, 폴의 각속도)가 신경망으로 입력되기 때문에 4개 입력 노드를 가진다. 출력층에서 처음 3개 출력 노드가 가지는 값은 확률로, 이산확률변수 $q_{main_net}(s)[a_1]$의 값이 각각 1, 2, 3이 될 확률이다. 즉, 상태(s)에서 왼쪽 행동(a_1)의 가치가 1, 2, 3이 될 수 있고, 그 가능성을 확률로 나타낸 것이다. 나머지 세 개 출력 노드가 가지는 값도 확률이고, 상태(s)에서 오른쪽 행동(a_2)의 가치가 1, 2, 3이 될 가능성을 나타낸다. 코드에서는 3개 atom 대신 51개를 사용하므로 C51이 된다. Toy 신경망에서 layer_size(은닉노드 개수)는 3이지만, 코드에서는 128이다.

3 정책(상태가 입력되면 행동 출력) 정의

그림3에서 batch_size=1이고 상태 s가 신경망에 입력되면, 출력은 $q(s, a_1)$의 확률분포와 $q(s, a_2)$의 확률분포가 된다. q 값의 평균이 큰 행동 a을 선택할 때, 탐욕적 정책(greedy policy)이라고 한다. 우리가 사용할 정책은 ε-탐욕적 정책(ε-greedy policy)으로 **그림4**와 같다.

(a)

$$\text{policy}(s) = \begin{cases} \text{random.choice}(actions) & (\text{random.random}(\ ) < \varepsilon) \\ \arg\max_a E\left[q_{main\_net}(s)[a]\right] & (\text{otherwise}) \end{cases}$$

(b)

알고리즘	이산확률변수 q(s,a) 값*	확률p	q(s,a) 기댓값 (확률분포표 이용)
Categorical DQN	q(s,a) 값 고정, $z_1, \cdots, z_N$	z_i에서 $p(q(s,a)=z_i)$	$E[q(s,a)] = \sum_{i=1}^{N} z_i p(q(s,a)=z_i)$

* $q(s,a) = q_{main\_net}(s)[a]$

그림4. 정책 코딩에 사용하는 이미지

ε-탐욕적 정책은 탐험(ε, exploration, ε)과 탐색(greedy, exploitation, 활용, 이용) 사이의 균형을 맞추기 위해 사용되며, 에이전트가 최적의 행동을 선택하는 동시에 새로운 행동을 탐험할 기회를 제공한다. **그림4**(a)에서 random.random( )은 구간 [0, 1)에서 난수를 생성한다. 이 난수가 ε보다 작으면, 무작위로 행동을 선택한다. 코드에서 ε 값을 감소하게 만들어, 시간이 지남에 따라 탐험보다는 탐색을 더 자주 선택하도록 한다. random.choice(actions)는 가능한 행동 집합(actions)에서 하나의 행동을 무작위로 선택하는 것을 의미한다. 이를 통해 에이전트는 아직 잘 알려지지 않은 행동을 시도할 수 있으며, 이는 장기적으로 환경에 대한 더 나은 이해와 높은 보상을 끌어낼 수 있다. '탐욕적'에 해당하는 $\arg\max_a E\left[q_{main_net}(s)[a]\right]$는 주어진 상태 s에서 행동 a에 대한 평균 q 값을 **그림4**(b)와 같이 계산하여, 가장 높은 평균 q 값을 가진 행동 a를 선택한다. 이는 '탐색'의 한 형태로, 에이전트가 이전 경험을 기반으로 최선의 행동을 선택하게 한다. **그림4**(b)는 CategoricalDQN에서 행동 선택을 위하여 평균 E[q(s,a)]를 구하는 과정이다. 이 표에서 평균은 이산확률변수의 확률질량함수(pmf)를 이용하여 구한 평균임을 알 수 있다. 참고로, 뒤에서 다루는 분포 강화학습 알고리즘인 QRDQN, IQN, FQF에서는, q 값이 연속확률변수이고, 확률질량함수(pmf)가 아닌 분위수 함수를 이용하여 평균 E[q(s,a)]를 구하게 된다.

4 학습데이터(memory) 정의

신경망을 학습하기 위해서는 학습데이터가 필요하다. 일반적으로 학습데이터를 미리 준비하지만, 강화학습에서는 환경과 에이전트(정책)가 상호작용하면서 얻은 경험을 학습데이터로 사용한다. 아래 **그림5**와 같이 경험을 memory에 저장한다.

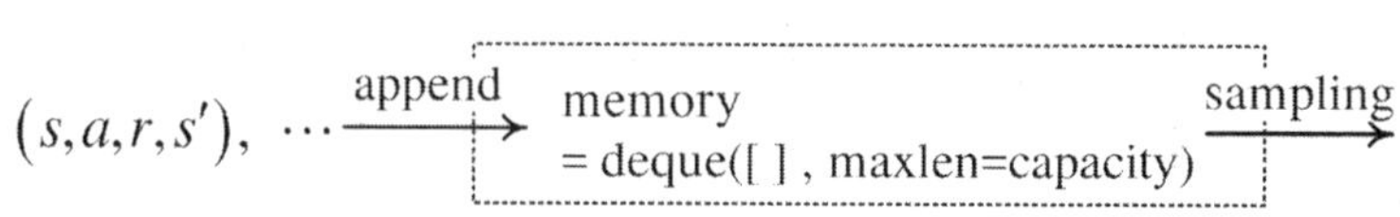

그림5. 메모리 코딩에 사용하는 이미지

여기서 추출한 경험을 학습데이터로 사용한다. DQN과 마찬가지로 1-step 경험(상태 s, 행동 a, 보상 r, 다음 상태 s')을 memory라는 이름의 deque(양방향 큐)에 저장된다.

5 손실 정의

상태-행동 가치의 예측 분포와 실제 분포(타겟 분포)를 구하여 두 분포의 유사도(크로스 엔트로피)로 손실을 정의한다. 아래 **그림6**은 크로스 엔트로피를 구하는 과정으로, 아래 두 가지 조건을 만족하여야 크로스 엔트로피(cross entropy)를 정의할 수 있다.

(1) 실제(타겟) 분포(**그림6**-(a))와 예측 분포(**그림6**-(b))가 주어지고

(2) 두 확률변수가 가지는 값이 같다.

조건 (1)과 (2)를 만족하면, **그림6**(c)와 같이 크로스 엔트로피를 구한다.

(a)

실제 확률변수	v_1	v_2	v_3
확률 $p_{실제}$	0.12	0.44	0.44

(b)

예측 확률변수	v_1	v_2	v_3
확률 $p_{예측}$	0.1	0.3	0.6

(c) $\text{loss} = \text{cross entropy} = -\sum p_{실제} \ln(p_{예측})$

$p_{실제}$	$p_{예측}$	$-p_{실제}\ln(p_{예측})$	$-\sum p_{실제}\ln(p_{예측})$
0.12	0.1	$-0.12\ln 0.1$	$-(0.12\ln 0.1 + 0.44\ln 0.3 + 0.44\ln 0.6) = 1.03$
0.44	0.3	$-0.44\ln 0.3$	
0.44	0.6	$-0.44\ln 0.6$	

그림6

그림6(a)는 실제(참 true, 타겟 target)에 해당하는 확률분포표이고 (b)는 예측에 해

당하는 확률분포표이다. (a)와 (b)에서 두 확률변수가 같은 값 v1, v2, v3을 가진다고 가정했으므로 이제 크로스 엔트로피를 정의할 수 있다. 예측 분포가 실제 분포에 가까운 정도를 H(p실제|p예측)로 나타내고 'p예측에 대한 p실제의 크로스 엔트로피'라고 하며 정의는 (c)와 같다. 여기서 p실제는 실제(정답, 타겟) 분포의 확률을 나타낸다.

$$\text{cross entropy} = H(p\text{실제}|p\text{예측}) = -\Sigma\ p\text{실제}\ \ln(p\text{예측})$$

참고로, 표현 'p예측에 대한 p실제의 크로스 엔트로피'에서 'p예측'이 먼저 언급되고 'p실제'가 뒤에 언급되지만, 기호에서는 'H(p실제|p예측)'와 같이 순서가 반대임을 기억하자. 순서가 중요한 이유는 H(p실제|p예측)≠H(p예측|p실제)이기 때문이다.

크로스 엔트로피는 양수이고, 최솟값은 다음과 같이 H(p실제|p실제)이다.

$$H(p\text{실제}|p\text{실제}) \le H(p\text{실제}|p\text{예측})$$

예측 분포가 실제(타겟) 분포와 가까울수록 크로스 엔트로피는 최솟값 H(p실제|p실제)에 가깝게 되므로, 크로스 엔트로피를 손실(loss)로 사용한다. 부록에서 크로스 엔트로피에 관한 성질을 증명한다.

앞으로의 설명을 위하여, 예측 분포와 실제 분포(타겟 분포)를 가지는 각각의 확률변수를 '예측 확률변수 $q_{main\_net}(s)[a]$' 와 '타겟 확률변수 $q_{target\_net}(s)[a]$'라 하자. 예를 들면, $q_{main_net}(s)[a]$는 위 **그림6**에서 예측 확률변수에 해당하고, $q_{target_net}(s)[a]$는 실제 확률변수에 해당한다. 신경망 main_net(**그림2**)에 의하여 $q_{main_net}(s)[a]$의 확률분포가 결정되고, Bellman 최적 방정식과 target_net에 의하여 $q_{target_net}(s)[a]$의 확률분포가 결정된다. 크로스 엔트로피를 구하려면 두 확률변수가 가지는 값이 같아야 하므로, $q_{target_net}(s)[a]$이 가지는 값이 $q_{main_net}(s)[a]$의 값과 같아지도록 $q_{target_net}(s)[a]$의 확률분포를 변환하게 된다. 아래에서 자세히 알아보자.

5-1. 예측 확률분포표

메모리에서 한 개 경험을 샘플링하여 아래 **그림7**과 같은 예측 확률변수 $q_{main_net}(s)[a]$의 확률분포표를 얻는다.

예측 상태-행동 가치 $q_{main_net}(s)[a]$의 확률분포표				
예측 확률변수 $q_{main\_net}(s)[a]$	1	2	3	hyperparameter
확률 p_{main_net}	0.1	0.3	0.6	main_net 출력

그림7

확률변수 $q_{main_net}(s)[a]$가 가지는 값과 개수는 하이퍼파라미터이고 확률은 신경망 main_net의 출력이다.

5-2. 타겟 확률분포

(1) 타겟 확률변수가 가지는 값

아래 **그림8**과 같이 Bellman 최적 방정식과 예측 확률변수가 가지는 값으로부터 타겟 확률변수의 값을 구한다. Bellman 최적 방정식의 좌변은 현재 상태-행동의 최적 가치를 나타내고, 우변은 현재 보상과 미래 상태-행동 최대 가치를 합한 후 이를 평균한 식이다. 이 우변을 사용하여 타겟 확률분포가 가지는 값을 정의한다.

$$q(s,a) = E\left[R_s^a + \gamma \max_{a'} q(s',a') \right]$$

→ 타겟 확률변수의 값 $= r + \gamma$(예측 확률변수의 값)

그림8

위 **그림7**에 있는 예측 확률변수의 값(1,2,3)을 **그림8**에 있는 공식(r=1, γ=0.6)에 대입하여, 아래 **그림9**와 같이 타겟 확률변수의 값(1.6, 2.2, 2.8)을 구한다. 예측 확률변수가 가지는 값(1, 2, 3)과 타겟 확률변수가 가지는 값(1.6, 2.2, 2.8)이 다르므로 **그림6**에서 설명한 대로 두 확률변수의 값이 같도록 타겟 확률변수의 값을 변환해야 한다. 변환할 때, 타겟 확률변수의 값만 변환하는 것이 아니고 확률도 함께 변환해야 한다. 즉, 타겟 확률분포를 구한 후에 변환해야 한다.

예측 확률변수 q_{main_net}의 값	1	2	3

(q_{target_net}의 값) = 보상 + 미래가치
= $r + \gamma*(q_{main_net}$의 값)

타겟 확률변수 q_{target_net}의 값	1+0.6*1	1+0.6*2	1+0.6*3

그림9

(2) 타겟 확률분포

위에서 타겟 확률변수의 값을 구했으므로 타겟 확률변수의 값에 대응하는 확률을 구하면 된다. 확률은 신경망 target_net의 출력 $p(q_{target\_net}(s')[a]=k)$ (k=1,2,3)으로 구한다. 다음 상태(s′)-행동(a)에 대한 target_net의 출력이 0.3, 0.2, 0.5라고 가정할 때, 타겟 확률분포표는 다음과 같다.

타겟 상태-행동 가치 $q_{target_net}(s')[a]$의 확률분포표			
타겟 확률변수 q_{target_net}의 값	1+0.6*1	1+0.6*2	1+0.6*3
확률 p_{target_net}	0.3	0.2	0.5

그림10

5-3. 타겟 분포의 변환: projected-타겟 분포

예측 분포가 타겟 분포와 유사한 정도를 크로스 엔트로피로 측정하기 위해서는 두 확률변수의 값이 같아야 한다. 이를 위하여 CategoricalDQN에서는 위 **그림10**에서 구한 타겟 확률변수의 값(**'타겟값'**이라 하자)을 예측 확률변수의 값(**예측값**)과 같아지도록 변환한다. 이때, 타겟값의 확률도 변환하게 된다(아래 **그림11**).

- 변환 과정에서 예측 분포는 변하지 않는다.
- 변환의 대상은 타겟 분포이다: 타겟값을 예측값과 같도록 변환하고 이때 확률도 함께 변환한다.

변환된 타겟값과 변환된 타겟 확률을 각각 projected-타겟값과 projected-타겟 확률이라 하자. projected-타겟값과 projected-타겟 확률로 만든 이산확률분포를 projected-타겟 분포라고 하자. 아래 **그림11**은 (타겟값, 타겟 확률)을 (projected-타겟값, projected-타겟 확률)로 변환하는 과정을 나타낸다.

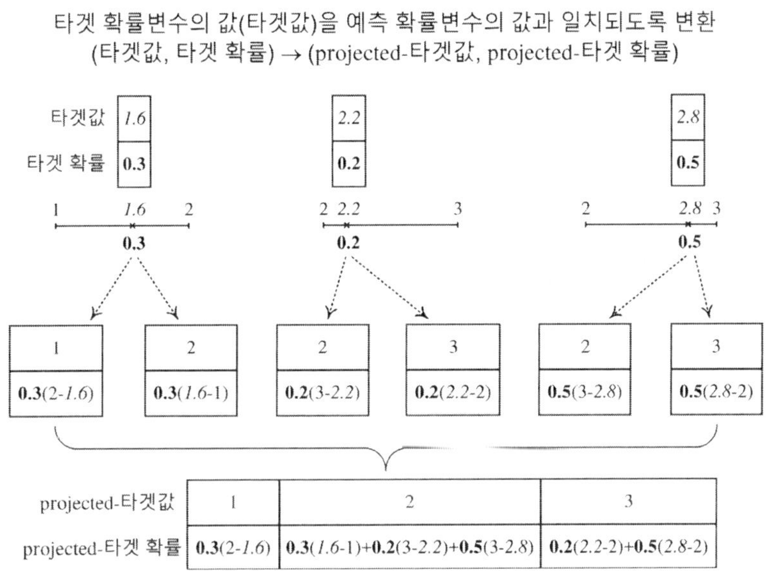

그림11

타겟값 1.6과 타겟값이 1.6인 확률 0.3을 projected-타겟값과 projected-타겟 확률로 분배하는 과정은 다음과 같다.

(1) 타겟값 1.6을 projected-타겟값으로 분배

타겟값 1.6과 이웃한 예측값을 찾는다. 예측값이 1과 2이므로 타겟값 1.6을 projected-타겟값 1과 2로 분배한다.

(2) 확률 0.3을 projected-타겟 확률로 분배

타겟값 1.6이 projected-타겟값 1과 2로 분배되었으므로, 타겟값이 1.6인 확률 0.3도 projected-타겟값이 1과 2인 projected-타겟 확률로 분배한다. 이때 사용하는 것이 projected-타겟값 1과 2에서 타겟값 1.6까지의 거리이고, 각각은 1.6-1=0.6과 2-1.6=0.4이다. 두 거리를 비교하여 다음과 같이 확률 0.3을 분배한다.

0.3*(2−1.6), 0.3*(1.6−1)

projected−타겟값 1에서 타겟값 1.6이 더 멀기 때문에 projected−타겟값이 1인 확률에 타겟 확률 0.3을 다음과 같이 덜 분배한다.

0.3*(2−1.6)

그리고 projected−타겟값 2에서 타겟값 1.6이 더 가까우므로 projected−타겟값이 2인 확률에 타겟 확률 0.3을 다음과 같이 더 많이 분배한다.

0.3*(1.6−1)

이 과정을 통해, 타겟값 1.6과 확률 0.3을 projected−타겟값(1과 2)과 확률로 분배한다. 나머지 타겟값과 확률을 같은 과정으로 projected−타겟값과 확률로 분배한다.

(3) projected−타겟값으로 배정된 확률의 합

projected−타겟값이 1인 확률로 배정된 숫자는 1개이므로 확률은 0.3(2−1.6)이다. projected−타겟값 2인 확률로 배정된 숫자는 3개이므로 확률은 0.3(1.6−1)+0.2(3−2.2)+0.5(3−2.8)이다. projected−타겟값 3인 확률로 배정된 숫자는 2개이므로 확률은 0.2(2.2−2)+0.5(2.8−2)이다.

참고1 예측값이 1, 2, 3이므로 이웃한 두 예측값의 거리가 1이므로 타겟 확률 0.3을 분배해도 분배한 값의 합은 0.3을 유지한다. 다른 확률도 마찬가지이므로 위 **그림11**에서 구한 projected−타겟 확률의 합이 1이 된다. 그러나 이웃한 두 예측값의 거리가 1이 아니면, projected−타겟 확률의 합이 1이 되도록 분배한 값을 거리로 나누어야 한다. 예를 들면, 예측값이 1, 3, 5이고 타겟값이 1.6이고 확률이 0.3라고 하자. 타겟값 1.6을 projected−타겟값 1과 3에 해당하는 확률로 분배하면 다음과 같다.

0.3*(3−1.6)/(3−1), 0.3*(1.6−1)/(3−1)

참고2 만약 예측값이 동일한 간격 k이면 타겟 확률의 분배식에 1/k을 곱해야 projected−타겟 확률의 합이 1이 된다. projected−타겟 분포를 사용하는 곳은 크로스 엔트로피 loss이고, projected-타겟 확률의 상수 1/k 곱은 크로스 엔트로피 loss에 영향을 주지 못한다(정확히 표현하면, 경사하강법을 적용할 때 영향을 주지 못함). 그러므로 예측값을 같은 간격으로 사용하는 CategoricalDQN에서는 projected-타겟 확률에 상수 1/k을 곱하지 않는다.

참고3 위 **그림11**에서 타겟값 1.6, 2.2, 2.8이 2.1, 2.2, 2.8이라고 가정하자. 그러면 예측값 1과 2 사이에 있는 타겟값이 없으므로, projected-타겟값 1로 배정될 확률도 없게 된다. 그러므로 projected-타겟값이 1이 될 확률은 0이다.

참고4 CategricalDQN에서 사용하는 크로스 엔트로피는 H(p실제|p예측)이다. p실제과 p예측의 순서를 바꾸어 H(p예측|p실제)를 계산할 수 있을까? 이렇게 되면 계산이 불가능할 수 있다. H(p실제|p예측)의 정의가 다음과 같다.

$$H(p실제|p예측) = -\Sigma\ p실제\ \ln(p예측)$$

여기서 p예측은 main_net 출력이므로 항상 양수가 된다. 그러나 위 정의에 의하여 H(p예측|p실제)는 다음과 같게 되고

$$H(p예측|p실제) = -\Sigma\ p예측\ \ln(p실제)$$

p실제를 ln에 대입하므로 p실제는 양수가 되어야 한다. 그런데 위 [참고3]의 경우에서 p실제가 0이 되므로 H(p예측|p실제)를 계산할 수 없게 된다.

5-4. 크로스 엔트로피로 구하는 손실

두 분포의 유사도인 크로스 엔트로피를 계산하면 아래 **그림12**와 같다. **그림12**(a)는 **그림7**과 같고, **그림12**(b)는 **그림10**과 같고, **그림12**(c)는 **그림11**과 같다. **그림12**(d)는 **그림6**에서 설명한 크로스 엔트로피 정의로 다음과 같이 계산한 결과이다.

그림12(c) : Pprojected = p실제

그림12(a) : Pmain_net = p예측

$$loss = H(p실제|p예측) = -\Sigma\ p실제\ \ln(p예측)$$

확률만을 사용해서 loss를 구하기 때문에, **그림12**를 코드로 구현할 때는 확률변수의 값은 사용하지 않고 확률만 이용하는 방법을 적용한다. 이 방법은 이후 8-2에서 그림과 코드로 설명한다.

(a)

예측 상태-행동 가치 $q_{main_net}(s)[a]$의 확률분포표				
예측 확률변수 $q_{main\_net}(s)[a]$	1	2	3	hyperparameter
확률 p_{main_net}	0.1	0.3	0.6	main_net 출력

(b)

타겟 상태-행동 가치 $q_{target_net}(s')[a]$의 확률분포표				
타겟 확률변수 q_{target_net}의 값	1+0.6*1	1+0.6*2	1+0.6*3	Bellman 방정식
확률 p_{target_net}	0.3	0.2	0.5	target_net 출력

(c)

projected-타겟 확률분포표			
projected-타겟 값	1	2	3
projected-타겟 확률 $p_{projected}$	**0.3**(2-*1.6*) = 0.12	**0.3**(*1.6*-1)+**0.2**(3-*2.2*)+**0.5**(3-*2.8*) = 0.44	**0.2**(*2.2*-2)+**0.5**(*2.8*-2) = 0.44

(d)

$$loss = -\Sigma\, p_{projected} \ln(p_{main\_net}) = -\{0.12*\ln(0.1) + 0.44*\ln(0.3) + 0.44*\ln(0.6)\} = 1.03$$

그림12. 손실 코딩에 사용하는 이미지

6 파라미터 업데이트 함수

아래 순서로 코딩하여 신경망의 파라미터를 업데이트한다.

① **그림5**에서 설명한 memory로부터 batch_size만큼의 경험을 추출한다.

② **그림12**에서 설명한 예측값과 타겟값을 사용하여 손실을 만든다.

③ 손실의 gradient를 구하여 파라미터를 업데이트한다.

7 Main

지금까지 위에서 설명한 '신경망 클래스 코딩에 사용하는 이미지(**그림3**)', '정책 코딩에 사용하는 이미지(**그림4**)', '메모리 코딩에 사용하는 이미지(**그림5**)'와 '손실 코딩에 사용하는 이미지(**그림12**)'를 이용하여 아래 순서로 CategoricalDQN을 코딩한다.

① 환경의 상태를 초기화한다.

② 환경의 현재 상태를 정책에 입력하여 행동을 선택한다(**그림3, 4**).

③ 행동을 환경에 입력하여, 환경으로부터 다음 상태, 보상, cartpole 이동 종료 여부(done)를 반환받는다.

④ 경험(현재 상태, 행동, 보상, 다음 상태, done)을 메모리에 저장한다(**그림5**).

⑤ 다음 상태를 현재 상태로 저장한다.

⑥ memory에 저장된 경험 개수가 batch_size보다 작으면 위 과정을 반복한다. 그렇지 않으면 위의 '6. 파라미터 업데이트 함수'를 호출하여 main_net의 파라미터를 업데이트한다(**그림12**).

⑦ target_net의 파라미터를 main_net의 파라미터로 soft update한다.

8 코드 설명

그림1에서 하이퍼파라미터인 예측값(신경망 출력)을 atom이라 했다. 모든 atom를 생성하고 이를 1차원 tensor로 모아서 support라는 이름의 버퍼(buffer)를 등록하는 코드에 대하여 알아보자. 그리고 위 **그림12**와 같이 loss를 구할 때는 확률만 필요하므로, 확률변수가 가지는 값을 사용하지 않고 loss를 구하는 방법과 코드에 대하여 알아보자.

8-1. atom을 저장한 support

예측 확률변수가 가지는 값을 **그림13**과 같이 51개라고 하자. 구간 [-100, 100]을 간격 4로 나눌 때, atom은 51개가 되고 atom을 모아놓은 것을 support라고 하자.

num_atoms = support [-100, -96, ..., -4, 0, 4, ..., 96, 100]의 원소 개수 = 51

그림13

위 그림과 같이 atom을 생성하고 support를 만드는 과정을 코드로 구현하면 아래 **그림14**와 같다.

```
1 import torch, torch.nn as nn
2 v_max = 100
3 v_min = -100
4 num_atoms = 51
5 delta_z = (v_max - v_min) / (num_atoms - 1)
6
7 class CategoricalDQN(nn.Module):
8     def __init__(self):
9         super().__init__()
10        self.register_buffer('support',
11                             torch.linspace(v_min, v_max, num_atoms))
12
13 model=CategoricalDQN()
14 model.support
```

```
tensor([-100.,  -96.,  -92.,  -88.,  -84.,  -80.,  -76.,  -72.,  -68.,  -64.,
         -60.,  -56.,  -52.,  -48.,  -44.,  -40.,  -36.,  -32.,  -28.,  -24.,
         -20.,  -16.,  -12.,   -8.,   -4.,    0.,    4.,    8.,   12.,   16.,
          20.,   24.,   28.,   32.,   36.,   40.,   44.,   48.,   52.,   56.,
          60.,   64.,   68.,   72.,   76.,   80.,   84.,   88.,   92.,   96.,
         100.])
```

그림14

Line 10~11(**그림14**): support라는 이름의 버퍼(buffer)를 등록한다. 이 버퍼는 torch.linspace 함수를 사용하여, v_min부터 v_max까지 num_atoms 개수만큼 균등하게 나눈 값을 갖는 텐서를 생성한다.

Line 13~14: model.support를 출력하면 -100(v_min)부터 100(v_max)까지 51개(num_atoms)의 숫자가 support에 저장됨을 확인할 수 있다.

8-2. projected-타겟 확률

그림11에서 타겟 확률의 배분을 설명할 때, projected-타겟값과 projected-타겟 확률을 함께 나타냈지만, **그림12**와 같이 loss를 구할 때는 projected-타겟 확률만 필요하다. 따라서 loss를 코드로 구현할 때는 projected-타겟값을 사용하지 않는 방법을 적용해야 한다. 이를 위하여 하이퍼파라미터로 주어진 예측값을 인덱스 0, 1, 2, ...로 바꾼다. 이 방법을 예를 들어 설명하면 다음과 같다. 예측값 $z_i = v_{\min} + i\Delta z$ 대신 인덱스 $i = \frac{z_i - v_{\min}}{\Delta z}$ 를 사용한다.

$$z_i = v_{\min} + i\Delta z \rightarrow \frac{z_i - v_{\min}}{\Delta z}$$

예측값 z_i 가 변환되었으므로 타겟값 Tz_i 에도 같은 변환을 적용해야 한다.

$$Tz_i \rightarrow \frac{Tz_i - v_{\min}}{\Delta z}$$

그 결과, 변환된 예측값은 **그림15**와 같이 0, 1, 2가 되고 변환된 타겟값은 0.6, 1.2, 1.8이 되며, projected-타겟 확률이 보존됨을 확인할 수 있다.

예측 값 $z_i = v_{\min} + i\Delta z$	1	2	3
타겟 값 Tz_i	1.6	2.2	2.8
projected-타겟 확률	**0.3**(2-*1.6*)	**0.3**(*1.6*-1)+**0.2**(3-2.2)+**0.5**(3-2.8)	**0.2**(2.2-2)+**0.5**(2.8-2)

↓

인덱스 $i = \frac{z_i - v_{\min}}{\Delta z}$	0	1	2
$b = \frac{Tz_i - v_{\min}}{\Delta z}$	0.6	1.2	1.8
$\frac{\text{projected-타겟 확률}}{\Delta z}$	**0.3**(1-*0.6*)	**0.3**(*0.6*-0)+**0.2**(2-*1.2*)+**0.5**(2-*1.8*)	**0.2**(*1.2*-1)+**0.5**(*1.8*-1)

$(Tz_i = 1 + 0.6z_i,\ v_{\min} = 1,\ \Delta z = 1)$

그림15

아래 **그림16**은 **그림15**를 자세히 설명한 그림으로, 이를 사용하여 projected-타겟 확률이 보존됨을 확인해 보자. 인덱스 0, 1, 2를 사용하여 projected-타겟 확률을 변수 pmf_projected에 저장할 때, 변환된 타겟값 $\frac{Tz_i - v_{\min}}{\Delta z}$=0.6, 1.2, 1.8이 속한 'lower 인덱스'와 'upper 인덱스'를 사용한다.

lower = [0, 1, 1], upper = [1, 2, 2]

그림16(a)에서 타겟값 1.6을 분배할 때, 작은 예측값 1과 큰 값 2의 인덱스를 각각 lower 인덱스, upper 인덱스라고 하면, **그림16**(b)와 같이 (lower, upper) = (0,1)이다. 작은 예측값과 큰 값의 인덱스 lower = [0, 1, 1], upper = [1, 2, 2]을 이용하여 **그림16**(a)와 (b)에 있는 타겟 확률(pmf)을 분배하는 과정이 **그림16**(c)이다. **그림16**(d)에 있는 pmf_projected의 초깃값은 zero이다(그림에는 없고 코드에 있음). zero가 저장된 pmf_projected의 lower 인덱스=[0, 1, 1]에 아래 결과를 추가한다.

pmf⊙(upper−b) = [0.3(1−0.6), 0.2(2−1.2), 0.5(2−1.8)]

여기서 pmf는 **그림16**(a)에 있는 타겟 확률이고 b는 **그림16**(b)에 있다. pmf⊙(upper−b)는 **그림16**(d)의 끝에서 두 번째 표와 같고 pmf_projected는 업데이트된다. 업데이트된 pmf_projected의 upper 인덱스=[1, 2, 2](**그림16**(b))에 아래 결과를 추가한다.

pmf⊙(b−lower) = [0.3(0.6−0), 0.2(1.2−1), 0.5(1.8−1)]

그러면 **그림16**(d)과 같이 pmf_projected가 마지막으로 업데이트된다. 인덱스를 사용하여 얻은 pmf_projected(**그림16**)와 인덱스를 사용하지 않고 얻은 **그림12**의 Pprojected (projected-타겟 확률)를 비교해 보면 같음을 알 수 있다.

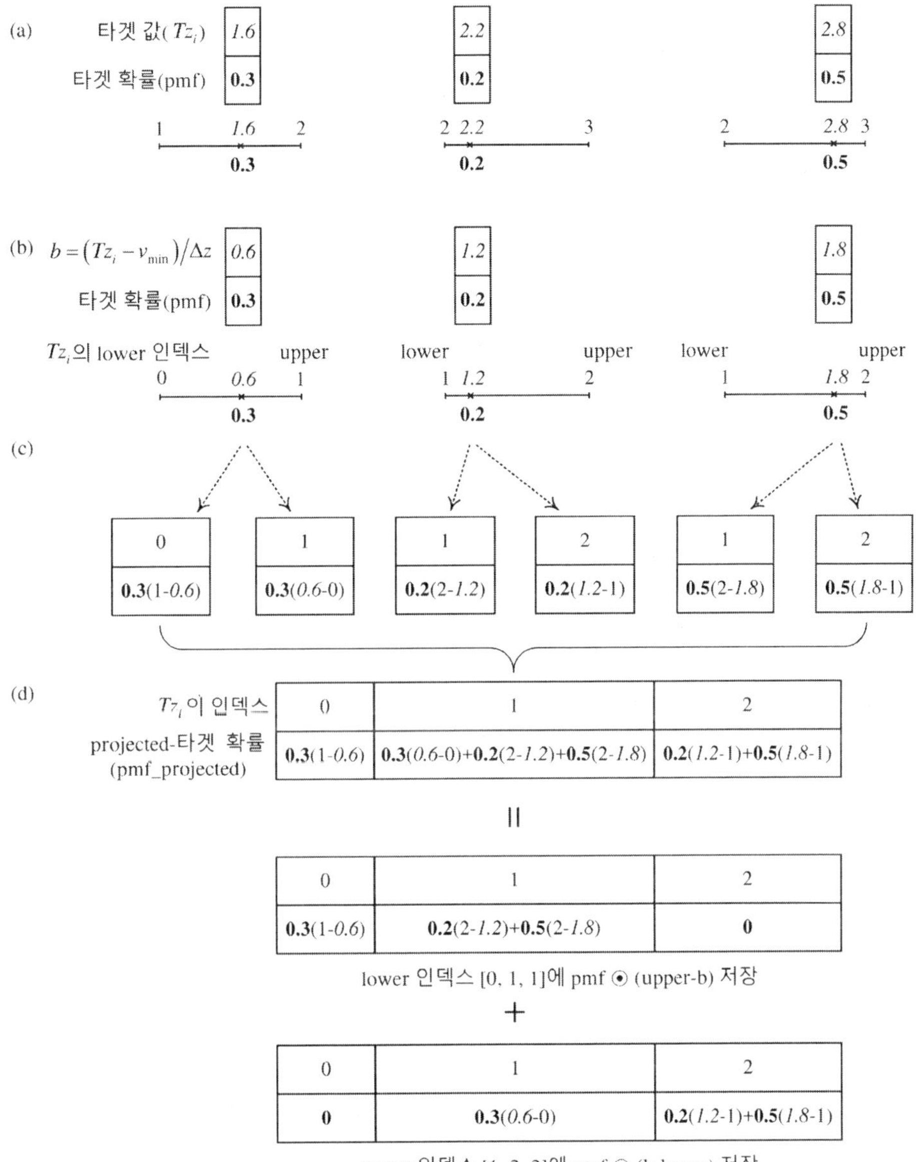

그림16

인덱스를 사용하여 projected-타겟 확률을 구하는 코드는 아래와 같다.

Line 11(**그림17**): 변수 z에는 **그림12**와 같이 예측값 [1, 2, 3]이 저장된다.

Line 12, 13: Tz에는 **그림12**와 같이 타겟값 [[1.6, 2.2, 2.8]]이 저장된다.

```
1 import torch
2 pmf=torch.tensor([[0.3, 0.2, 0.5]])
3 reward=torch.ones(3).unsqueeze(0) # tensor([[1., 1., 1.]])
4 done=torch.zeros(3).unsqueeze(0) # tensor([[0., 0., 0.]]) 3개 false
5 gamma=0.6
6 v_min=1.0; v_max=3
7 num_atoms=3
8 delta_z=1
9 batch_size=1
10
11 z=v_min + torch.arange(num_atoms) * delta_z
12 Tz=reward+gamma * (1 - done) * z
13 Tz = torch.clamp(Tz, v_min, v_max)
14
15 b = (Tz - v_min) / delta_z
16 lower = b.floor().long() - (b == b.floor()).long()  # b=정수 n이면, lower=n-1
17 upper = b.ceil().long() # b=정수 n이면, upper=n
18
19 pmf_projected = torch.zeros(batch_size, num_atoms)
20 pmf_projected.scatter_add_(1, lower, (pmf * (upper - b)))
21 pmf_projected.scatter_add_(1, upper, (pmf * (b - lower)))
```

그림17

Line 15: 변수 b에는 **그림15**와 같이 [[0.6, 1.2, 1.8]]이 저장된다.

Line 16: lower에는 **그림16**과 같이 인덱스 [[0, 1, 1]]이 저장된다.

Line 17: upper에는 **그림16**과 같이 인덱스 [[1, 2, 2]]가 저장된다.

Line 19: pmf_projected은 projected-타겟 확률을 저장할 변수로, 처음에는 2차원(행과 열) 형태로 zero가 저장되어 있다.

Line 20: scatter_add_는 PyTorch의 인플레이스(in-place) 연산으로, 주어진 차원을 따라 인덱스에 값을 더한다. 숫자 1은 차원(dimension)으로 두 번째 차원(행 기준으로 열 방향)에서 연산을 한다. lower는 값을 더할(add) 위치를 나타내는 인덱스이다. pmf * (upper − b)는 더할 값으로, pmf와 (upper − b)의 성분별 곱이다. 이 코드를 실행하면, pmf_projected에는 **그림16**의 마지막 두 번째 표와 같이 [[0.12, 0.26, 0.0]]이 저장된다.

Line 21: Line 20에서 얻은 pmf_projected에 인플레이스(in-place) 연산으로, 1차원을 따라 인덱스 upper 위치에 pmf * (b-lower)를 추가한다.

9 전체 코드

그림18은 전체 코드를 실행했을 때의 학습 과정을 나타낸다.

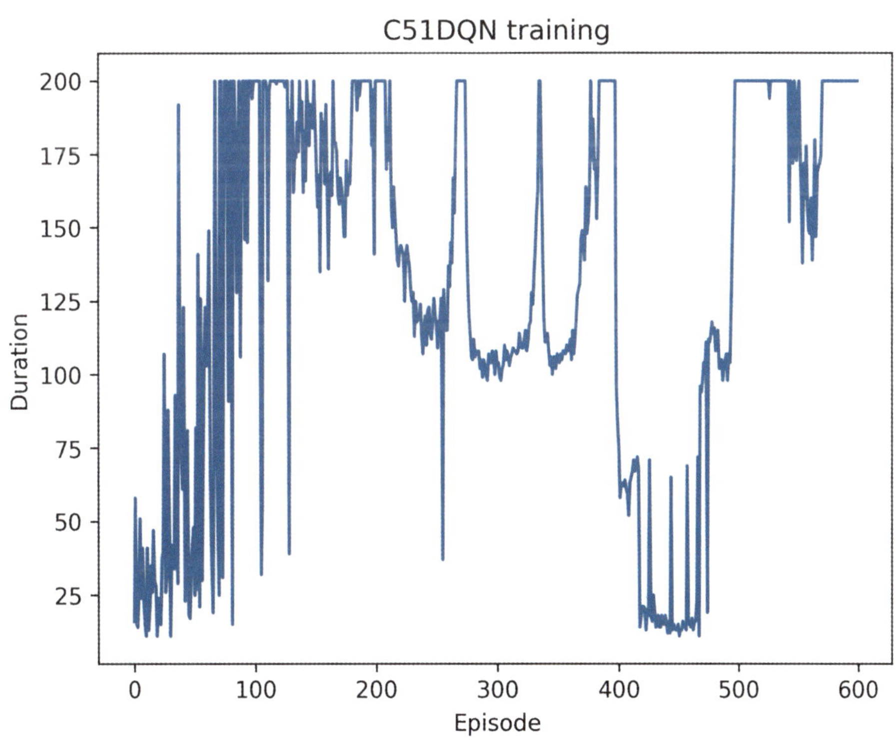

그림18

전체 코드를 아래와 같은 흐름으로 구현한다.

#1. 신경망 정의(**그림19** line 23~40)

그림3을 이용하여 신경망을 코드로 구현한다.

#2. 행동을 선택하는 정책(policy) 정의(line 46~56)

그림4를 이용하여 ε-탐욕적 정책(ε-greedy policy)을 코드로 구현한다. 입력은 상태(s)이고 return은 선택한 행동(a)이다.

#3. 메모리 정의(line 58, 59)

그림5를 이용하여 memory를 코드로 구현한다.

#4. 파라미터 update 함수 정의(line 61~99)

메모리에서 batch_size만큼의 경험을 무작위로 추출하여(line 66) 학습데이터를 만든다(line 67~76). Loss 계산을 위해 타겟값을 구할 때, 신경망 cdqn과 target_net의 출력을 계산하는 연산이 포함된다. 이 과정에서 파라미터 업데이트에 사용할 gradient를 계산하기 위해 자동으로 computation graph가 생성된다. 그러나 타겟값에 포함된 신경망의 파라미터는 업데이트 대상이 아니므로 computation graph가 필요하지 않다. 불필요한 computation graph가 생성되어 컴퓨터 메모리 자원을 낭비하는 문제를 해결하기 위해 'with torch.no_ grad( )'를 사용한다. 'with torch.no_ grad( )' 블록 내부에서 타겟값을 계산하면 computation graph가 생성되지 않는다(line 83~91). Line 91에 있는 변수 y가 projected-타겟 확률이고, line 80에 있는 변수 log_yhat이 ln(예측 확률)이다. **그림12**와 **16**을 이용하여 loss를 정의하고 신경망 CategoricalDQN의 파라미터를 업데이트한다(line 93~99).

#5. main(line 123~172)

for 에피소드_인덱스 in range(num_episodes):

  환경이 현재 상태 제공

  for 이동_인덱스 in range(200):#200은 이동 가능한 최대 횟수

    epsilon-greedy 정책으로 행동 선택

    행동을 입력받은 환경이 다음 상태, 보상, 종료여부를 제공

    메모리에 경험 저장

    환경의 다음 상태를 현재 상태로 저장

    메모리의 경험이 배치 사이즈 이상이면 update 함수 실행

    cdqn으로 target_net을 업데이트

    이동이 종료되면 이동 횟수를 append

  이동 횟수 200번이 연속해서 30회이면 학습을 종료

전체 코드를 구현하면 다음과 같다.

```
import random, gym, numpy as np, time, statistics, warnings
import torch, torch.nn as nn, torch.optim as optim
import torch.nn.functional as F, matplotlib.pyplot as plt
from collections import deque
from itertools import groupby
from torch.utils.data import DataLoader
warnings.filterwarnings('ignore')

env = gym.make("CartPole-v0")
batch_size = 256
gamma = 0.99
eps_start, eps_end, eps_decay = 1., 0.01, 0.99
eps=eps_start
target_rate = 0.005 # soft copy rate
LR = 1e-4 # learning rate

v_min = 0; v_max = 200
num_atoms = 51
delta_z = (v_max - v_min) / (num_atoms - 1)
device=torch.device('cuda' if torch.cuda.is_available() else 'cpu')

##### 1. 정책 신경망(DQN) : 그림3
class CategoricalDQN(nn.Module):
  def __init__(self):
    super().__init__()
    self.network =nn.Sequential(
        nn.Linear(4, 128),
        nn.SELU(),
        nn.Linear(128, 128),
        nn.SELU(),
        nn.Linear(128, env.action_space.n * num_atoms) )
    self.register_buffer('support', torch.linspace(v_min, v_max, num_atoms))

  def forward(self, input):
    """ input.shape is (1, 4) or (batch_size, 4) """
    batch_size = input.shape[0]
    out = self.network(input)
    out = out.reshape(batch_size, env.action_space.n, num_atoms)
    pmfs = F.softmax(out, dim=-1)
    return pmfs

cdqn = CategoricalDQN().to(device)
target_net = CategoricalDQN().to(device)
target_net.load_state_dict(cdqn.state_dict())
```

```python

##### 2. 행동을 선택하는 정책(policy) : 그림4
def policy(state, eps):
    if np.random.rand() < eps: # 탐험(exploration, epsilon)
        action = env.action_space.sample()
    else: # 탐색(exploitation, greedy)
        with torch.no_grad():
            state = torch.FloatTensor([state]).to(device)
            pmfs = cdqn(state)
            q_values = (pmfs*cdqn.support).sum(dim=2)
            action = torch.argmax(q_values, dim=1).item()
    return action

##### 3. 메모리(memory) : 그림5
memory = deque([ ], maxlen=10000)

##### 4. 파라미터 업데이트 함수 (target 분포의 projection 함수를 호출) : 그림12, 16
optimizer = optim.Adam(cdqn.parameters(), lr=LR)

def update():
    # numpy 경험 추출
    experience = random.sample(memory, batch_size) # without replacement
    # tensor 학습 데이터
    dataloader = DataLoader(experience, batch_size=batch_size)
    # batch_size = experience_size 이므로 experience 1개를 batch로 처리.
    # 즉, 아래 for loop은 1회 실행
    for states, actions, rewards, next_states, dones in dataloader:
        states = states.to(device)
        actions = actions.to(device)
        rewards = rewards.to(device)
        next_states = next_states.to(device)
        dones = dones.to(device)

        # 예측값
        log_pmfs_cdqnState = torch.log(cdqn(states))
        log_yhat = log_pmfs_cdqnState[range(batch_size), actions]

        # 타겟값
        with torch.no_grad():
            pmfs_cdqnNextState = cdqn(next_states)
            q_values = (pmfs_cdqnNextState * cdqn.support).sum(dim=2)
            action_optimal = torch.argmax(q_values, dim=1)
            pmfs_target = target_net(next_states)
            pmfs_target = pmfs_target[range(batch_size), action_optimal]
            rewards = rewards.unsqueeze(1).expand(-1, num_atoms)
            dones = dones.unsqueeze(1).expand(-1, num_atoms).float()
            y = pmfs_target_projected(pmfs_target, rewards, dones)
```

```python

    # 손실
    loss = -(y * log_yhat).sum(dim=1).mean() # batch에 대한 mean

    # 업데이트
    optimizer.zero_grad()
    loss.backward()
    optimizer.step()

##### target 분포의 projection 함수 : 그림15, 16, 17
def pmfs_target_projected(pmf, reward, done):
  z=v_min + torch.arange(num_atoms, device=pmf.device) * delta_z
  Tz=reward + gamma * (1 - done) * z
  Tz = torch.clamp(Tz, v_min, v_max)
  b = (Tz - v_min) / delta_z
  lower = b.floor().long() - (b == b.floor()).long() # b=정수 n이면 lower=n-1
  upper = b.ceil().long() # b=정수 n이면 upper=n

  pmf_projected = torch.zeros(batch_size, num_atoms, device=pmf.device)
  pmf_projected.scatter_add_(1,lower,(pmf*(upper-b)).type_as(pmf_projected))
  pmf_projected.scatter_add_(1,upper,(pmf*(b-lower)).type_as(pmf_projected))

  return pmf_projected

##### 30번 연속해서 만점을 받으면 학습 종료할 때 사용할 함수
# 리스트 lst의 처음 요소부터 시작하여 순차적으로 연속된 정수를 그룹화하고
# 그룹의 길이를 계산
def consecutive_length(lst):
  return [len(list(group)) for _, group in groupby(enumerate(lst),
                                    lambda i_x:i_x[0]-i_x[1])]

##### 5. main
episode_durations = []# 각 episode에서 CartPole을 움직인 횟수를 담는 변수
movement200=[] # 움직인 횟수가 최대횟수 200인 episode_idx를 담는 변수
num_episodes = 5000 # 최대 episode
t0 = time.time()

for episode_idx in range(num_episodes):

  # env 상태 초기화
  seed_idx = random.randint(0, int(1e6))
  state = env.reset(seed=seed_idx)# np.ndarray[float32](4,)
```

```
    for movement_idx in range(200):
        # epsilon-greedy 방식으로 행동 선택
        action = policy(state, eps)

        # 행동을 입력받은 환경이 다음 다음상태, 보상, 종료여부를 제공
        next_state, reward, done, _ = env.step(action)

        # 메모리에 경험저장
        memory.append((state, action, reward, next_state, done))

        # 환경의 다음상태를 현재상태로 저장
        state = next_state

        # 메모리가 배치 사이즈 이상이면 update 함수 실행
        if len(memory) >= batch_size:
            update()

        # main_net으로 target_net 업데이트
        with torch.no_grad():
            for target_param, local_param in zip(target_net.parameters(), cdqn.parameters()):
                target_param.data.copy_(target_rate*local_param.data
                                        + (1.0-target_rate)*target_param.data)

        # done=True이면 CartPole 이동 횟수(movement_end)를 append
        if done:
            movement_end=movement_idx+1
            episode_durations.append(movement_end)
            break

    # 탐험 가능성 축소
    eps = max(eps_end, eps_decay*eps)

    # 200회 이동 횟수가 연속해서 30번이면 학습 종료
    if movement_end==200:
        movement200.append(episode_idx)
        print(episode_idx,',',max(consecutive_length(movement200)))
        if max(consecutive_length(movement200))>=30:
            break

t1 = time.time()
print("Training time: {}min".format(round((t1-t0)/60,2)))
plt.title('C51DQN training')
plt.ylabel('Duration')
plt.xlabel('Episode')
plt.plot(episode_durations)
plt.savefig('C51DQN_training.png', dpi=300, bbox_inches='tight')
```

```

##### 6. 검증
from tqdm import tqdm
cdqn.eval()
with torch.no_grad():
 scores=[]
 for num_episodes in tqdm(range(5000)):
  state = env.reset()

  done=False
  t=0
  while not done:
   t +=1
   state = torch.tensor([state]).float().to(device)
   pmfs = cdqn(state)
   q_values = (pmfs*cdqn.support).sum(dim=2)
   action = torch.argmax(q_values, dim=1).item()
   next_state, _, done, _ = env.step(action)
   state = next_state
   if done:
    scores.append(t)
    if t!=200:
     print(t)

print(statistics.mean(scores))
print("Standard Deviation:", statistics.stdev(scores))
```

그림19

10 연습문제

문제1 신경망

그림19(전체 코드)에 있는 line 22~40에 대하여 다음 물음에 답하시오.

1-1. Line 26~31의 신경망이 가진 출력층의 출력 노드 개수를 적으시오.

1-2. 다음은 line 32에 대한 설명이다.

self.register_buffer는 nn.Module의 메서드로, 모델의 매개변수는 아니지만, 학습 과정에서 필요하거나 모델의 일부로 유지되어야 하는 텐서를 등록할 때 사용한다. 예를 들면, 모델을 GPU(CPU)로 이동하면, 해당 버퍼도 자동으로 GPU(CPU)에 할당된다. 이러한 버퍼는 state_dict에 저장되지만, gradient를 계산하거나 업데이트하지는 않는다. torch. linspace (v_min, v_max, num_atoms)는 v_min(포함)에서 v_max(포함)까지를 num_atoms 개로 균등하게 나눈 값을 가지는 1차원 텐서를 생성한다. 즉, 모델 내에 'support'라는 이름의 버퍼를 등록하고, 그 버퍼는 v_min이 최솟값이고 v_max가 최댓값이고 동일 간격으로 num_atoms개의 숫자를 가진 텐서로 초기화된다. 이 'support' 버퍼는 CategoricalDQN 알고리즘에서 사용되는 원자(atom) 값의 범위를 정의하는 데 사용된다. 아래와 같이 가정하자.

v_min = 0; v_max = 2; num_atoms = 3

Line 33에 print(self.support)를 추가하면 다음이 print된다.

tensor([A])

A에 알맞은 내용을 적으시오.

1-3. Line 34~40에 있는 함수 forward를 호출하는 line 번호를 **그림19**(전체 코드)에서 모두 찾아 적으시오.

1-4. 다음은 line 39에 대한 설명이다.

그림1과 같이 각 행동(action)에 대해 num_atoms개의 원자들이 있고, pmfs는 각 원자가 선택될 확률을 표현한다. 그리고 이 확률 분포를 통해, 모델은 단일 예측값 대신 Q-값의 분포를 학습하고 예측한다. Line 번호 X로부터 pmfs의 형태(shape) torch.Size(Y)를 알 수 있다. X, Y에 알맞은 내용을 적으시오.

문제2 정책

그림19(전체 코드)에 있는 line 46~56에 대하여 다음 물음에 답하시오.

2-1. 함수 policy를 호출하는 line 번호를 **그림19**(전체 코드)에서 모두 찾아 적으시오.

2-2. 함수 policy에 state와 eps를 대입한다. policy가 처음 호출되었을 때, state를 결정한 line 번호는 X이고, eps를 결정한 line 번호는 Y이다. X, Y에 알맞은 내용을 적으시오.

2-3. Line 52를 다음과 같이 나타낼 수 있다. A, B, C에 알맞은 내용을 적으시오.

state = torch.tensor(A, dtype=B, device=C)

2-4. 다음은 line 54에 대한 설명이다. 편의상 아래와 같이 가정하자.

v_min = 0.0; v_max = 2.0; num_atoms = 3

그리고 pmfs와 cdqn.support는 다음과 같다.

pmfs=tensor([[[0.1, 0.2, 0.3], [0.4, 0.5, 0.6]]])
cdqn.support= tensor([0., 1., 2.])

여기서 pmfs의 shape은 torch.Size([1, 2, 3])이고 cdqn.support의 shape은 torch.Size([3])이다. pmfs와 cdqn.support를 곱할 때, PyTorch는 브로드캐스팅을 적용하여 다음과 같은 단계로 형태를 맞춘다:

- 브로드캐스팅 처음 규칙(차원 맞추기): 1차원 cdqn.support를 3차원으로 해석
  pmfs의 형태는 [1, 2, 3]이고 cdqn.support의 형태는 [3]이므로, 브로드캐스팅을 하기 위하여 cdqn.support의 형태를 [1, 1, 3]으로 간주한다.
- 브로드캐스팅 마지막 규칙: cdqn.support의 형태를 [1, 2, 3]으로 해석
  pmfs(형태 [1, 2, 3])와의 성분별 곱 연산이 가능하도록 [1, 1, 3]으로 해석한 cdqn.support의 형태를 [1, 2, 3]으로 해석한다. 그 결과 cdqn.support = tensor([0., 1., 2.])는 다음과 같이 내부적으로 해석된다.

tensor(A)

따라서 성분별 곱 연산 pmfs*cdqn.support은 다음과 같이 shape이 torch.Size([1, 2, 3])가 된다.

tensor(B)

cdqn.support = torch.tensor([1.0, 2.0, 3.0])는 실제로 텐서의 크기나 데이터를 변경하는 것이 아니라, 연산을 위해 PyTorch가 내부적으로 확장하여 사용하는 것임을 의미한다. 브로드캐스팅이 끝나면, cdqn.support는 [1, 2, 3] 형태의 텐서처럼 작동하게 된다.

이때, A, B에 알맞은 내용을 적으시오.

2-5. 위 2-4. 경우에 line 54에 있는 q_values의 형태를 적으시오.

2-6. 위 2-4. 경우에 line 55에 있는 torch.argmax(q_values, dim=1)의 형태를 적으시오.

2-7. Line 55에 있는 .item( )을 언제 사용하는지 설명하시오.

문제3 학습데이터, memory

그림19(전체 코드)의 line 58, 59에 있는 양방향 큐인 deque 대한 다음 물음에 답하시오.

3-1. 다음 maxlen=2인 deque 코드이다.

```
memory = deque([], maxlen=2)
memory.append('A') ; print(memory)
memory.append('B') ; print(memory)
memory.append('C') ; print(memory)
```

위 코드를 실행할 때, 다음 내용이 출력된다. X, Y, Z에 알맞은 내용을 적으시오.

```
deque([X], maxlen=2)
deque([Y], maxlen=2)
deque([Z], maxlen=2)
```

3-2. memory의 속성(attribute)을 사용하는 line 번호를 적으시오.

문제4 파라미터 업데이트

그림19(전체 코드)에 대하여 다음 물음에 답하시오.

4-1. 업데이트할 파라미터가 있는 line 번호를 모두 적으시오.

4-2. Line 66에 있는 experience는 memory에서 비복원으로 추출한 경험이고 개수는 batch_size이다. 경험의 자료형을 알 수 있는 line 번호를 모두 적으시오.

4-3. batch_size=2라고 할 때, line 66에 있는 experience가 다음과 같다고 하자.

experience = [
(array([0.1, 0.2, 0.3, 0.4], dtype=float32), 0, 1.99, array([0.2, 0.3, 0.4, 0.5], dtype=float32), False),
(array([0.3, 0.4, 0.5, 0.6], dtype=float32), 1, 1.99, array([0.4, 0.5, 0.6, 0.7], dtype=float32), False)]

변수 experience는 리스트이고 원소는 두 개다. 각 원소는 경험을 나타내고, 현재 상태와 다음 상태는 numpy의 array(dtype=float32)이다. 이런 experience를 PyTorch로 만든 신경망 cdqn과 target_net에 사용하기 위해서 **그림19**(전체 코드)에서 다음과 같이 experience를 tensor로 변환한다.

states=tensor([[0.1, 0.2, 0.3, 0.4], [0.3, 0.4, 0.5, 0.6]], dtype=torch.float32)
actions=tensor([0, 1], dtype=torch.int64)
rewards=tensor([1.9900, 1.9900], dtype=torch.float64)
next_states=tensor([[0.2, 0.3, 0.4, 0.5], [0.4, 0.5, 0.6, 0.7]], dtype=torch.float32)
dones=tensor([False, False], dtype=torch.bool)

위와 같이 experience를 tensor로 변환하는 line 번호를 모두 적으시오.

4-4. Line 78~91에서 예측값은 with torch.no_grad( ) 외부에 있고 타겟값은 내부에 있다. 그 이유를 적으시오.

4-5. 손실(loss)을 구할 때 사용하는 크로스 엔트로피는 $H(p_{타겟}|p_{예측})$이다. **그림19**(전체 코드)에서 $p_{타겟}$에 해당하는 변수는 X이고 $p_{예측}$에 해당하는 변수는 Y이다. X와 Y에 알맞은 내용을 적으시오.

4-6. Line 84에 있는 pmfs_cdqnNextState의 형태를 알 수 있는 line 번호를 모두 적으시오.

4-7. Line 85에 있는 q_values의 형태를 적으시오.

4-8. Line 86에 있는 action_optimal의 형태를 적으시오.

4-9. 다음은 Line 88에 있는 indexing을 이해하기 위한 코드이다.

```
1 import torch
2
3 pmfs_target = torch.tensor([
4     [[1, 2, 3], [4, 5, 6]],      # Batch 0
5     [[7, 8, 9], [10, 11, 12]],   # Batch 1
6     [[13, 14, 15], [16, 17, 18]], # Batch 2
7     [[19, 20, 21], [22, 23, 24]]  # Batch 3
8 ]) # Shape: [4, 2, 3]
9
10 action_optimal = torch.tensor([0, 1, 0, 1]) # Shape: [4]
11
12 result1 = pmfs_target[range(4), action_optimal]
13 result2 = pmfs_target[range(4), action_optimal, :]
14
15 print(torch.equal(result1, result2)) # Output: True
```

pmfs_target[range(4), action_optimal](line 12)에 대한 설명은 다음과 같다. 아래 설명에서 A, B, C에 알맞은 내용을 적으시오.

- pmfs_target: 형태가 [batch_size, num_actions, num_atoms]=[4, 2, 3]이므로 3D 텐서이고, 4개의 배치(batch) 원소가 있고, 각 배치 원소에 대해 2개의 행동이 있고, 각 행동에 대하여 3개의 atom이 있다.
- range(4): A를 만드는 Python의 range 객체로, 배치 인덱스를 나타낸다.
- action_optimal: 형태 [4]의 1D 텐서로, 각 배치 원소에서 선택할 행동의 인덱스를 지정한다.
- 결합된 인덱싱 [range(4), action_optimal]은 다음과 같이 성분별 순서쌍을 의미한다.

B

- 3D인 pmfs_target의 인덱싱도 3D로 해야 하므로 pmfs_target[range(4), action_optimal]는 pmfs_target[range(4), action_optimal, :]와 같다. 그러므로 다음이 성립한다.

pmfs_target[0, 0, :] = [1, 2, 3] 이 선택된다(1D 텐서).
pmfs_target[1, 1, :] = [10, 11, 12] 가 선택된다(1D 텐서).
pmfs_target[2, 0, :] = [13, 14, 15] 가 선택된다(1D 텐서).
pmfs_target[3, 1, :] = C 가 선택된다(1D 텐서).

- 따라서 pmfs_target[range(4), action_optimal]는 선택한 1D 텐서를 쌓아서 형태가 [batch_size, num_atoms]인 2D 텐서가 된다.

4-10. Line 89의 .expand(-1, num_atoms)는 .expand(A, num_atoms)와 같다. A에 알맞은 내용을 적으시오.

4-11. Line 91에서 pmfs_target은 **그림16**에서 A를 나타낸다. A에 알맞은 내용을 적으시오.

4-12. Line 91에서 y는 **그림16**에서 A를 나타낸다. A에 알맞은 내용을 적으시오.

4-13. 파라미터 업데이트에 사용한 gradient를 zero로 만드는 line 번호를 적으시오.

4-14. 파라미터 업데이트에 사용할 gradient를 구하는 line 번호를 적으시오.

4-15. 경사하강법을 이용하여 파라미터를 업데이트한 line 번호를 적으시오.

문제5 Main

그림19(전체 코드) line 123~172는 환경과 에이전트(정책)가 상호작용하면서 에이전트 신경망의 파라미터를 업데이트하는 코드이다. 이 코드에 대하여 다음 물음에 답하시오.

5-1. CartPole을 처음으로 이동할 때부터 done이 True인 이동까지를 한 개의 A라고 한다. A를 최대 B번 시행한다. A, B에 알맞은 내용을 적으시오.

5-2. 환경의 처음 상태를 결정하는 line 번호를 모두 적으시오.

5-3. CartPole을 처음으로 이동해서 done이 True일 때까지 이동시키는 line 번호를 모두 적으시오.

5-4. 정책으로 처음 행동을 선택할 때 사용하는 eps 값을 적으시오.

5-5. 환경에 행동이 입력되면, 환경이 출력하는 변수는 n개이다. n을 적으시오.

5-6. Line 143을 실행하면, 1-step 경험이 memory에 자료형 A로 append된다. 리스트(List), 튜플(Tuple), 셋(Set), 딕셔너리(Dict) 중, A에 알맞은 내용을 적으시오.

5-7. CartPole을 이동할 때마다 target_net 파라미터를 업데이트한다. 맞으면 Yes, 틀리면 No를 적으시오.

문제6 타겟 확률변수가 가지는 값을 구하여 표를 완성하시오.

보상 r=2, 할인율 γ=0.9

예측 확률변수	−1	0	1
확률	0.2	0.5	0.3

타겟 확률변수			
확률	0.4	0.1	0.5

문제7 projected−타겟 확률을 구하여 표를 완성하시오.

타겟 확률변수	−0.1	0.2	0.9
확률	0.2	0.5	0.3

projected−타겟 확률변수	−1	0	1
projected−타겟 확률			

문제8 아래 표를 완성하시오.

예측 값 $z_i = v_{\min} + i\Delta z$	2	4	6
타겟 값 Tz_i	2.6	4.2	5.8
projected-타겟 확률	**0.3**(4-2.6)	**0.3**(2.6-2)+**0.2**(6-4.2)+**0.5**(6-5.8)	**0.2**(4.2-4)+**0.5**(5.8-4)

인덱스 $i = \frac{z_i - v_{\min}}{\Delta z}$			
$b = \frac{Tz_i - v_{\min}}{\Delta z}$			
(projected-타겟 확률)/Δz	**0.3**(1-0.3)	**0.3**(0.3-0)+**0.2**(2-1.6)+**0.5**(2-1.6)	**0.2**(1.6-1)+**0.5**(1.9-1)

문제9 타겟 확률분포와 예측 확률분포가 다음과 같을 때, 크로스 엔트로피 H(타겟확률|예측확률)을 구하시오.

타겟 확률변수	a	b	c
타겟 확률	0.2	0.5	0.3

예측 확률변수	a	b	c
예측 확률	0.3	0.6	0.1

문제10 아래 코드(그림19 line 47~56)는 epsilon-greedy 방식으로 행동을 선택하는 코드이다.

```
def policy(state, eps):
  if np.random.rand() < eps:
    action = env.action_space.sample()
  else:
    with torch.no_grad():
      state = torch.tensor([state]).float().to(device)
      pmfs = cdqn(state)
      q_values = (pmfs*cdqn.support).sum(dim=2)
      action = torch.argmax(q_values, dim=1).item()
  return action
```

위 코드 대신 아래 greedy 방식을 사용하여 학습에 실패한 때도 있는지 확인하시오.

```
def policy(state, eps):
  #if np.random.rand() < eps:
  #  action = env.action_space.sample()
  #else:
   with torch.no_grad():
     state = torch.tensor([state]).float().to(device)
     pmfs = cdqn(state)
     q_values = (pmfs*cdqn.support).sum(dim=2)
     action = torch.argmax(q_values, dim=1).item()
  return action
```

11 부록

[부록-문제1] 크로스 엔트로피는 양수이다.

$$H\left(p_{\text{target\_net}} \middle| p_{\text{main\_net}}\right) > 0$$

[증명]

$$H\left(p_{\text{target\_net}} \middle| p_{\text{main\_net}}\right) = -\sum p_{\text{target\_net}} \ln p_{\text{main\_net}} > 0$$

$$\left\langle \because 0 < p_{\text{target\_net}} < 1,\ \ln p_{\text{main\_net}} < 0 \right.$$

[부록-문제2] 크로스 엔트로피의 최솟값은 $H(P_{\text{target\_net}} | P_{\text{target\_net}})$ 이다.

$$H\left(p_{\text{target\_net}} \middle| p_{\text{target\_net}}\right) < H\left(p_{\text{target\_net}} \middle| p_{\text{main\_net}}\right)$$

[증명]

$$\begin{aligned}
&H\left(p_{\text{target_net}} \middle| p_{\text{main_net}}\right) \\
&= -\sum p_{\text{target_net}} \ln p_{\text{main_net}} \\
&= -\sum p_{\text{target_net}} \left(\ln \frac{p_{\text{main_net}}}{p_{\text{target_net}}} + \ln p_{\text{target_net}} \right) \\
&= -\sum p_{\text{target_net}} \ln \frac{p_{\text{main_net}}}{p_{\text{target_net}}} - \sum p_{\text{target_net}} \ln p_{\text{target_net}} \\
&= -\sum p_{\text{target_net}} \ln \frac{p_{\text{main_net}}}{p_{\text{target_net}}} + H\left(p_{\text{target_net}} \middle| p_{\text{target_net}}\right)
\end{aligned}$$

이고 다음이 성립한다.

$$
\begin{aligned}
&-\sum p_{\text{target\_net}} \ln \frac{p_{\text{main\_net}}}{p_{\text{target\_net}}} \\
&=\sum p_{\text{target\_net}} \left(-\ln \frac{p_{\text{main\_net}}}{p_{\text{target\_net}}}\right) \\
&\geq -\ln\left(\sum p_{\text{target\_net}} \frac{p_{\text{main\_net}}}{p_{\text{target\_net}}}\right) \\
&\left\langle \begin{array}{l} \because \text{Jensen's inequality} \\ \text{등호는 } \dfrac{p_{\text{main\_net}}(x_1)}{p_{\text{target\_net}}(x_1)}=\cdots=\dfrac{p_{\text{main\_net}}(x_n)}{p_{\text{target\_net}}(x_n)} \text{일때 성립} \end{array} \right. \\
&=-\ln\left(\sum p_{\text{main\_net}}\right) \\
&=-\ln(1) \\
&=0
\end{aligned}
$$

따라서 우리가 원하는 부등식을 얻는다.

$$
\begin{aligned}
&H\left(p_{\text{target\_net}} \middle| p_{\text{main\_net}}\right) \\
&\quad=-\sum p_{\text{target\_net}} \ln \frac{p_{\text{main\_net}}}{p_{\text{target\_net}}}+H\left(p_{\text{target\_net}} \middle| p_{\text{target\_net}}\right) \\
&\quad\geq H\left(p_{\text{target\_net}} \middle| p_{\text{target\_net}}\right)
\end{aligned}
$$

[부록-정의1] $-\sum p_{\text{target\_net}} \ln \dfrac{p_{\text{main\_net}}}{p_{\text{target\_net}}}$ 를 $D_{KL}\left(P_{\text{target\_net}} \middle\| P_{\text{main\_net}}\right)$ 로 나타내고 쿨백-라이블러 발산(Kullback-Leibler divergence, KLD)이라 하며, 타겟 분포 $\left(P_{\text{target_net}}\right)$에서 예측 분포$\left(P_{\text{main_net}}\right)$가 떨어진 거리를 계산하는 데 사용하는 함수이다.

$$
D_{KL}\left(P_{\text{target\_net}} \middle\| P_{\text{main\_net}}\right)=-\sum p_{\text{target\_net}} \ln \frac{p_{\text{main\_net}}}{p_{\text{target\_net}}}
$$

[부록-문제3] 예측 분포가 타겟 분포와 가까울수록 크로스 엔트로피는 최솟값 $H\left(p_{\text{target_net}} \middle| p_{\text{target_net}}\right)$에 가깝게 된다.

$$p_{\text{main\_net}} \approx p_{\text{target\_net}} \Rightarrow H\left(p_{\text{target\_net}} \middle| p_{\text{main\_net}}\right) \approx H\left(p_{\text{target\_net}} \middle| p_{\text{target\_net}}\right)$$

[증명]

$$\begin{aligned}
& p_{\text{main_net}} \approx p_{\text{target_net}} \\
& \quad \Rightarrow \frac{p_{\text{main_net}}}{p_{\text{target_net}}} \approx 1 \\
& \quad \Rightarrow \ln \frac{p_{\text{main_net}}}{p_{\text{target_net}}} \approx 0 \\
& \quad \Rightarrow p_{\text{target_net}} \ln \frac{p_{\text{main_net}}}{p_{\text{target_net}}} \approx 0 \\
& \quad \Rightarrow -\sum p_{\text{target_net}} \ln \frac{p_{\text{main_net}}}{p_{\text{target_net}}} = \sum_{i=1}^{n} p_{\text{target_net}}(x_i) \ln \frac{p_{\text{main_net}}(x_i)}{p_{\text{target_net}}(x_i)} \approx 0 \\
& \qquad \langle \because 0\text{에 충분히 가까운 숫자의 유한개 합} \approx 0 \\
& \quad \Rightarrow -\sum p_{\text{target_net}} \ln \frac{p_{\text{main_net}}}{p_{\text{target_net}}} + H\left(p_{\text{target_net}} \middle| p_{\text{target_net}}\right) \\
& \qquad \approx 0 + H\left(p_{\text{target_net}} \middle| p_{\text{target_net}}\right)
\end{aligned}$$

이고 정의에 의하여

$$H\left(p_{\text{target\_net}} \middle| p_{\text{main\_net}}\right) = -\sum p_{\text{target\_net}} \ln \frac{p_{\text{main\_net}}}{p_{\text{target\_net}}} + H\left(p_{\text{target\_net}} \middle| p_{\text{target\_net}}\right)$$

이므로 우리가 원하는 내용을 얻게 된다.

$p_{\text{main_net}} \approx p_{\text{target_net}}$이면

$$H\left(p_{\text{target\_net}} \middle| p_{\text{main\_net}}\right) = -\sum p_{\text{target\_net}} \ln \frac{p_{\text{main\_net}}}{p_{\text{target\_net}}} + H\left(p_{\text{target\_net}} \middle| p_{\text{target\_net}}\right)$$

$$\approx 0 + H\left(p_{\text{target\_net}} \middle| p_{\text{target\_net}}\right)$$

$$\therefore H\left(p_{\text{target\_net}} \middle| p_{\text{main\_net}}\right) \approx H\left(p_{\text{target\_net}} \middle| p_{\text{target\_net}}\right)$$

참고 부록-문제1, 2, 3에 의하여 쿨백-라이블러 발산(KLD)도 손실함수로 사용할 수 있지만 크로스 엔트로피가 더 간단한 식이다.

- $D_{KL}\left(P_{\text{target\_net}} \middle\| P_{\text{main\_net}}\right) = -\sum p_{\text{target\_net}} \ln \frac{p_{\text{main\_net}}}{p_{\text{target\_net}}}$
- $H\left(p_{\text{target\_net}} \middle| p_{\text{main\_net}}\right) = -\sum p_{\text{target\_net}} \ln p_{\text{main\_net}}$

제 4 장

Quantile Regression DQN (QRDQN)

1. 구성 요소
2. 용어 설명
3. 신경망 구조
4. 정책(상태가 입력되면 행동 출력) 정의
5. 학습데이터(memory) 정의
6. 손실 정의
7. 파라미터 업데이트 함수
8. Main
9. 코드 설명
10. 전체 코드
11. 연습문제
12. 부록

DQN(Deep Q-Network)은 상태-행동의 q 값을 단일 값으로 예측하는 비분포 강화학습(non-distributional RL) 알고리즘이기 때문에, 보상이 불확실하거나 변동성이 큰 환경에서는 안정적인 학습을 보장하지 못하는 한계가 있다. 이를 보완하기 위해 분포 강화학습(distributional RL) 알고리즘인 CategoricalDQN(C51)과 **QRDQN** (Quantile Regression DQN)등이 개발되었다. CategoricalDQN은 q 값을 각 행동의 범주로 나눈 후, 각 범주의 확률을 예측함으로써, 보상의 불확실성을 다루는 데 도움이 되지만, 범주가 고정되어서 분포를 정밀하게 표현하는 데는 한계가 있다.

QRDQN은 이러한 문제를 해결하기 위하여 고안된 알고리즘으로, q 값을 단일 값이나 고정된 범주 대신 분위수(quantiles)로 표현하고, 분위수 회귀(quantile regression)의 손실함수를 변형하여 학습에 사용한다.

CategoricalDQN과 비교를 표로 정리하면 **그림1**과 같다. CategoricalDQN의 상태(s)-행동(a)의 q 값 분포에서, 확률변수의 값은 하이퍼파라미터이고 확률은 CategoricalDQN의 출력값이다.

CategoricalDQN(C5)						
확률변수 $q_{\text{main\_net}}(s)[a]$	-2	-1	0	1	2	hyperparameter
확률	0.1	0.3	0.2	0.3	0.1	main_net 출력

QRDQN						
확률변수 $q_{\text{main\_net}}(s, \hat{\tau})[a]$	3	4	7	8	9	main_net 출력(분위수)
분위수 비율 ($\hat{\tau}$)	1/10 ($\hat{\tau}_0$)	3/10 ($\hat{\tau}_1$)	5/10 ($\hat{\tau}_2$)	7/10 ($\hat{\tau}_3$)	9/10 ($\hat{\tau}_4$)	비율 τ 간격은 동일* hyperparameter

$$^{*}\ \hat{\tau}_\ell = \frac{\tau_\ell + \tau_{\ell+1}}{2}\left(\ell = 0,\cdots,4,\ \tau_0 = 0,\ \tau_i = \frac{i}{5}, i = 1,\cdots,5\right)$$

그림1

그러나 QRDQN에서 확률변수의 값은 위 **그림1**과 같이 균등한 간격의 분위수 비율(τ, quantile fraction, 비율은 0과 1 사이 숫자)에 해당하는 예측 분위수가 된다. 예를 들면, 출력값 3은 $(\tau_0+\tau_1)/2$번째 예측 분위수가 된다.

참고1 'QRDQN은 CategoricalDQN과 다르게, 예측 확률변수의 값에 대한 확률을 고정한다'고 생각하면 안된다. 확률을 고정하는 것이 아니라 'QRDQN에서는 분위수 비율(τ)을 균등한 간격으로 고정한다'. 그리고 'QRDQN이 예측 분위수를 출력한다'고 생각해야 한다. 이렇게 생각해야 QRDQN의 q 값과 loss를 이해할 수 있다. 여기서 예측 분위수는 연속확률변수의 분위수에 대한 예측이라고 생각하자. 그리고 QRDQN이 유한개의 분위수 비율에 대한 예측 분위수를 출력하므로, CategoricalDQN과 마찬가지로 QRDQN의 출력을 이산확률변수로 볼 수 있다.

QRDQN을 이해하기 위해서 구성 요소와 용어 설명부터 알아보자.

1 구성 요소

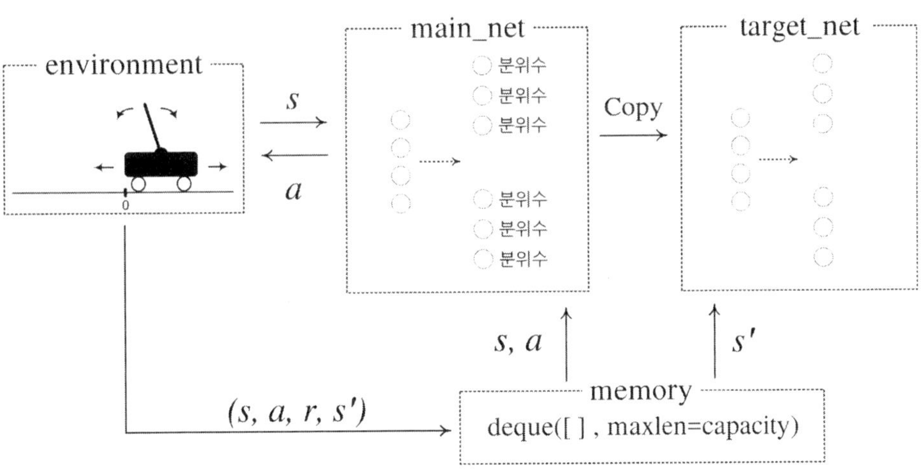

그림2

신경망 main_net의 출력이 예측 분위수인 점을 제외하고는 CategiricalDQN의 구성 요소와 같다. '분위수 비율(quantile fraction) τ'를 정하고 'τ에 대한 분위수(quantile)'를 예측한다. 그래서 위 **그림2**에서는 분위수 비율이 3개(τ_1, τ_2, τ_3)있고, 각 행동 a에 대해서 분위수도 $q(s,a,\tau_1)$, $q(s,a,\tau_2)$, $q(s,a,\tau_3)$와 같이 3개 있게 된다. 가장 중요한 분위수 성질은 다음과 같다.

$$\tau, \tau' \text{이면 } q(s,a,\tau) < q(s,a,\tau')$$

출력이 분위수인 QRDQN을 이해하기 위해서 먼저 위에서 언급한 용어를 알아보자. 그리고 분위수를 사용하여 손실을 어떻게 정의하는지도 알아보자.

2 용어 설명

'분위수' → '분위수 회귀(QR) 모델' → '분위수 회귀(QR) DQN'의 순서로 용어를 이해해보자.

2-1. 연속확률변수의 분위수 비율과 분위수

(a) 분위수 정의

연속 확률변수 Y(분위수)	2	5	8	10	27
분위수 비율(τ)	$1/5(\tau_1)$	$2/5(\tau_2)$	$3/5(\tau_3)$	$4/5(\tau_4)$	$5/5(\tau_5)$

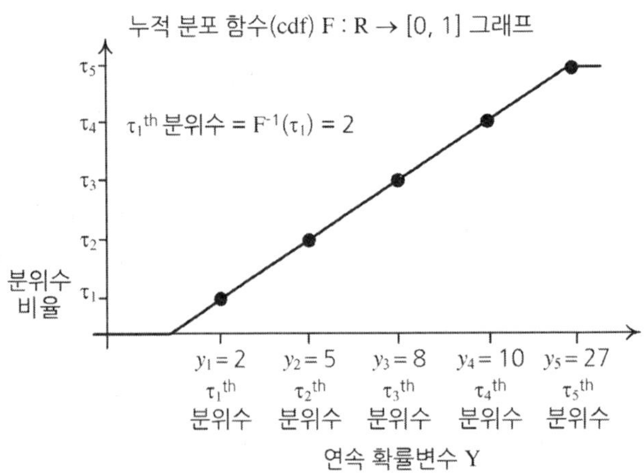

그림3(a)

QRDQN의 출력은 연속확률변수의 분위수를 예측하기 때문에, 이산확률변수가 아닌 연속확률변수의 누적분포함수(CDF)를 이용하여 분위수를 정의한다. 참고로, 이산확률변수를 이용한 분위수 정의는 다루지 않는다. 연속확률변수 Y 와 누적분포함수 $F(y) = P(Y \le y)$ (y 는 실수)가 주어졌을 때, τ번째 분위수(τth quantile) y_τ 를 다음과 같이 정의한다.

$$y_\tau = F^{-1}(\tau)$$

예를 들면, 위 **그림3**(a)와 같은 누적분포함수 F 에 대하여 다섯 개의 분위수 비율(τ)을 다음과 같이 고정했다.

$$\tau_1 = 1/5,\ \tau_2 = 2/5,\ \tau_3 = 3/5,\ \tau_4 = 4/5,\ \tau_5 = 5/5$$

그리고 이에 해당하는 다섯 개 분위수 y_τ 는 다음과 같나.

$$\begin{aligned}&\left(y_{\tau_1}, y_{\tau_2}, y_{\tau_3}, y_{\tau_4}, y_{\tau_5}\right)\\&=\left(y_1, y_2, y_3, y_4, y_5\right)\\&=\left(F^{-1}(1/5), F^{-1}(2/5), F^{-1}(3/5), F^{-1}(4/5), F^{-1}(5/5)\right)\\&=(2,5,8,10,27)\end{aligned}$$

참고2 분위수의 정의로부터 분위수가 만족시키는 식을 다음과 같이 얻을 수 있다. 이 식은 분위수를 출력하는 QRDQN의 손실을 정의할 때 사용한다. 분위수 정의에 따라 1/5번째 분위수는 주어진 다섯 개 숫자 y(2, 5, 8, 10, 27)에 대하여 다음을 만족한다.

- ' y ≤ (1/5번째 분위수) '인 y는 5개 숫자 중 1개이고(1/5 비율)
- ' y 〉(1/5번째 분위수) '인 y는 5개 숫자 중 (5−1) 개이다(1−1/5 비율)

그러므로 다음과 같은 비례식이 성립한다.

' y ≤ (1/5번째 분위수) '인 y의 개수 : ' y 〉(1/5번째 분위수) '인 y의 개수 = 1/5 : 1−1/5

위 비례식에서 1/5를 i/5로 수정하면 τ_i=i/5번째 분위수가 만족하는 비례식이 된다. 따라서 τ^{th} 분위수 y_τ 는 다음 식을 만족한다.

$$(1-\tau)*(y \le y_\tau \text{인 } y \text{ 개수}) - \tau*(y > y_\tau \text{인 } y \text{ 개수}) = 0 \tag{1}$$

식(1)을 뒤에서 설명할 손실 정의에 사용한다. 자세한 설명은 [부록–문제1]의 풀이에서 다룬다.

참고3 손실(loss) 관점에서 아래 두 항에 곱한 1−τ와 τ를 패널티(penalty)로 해석하는 이유는 다음과 같다.

$$(1-\tau)*(y \le y_\tau \text{ 인 } y \text{ 개수}),\ \ \tau*(y > y_\tau \text{ 인 } y \text{ 개수})$$

- τ가 작은 경우, 분위수 y_τ 도 작아야 한다. 그런데 예측값 y_τ 가 크게 되면, ($y \le y_\tau$ 인 y 개수)가 커지게 된다. 그래서 τ 보다 큰 가중치 1−τ를 곱해서 크게 된 ($y \le y_\tau$ 인 y 개수)가 작아지도록 파라미터를 업데이트한다. 업데이트한 후, 예측값 y_τ 은 감소하는 방향으로 변하게 된다.
- τ가 큰 경우, 분위수 y_τ 도 커야 한다. 그런데 예측 값 y_τ 가 작게 되면, ($y > y_\tau$ 인 y 개수)가 커지게 된다. 그래서 1−τ보다 큰 가중치 τ를 곱해서 크게 된 ($y > y_\tau$ 인 y 개수)가 작아지도록 파라미터를 업데이트한다. 업데이트한 후, 예측 값 y_τ 는 증가하는 방향으로 변한다.

그러나 패널티(penalty) 용어를 사용하여 손실(loss)을 만들었다고 생각하는 것보다, 분위수 비율 τ와 분위수 y_τ 가 만족시켜야 할 식(1)로부터 손실(loss)를 만들었다고 생각하는 것이 더 자연스럽다([부록–문제1]의 풀이 참고).

2-2. 분위수 → 분위수 회귀

	분위수(위 그림3(a))	분위수 회귀(아래 그림3(b))
모델	사용하지 않음	quantile regression 모델 사용함
손실	사용하지 않음	pinball loss를 사용함

그림3(a)와 같이 확률변수 Y의 값인 y가 다른 변수에 의존하지 않는 경우, 유한개의 숫자에 대한 분위수를 구할 때는 모델과 손실함수를 사용하지 않는다. 그러나 다음 **그림3**(b)와 같이 y가 다른 변수 x에 의존하는 경우, 분위수도 x에 의존해야 하므로 분위수 회귀 모델(quantile regression model)을 사용해야 한다. 즉, x가 주어졌을 때, y의 조건부 τ번째 예측 분위수 모델(τ^{th} predicted quantile model)은 다음과 같다.

τ번째 예측 분위수 직선 모델

$$\hat{y} = \beta_{0,\tau}+\beta_{1,\tau}x, \ (\tau=1/5,\ 2/5,\ 3/5,\ 4/5,\ x\text{는 독립변수})$$

편의상 직선 모델을 사용했고, 직선의 계수 $\beta_{0,\tau}$, $\beta_{1,\tau}$를 추정할 때는 'pinball loss' $\rho_\tau(m)$를 사용한다(아래에서 설명). 일반적으로 직선 모델을 다음과 같이 나타낸다.

$$y = \beta_{0,\tau}+\beta_{1,\tau}x$$

여기서 x는 직선 모델에서의 독립변수(설명변수)이고 관측 데이터 (x,y)에서의 y는 종속변수(반응변수)로 알 수 없는 분포(x에 의존하는 분포)에서 추출한 값이다([부록-분위수 회귀 코드] 참고). τ가 4개 값(1/5, 2/5, 3/5, 4/5)을 가지고, 각 τ에 대하여 하나의 직선 모델이 만들어지므로 아래 그림3(b)에서 4개 직선 모델을 구하게 된다.

(b) 분위수 회귀(quantile regression, QR)

x	y	τ^{th} 예측 분위수 $\beta_0(\tau)+\beta_1(\tau)x$			
1	12	$\beta_0(1/5)+\beta_1(1/5)$	$\beta_0(2/5)+\beta_1(2/5)$	$\beta_0(3/5)+\beta_1(3/5)$	$\beta_0(4/5)+\beta_1(4/5)$
1.1	6	$\beta_0(1/5)+\beta_1(1/5)1.1$	$\beta_0(2/5)+\beta_1(2/5)1.1$	$\beta_0(3/5)+\beta_1(3/5)1.1$	$\beta_0(4/5)+\beta_1(4/5)1.1$
2	12	$\beta_0(1/5)+\beta_1(1/5)2$	$\beta_0(2/5)+\beta_1(2/5)2$	$\beta_0(3/5)+\beta_1(3/5)2$	$\beta_0(4/5)+\beta_1(4/5)2$
2.1	18	$\beta_0(1/5)+\beta_1(1/5)2.1$	$\beta_0(2/5)+\beta_1(2/5)2.1$	$\beta_0(3/5)+\beta_1(3/5)2.1$	$\beta_0(4/5)+\beta_1(4/5)2.1$
2.2	16	$\beta_0(1/5)+\beta_1(1/5)2.2$	$\beta_0(2/5)+\beta_1(2/5)2.2$	$\beta_0(3/5)+\beta_1(3/5)2.2$	$\beta_0(4/5)+\beta_1(4/5)2.2$
3	5	$\beta_0(1/5)+\beta_1(1/5)3$	$\beta_0(2/5)+\beta_1(2/5)3$	$\beta_0(3/5)+\beta_1(3/5)3$	$\beta_0(4/5)+\beta_1(4/5)3$
3.1	14	$\beta_0(1/5)+\beta_1(1/5)3.1$	$\beta_0(2/5)+\beta_1(2/5)3.1$	$\beta_0(3/5)+\beta_1(3/5)3.1$	$\beta_0(4/5)+\beta_1(4/5)3.1$
4	12	$\beta_0(1/5)+\beta_1(1/5)4$	$\beta_0(2/5)+\beta_1(2/5)4$	$\beta_0(3/5)+\beta_1(3/5)4$	$\beta_0(4/5)+\beta_1(4/5)4$
5	15	$\beta_0(1/5)+\beta_1(1/5)5$	$\beta_0(2/5)+\beta_1(2/5)5$	$\beta_0(3/5)+\beta_1(3/5)5$	$\beta_0(4/5)+\beta_1(4/5)5$
5.1	18	$\beta_0(1/5)+\beta_1(1/5)5.1$	$\beta_0(2/5)+\beta_1(2/5)5.1$	$\beta_0(3/5)+\beta_1(3/5)5.1$	$\beta_0(4/5)+\beta_1(4/5)5.1$

x: 설명변수, y: 반응변수, $\beta_0(\tau)+\beta_1(\tau)x$: 주어진 x에 대하여 y의 τ^{th} 예측 분위수

$\beta_0(\tau)$, $\beta_1(\tau)$를 결정하는 QR 손실:

$$\sum_{\tau\in\{1/5,2/5,3/5,4/5\}}\sum_{i=1}^{10}\left|\tau - I_{y_i-(\beta_0(\tau)+\beta_1(\tau)x_i)}\right|\left|y_i-\left(\beta_0(\tau)+\beta_1(\tau)x_i\right)\right|,\quad \mathrm{I}_m=\begin{cases}1 & (m<0)\\ 0 & (m\geq 0)\end{cases}$$

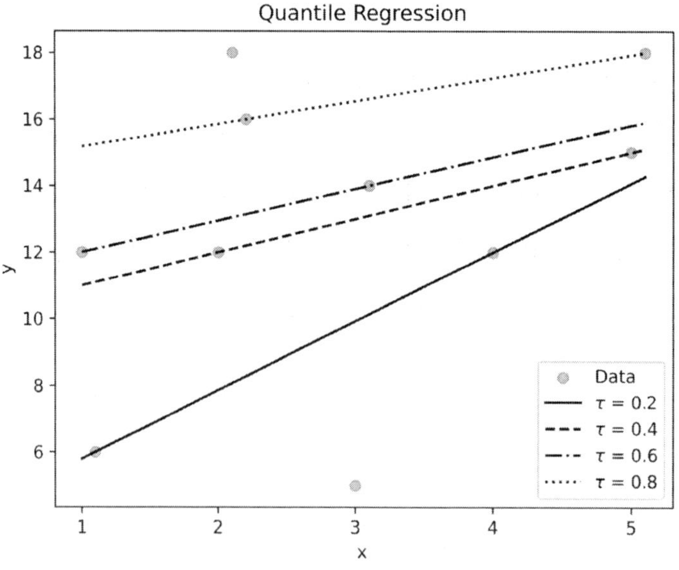

그림3(b)

위 **그림3**(b)에서 QR 손실은 아래 'pinball loss' ρ_τ(m)를 사용한다.

$$\rho_\tau(m) = \begin{cases} (\tau-1)m & (m<0) \\ \tau m & (m \ge 0) \end{cases}$$
$$= |\tau - I_m||m|, \quad I_m = \begin{cases} 1 & (m<0) \\ 0 & (m \ge 0) \end{cases}$$

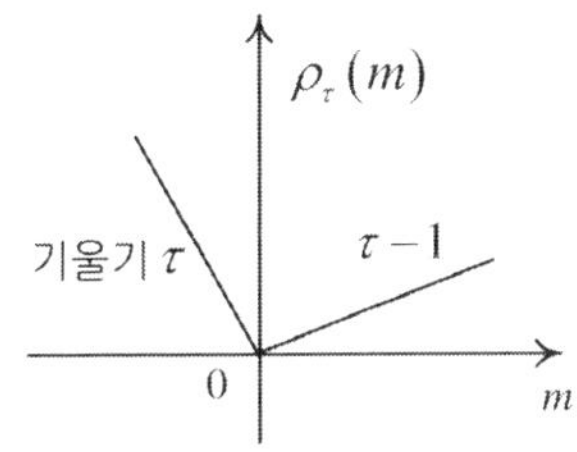

$$\sum_{\tau \in \{1/5, 2/5, 3/5, 4/5\}} \sum_{i=1}^{10} \rho_\tau \left(y_i - \left(\beta_{0,\tau} + \beta_{1,\tau} x_i \right) \right)$$

'pinball loss'를 '분위수 회귀 손실(QR loss)'라고도 한다. **그림3**(b)를 보면, τ는 네 개(1/5, 2/5, 3/5, 4/5)이지만 한 개 QR 손실을 사용하여 모든 예측 분위수 직선을 구한다. **그림3**(b)에 있는 QR 손실을 자세히 적으면 다음과 같다.

$$(x_1, y_1) = (1,12),\ (x_2, y_2) = (1.1,6), \cdots,\ (x_{10}, y_{10}) = (5.1,18)$$

$$\text{loss} = \sum_{i=1}^{10} \begin{cases} (1-\tau_1)\left|y_i - \left(\beta_{0,\tau_1} + \beta_{1,\tau_1} x_i\right)\right| & \left(y_i \le \left(\beta_{0,\tau_1} + \beta_{1,\tau_1} x_i\right)\right) \\ \tau_1 \left|y_i - \left(\beta_{0,\tau_1} + \beta_{1,\tau_1} x_i\right)\right| & \left(y_i > \left(\beta_{0,\tau_1} + \beta_{1,\tau_1} x_i\right)\right) \end{cases}$$
$$+ \sum_{i=1}^{10} \begin{cases} (1-\tau_2)\left|y_i - \left(\beta_{0,\tau_2} + \beta_{1,\tau_2} x_i\right)\right| & \left(y_i \le \left(\beta_{0,\tau_2} + \beta_{1,\tau_2} x_i\right)\right) \\ \tau_2 \left|y_i - \left(\beta_{0,\tau_2} + \beta_{1,\tau_2} x_i\right)\right| & \left(y_i > \left(\beta_{0,\tau_2} + \beta_{1,\tau_2} x_i\right)\right) \end{cases}$$
$$+ \sum_{i=1}^{10} \begin{cases} (1-\tau_3)\left|y_i - \left(\beta_{0,\tau_3} + \beta_{1,\tau_3} x_i\right)\right| & \left(y_i \le \left(\beta_{0,\tau_3} + \beta_{1,\tau_3} x_i\right)\right) \\ \tau_3 \left|y_i - \left(\beta_{0,\tau_3} + \beta_{1,\tau_3} x_i\right)\right| & \left(y_i > \left(\beta_{0,\tau_3} + \beta_{1,\tau_3} x_i\right)\right) \end{cases}$$
$$+ \sum_{i=1}^{10} \begin{cases} (1-\tau_4)\left|y_i - \left(\beta_{0,\tau_4} + \beta_{1,\tau_4} x_i\right)\right| & \left(y_i \le \left(\beta_{0,\tau_4} + \beta_{1,\tau_4} x_i\right)\right) \\ \tau_4 \left|y_i - \left(\beta_{0,\tau_4} + \beta_{1,\tau_4} x_i\right)\right| & \left(y_i > \left(\beta_{0,\tau_4} + \beta_{1,\tau_4} x_i\right)\right) \end{cases}$$

위의 loss 식에서 각 분위수 비율에 대한 Σ를 보면, **그림3**(a)의 분위수가 만족시키는 식(1)과 관련이 있음을 알 수 있다. QR 손실에 경사하강법을 적용하여 $\beta_{0,\tau}$, $\beta_{1,\tau}$

를 찾게 되면, τ번째 분위수 직선을 찾게 되고, 이를 **그림3**(b)에서 좌표평면에 나타냈다. 분위수 비율이 낮을수록 분위수 직선이 밑에 있고, 클수록 위에 있음을 알 수 있다.

2-3. QR 손실

QR 손실을 이해하기 위하여, **그림3**(a)와 같이 다른 변수에 의존하지 않은 숫자 y_1=2, y_2=5, y_3=8, y_4=10, y_5=27를 사용하여 $\arg\min_{y \in R} f_\tau(y)$을 구해보자. 여기서 $f_\tau(y)$는 τ에 의존하는 함수로 다음과 같은 QR 손실함수이다.

$$f_\tau(y) = \sum_{i=1}^{5} \left|\tau - I_{y_i - y}\right| \left|y_i - y\right| = \sum_{i=1}^{5} \rho_\tau(y_i - y)$$

$\arg\min_{y \in R} f_\tau(y)$를 구해보면, **그림3**(c)와 같이 폐구간 [τ번째 분위수, (τ+1)번째 분위수]가 된다([부록 문제1, 2]의 증명 참고). 즉, 분위수 비율 τ가 증가하면 분위수 $\arg\min_{y \in R} f_\tau(y)$도 증가함을 알 수 있다.

(c) 분위수 회귀 손실함수(QR loss function)

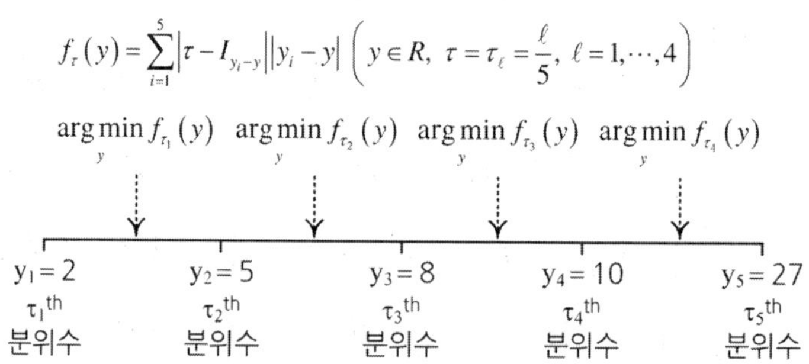

그림3(c)

2-4. 분위수 회귀(QR) → 분위수 회귀 DQN(QRDQN)

분위수 회귀(QR)의 **그림3**(b)에 해당하는 분위수 회귀 DQN(QRDQN)의 그림은 아래 **그림3**(d)와 같다. **그림3**(b)의 독립변수인 x 대신 고정된 state와 action이 있고, QR의 반응변수인 y 대신 신경망 target_net으로 구한 타겟값을 사용한다. 그리고 QR의 예측 분위수 직선 대신 신경망 main_net의 출력인 예측 분위수를 사용한다.

(d) QRDQN의 분위수 비율τ, 예측 분위수, 타겟값과 손실함수

	타겟값 y (target_net)	$\hat{\tau}_\ell^{th}$ 예측 분위수 $y_{\hat{\tau}_\ell}$ (신경망 main_net 출력)				
		$\hat{\tau}_0$	$\hat{\tau}_1$	$\hat{\tau}_2$	$\hat{\tau}_3$	$\hat{\tau}_4$
state 고정, action 고정	y_1	$y_{\hat{\tau}0}$	$y_{\hat{\tau}1}$	$y_{\hat{\tau}2}$	$y_{\hat{\tau}3}$	$y_{\hat{\tau}4}$
	y_2	$y_{\hat{\tau}0}$	$y_{\hat{\tau}1}$	$y_{\hat{\tau}2}$	$y_{\hat{\tau}3}$	$y_{\hat{\tau}4}$
	y_3	$y_{\hat{\tau}0}$	$y_{\hat{\tau}1}$	$y_{\hat{\tau}2}$	$y_{\hat{\tau}3}$	$y_{\hat{\tau}4}$
	y_4	$y_{\hat{\tau}0}$	$y_{\hat{\tau}1}$	$y_{\hat{\tau}2}$	$y_{\hat{\tau}3}$	$y_{\hat{\tau}4}$
	y_5	$y_{\hat{\tau}0}$	$y_{\hat{\tau}1}$	$y_{\hat{\tau}2}$	$y_{\hat{\tau}3}$	$y_{\hat{\tau}4}$

y_i : target_net의 i번째 출력노드 값

$y_{\hat{\tau}_\ell}$: main_net의 $\ell+1$번째 출력노드 값(예측 분위수)

$$\hat{\tau}_\ell = \frac{\tau_\ell + \tau_{\ell+1}}{2}\left(\ell = 0,\cdots,4, \tau_0 = 0, \tau_5 = 1\right)$$

$$\frac{1}{5}\sum_{\ell=0}^{4}\frac{1}{5}\sum_{i=1}^{5}\left|\hat{\tau}_\ell - I_{y_i - y_{\hat{\tau}_\ell}}\right| L_\kappa\left(y_i - y_{\hat{\tau}_\ell}\right)/\kappa$$

$$L_\kappa(u) = \begin{cases} \frac{1}{2}u^2 & (|u| \le \kappa) \\ \kappa\left(|u| - \frac{1}{2}\kappa\right) & (|u| > \kappa) \end{cases}$$

그림3(d)

pinball loss의 error인 |타겟값 − 예측 분위수|를 $\dfrac{L_\kappa\left(y_i - y_{\tau_\ell}\right)}{\kappa}$ 으로 수정하여, 미분 가능하도록 만든 손실을 QRDQN의 손실로 사용한다(L_κ를 κ로 나누어 L_κ를 정규화).

$$\frac{1}{5}\sum_{\ell=0}^{4}\frac{1}{5}\sum_{i=1}^{5}\left|\hat{\tau}_\ell - I_{y_i - y_{\hat{\tau}_\ell}}\right| L_\kappa\left(y_i - y_{\hat{\tau}_\ell}\right)/\kappa$$

그림3(d)의 구성 요소를 결정하는 순서는 다음과 같다.

(1) 구간 (0,1]에서 같은 간격으로 분위수 비율 5개(τ_1, τ_2, τ_3, τ_4, τ_5)를 결정한다(개수는 하이퍼파라미터). 그리고 이웃한 분위수 비율의 평균을 다음과 같이 정의한다.

$$\hat{\tau}_\ell = \frac{\tau_\ell + \tau_{\ell+1}}{2}\left(\ell = 0,\cdots,4, \tau_0 = 0, \tau_5 = 1\right)$$

여기서 τ_0=0는 $\hat{\tau}_0$를 정의하기 위하여 도입한 기호와 값이다. QRDQN에서 τ는 $\hat{\tau}$을 정의할 때만 사용한다.

(2) 신경망 main_net(**그림1**)의 출력 노드 개수는 (행동 개수)x(분위수 비율 개수) 이므로 각 행동에 대한 출력 노드 개수는 5개가 된다. 상태-행동이 고정되면 출력 노드는 5개가 되고, 1번째 출력 노드 값을 $y_{\hat{\tau}_0}$ 으로 나타냈다. $y_{\hat{\tau}_0}$ 은 $\hat{\tau}_0$ 번째 예측 분위수가 되고, $y_{\hat{\tau}_\ell}$ 은 $\hat{\tau}_\ell$ 번째 예측 분위수가 된다.

(3) 신경망 target_net(**그림1**)은 main_net과 같은 구조를 가지고, target_net 출력값과 Bellman 방정식을 사용하여 타겟값 y_1, y_2, y_3, y_4, y_5를 결정한다. 자세한 내용은 뒤의 '7. 파라미터 업데이트 함수'에서 다룬다.

QRDQN의 손실을 quantile Huber loss라고 하고, QR의 손실인 pinball loss와 비교하면 다음과 같다([부록-pinball-Huber-loss 코드] 참고).

	분위수 회귀(QR)	분위수 회귀 DQN(QRDQN)
모델	quantile regression line 모델 $\hat{y}_\tau = \beta_{0,\tau} + \beta_{1,\tau} x$	신경망
손실함수	pinball loss 함수 (미분 불가능)	quantile Huber loss 함수 (penalty는 유지하고 미분가능하도록 pinball 수정)

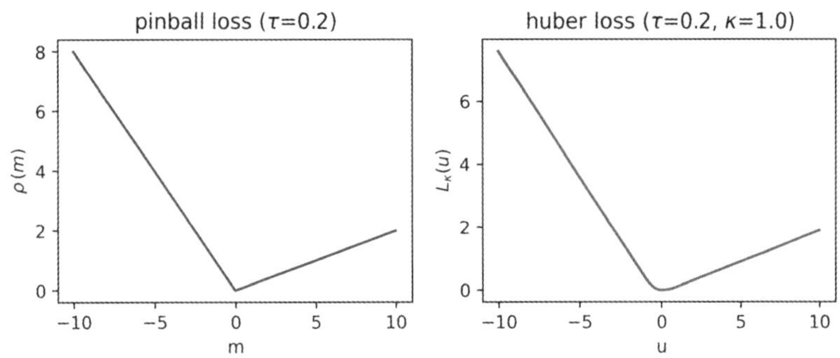

$$\text{QR loss 함수 : } f_\tau(y)=\sum_{i=1}^{5}\left|\tau-I_{y_i-y}\right|\left|y_i-y\right| \quad \left(y\in R,\ \tau=0.2,0.4,0.6,0.8\right)$$

$$\text{Quantile Huber loss 함수 : } g_{\hat{\tau}}(y)=\sum_{i=1}^{5}\left|\hat{\tau}-I_{y_i-y}\right|L_k\left(y_i-y\right)/\kappa$$

$$\left(y\in R,\ \hat{\tau}=0.1,0.3,0.5,0.7,0.9\right)$$

여기서 Huber loss 함수는 다음과 같다.

$$L_k(u)=\begin{cases}\frac{1}{2}u^2 & \left(|u|\le k\right)\\ k\left(|u|-\frac{1}{2}k\right) & \left(|u|>k\right)\end{cases}$$

코드에서는 $\kappa=1$ 을 사용한다. 분위수 회귀(QR)와 QRDQN의 마지막 분위수 비율을 비교하면 다음과 같다.

- 분위수 회귀에서는 회귀선을 추정하기 때문에 마지막 분위수 비율은 1보다 작게 된다(τ=4/5〈1).
- QRDQN에서는 회귀선 추정이 아닌 점 추정이므로 quantile Huber loss를 사용할 때 마지막 분위수 비율은 1이 된다(τ=5/5=1).

3 신경망 구조

상태 s가 입력되면 상태 s-행동 a의 가치인 q 값을 출력하는 신경망을 클래스로 코딩해야 한다. 이를 위하여 만든 그림이 아래 **그림4**(a)와 (b)이다. (a)는 CategoricalDQN을 코딩할 때 사용하는 그림이고, (b)는 QRDQN을 코딩할 사용하는 그림이다.

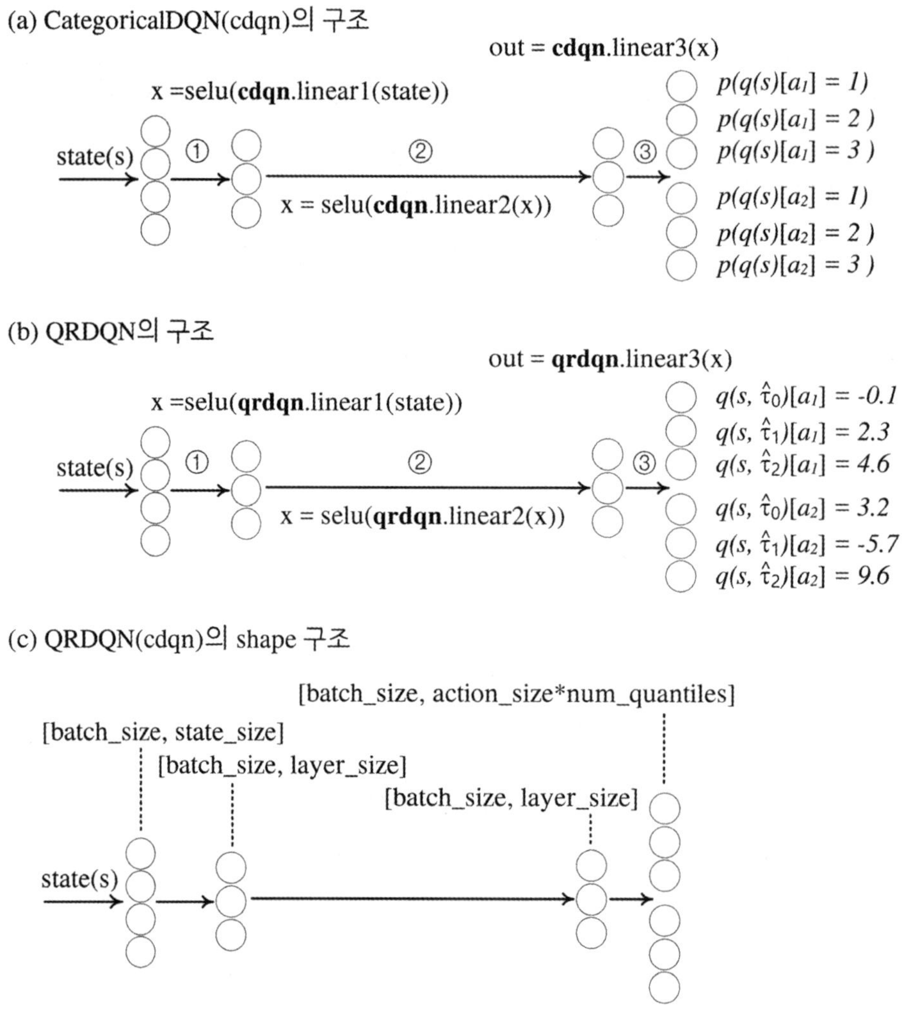

그림4. 신경망 클래스 코딩에 사용하는 이미지

State(s)가 신경망에 입력되어 q 값을 출력하는 과정인 (b)를 보면, 신경망에 대하여 다음을 알 수 있다.

- 출력층을 제외하고 DQN 구조와 같다.
- 세 개의 선형연결층(linear1, linear2, linear3)을 사용한다. 그리고 활성함수은 selu 이다.
- 두 개 함수(__init__, forward)를 가진다.
- 함수 __init__ 내부에서 선형연결층을 변수 A에 할당한다.
- 함수 forward 내부에서 변수 A를 사용하여 q 값의 분포를 return한다.
- 신경망의 인스턴스를 qrdqn이라 할 때, ①, ②, ③은 다음을 나타낸다.

  ① x=selu(qrdqn.linear1(state))

  ② x=selu(qrdqn.linear2(x))

  ③ x=qrdqn.linear3(x)
- 신경망의 출력은 예측 분위수 함수이다. 분위수 비율 $\hat{\tau}$ 대한 예측 분위수는 $q(s,\hat{\tau})[a_1]$, $q(s,\hat{\tau})[a_2]$ 이다. 같은 의미로 다음 기호를 사용한다.

$$q(s,a,\hat{\tau}) = q(s,\hat{\tau})[a]$$

그림4(c)를 보면, 함수 forward 내부에서 처리하는 선형연결층의 입력과 출력의 형태(shape)를 알 수 있다. **그림4**(b)와 (c)은 toy 신경망으로, 4개의 입력 노드와 action_size*num_qunatiles=2*3=6개의 출력 노드를 가진다. 4개 숫자를 가진 환경(CartPole-v0)의 상태 s = (카트의 위치, 카트의 속도, 폴의 각도, 폴의 각속도)가 신경망으로 입력되기 때문에 4개 입력 노드를 가진다. 출력층에서 처음 3개 출력 노드가 가지는 값은 평균 분위수 비율에 대응하는 예측 분위수로, 다음과 같다.

$$\hat{\tau}_0 = \frac{1}{2}\left(0 + \frac{1}{3}\right), \text{ 분위수 } = -0.1$$

$$\hat{\tau}_1 = \frac{1}{2}\left(\frac{1}{3} + \frac{2}{3}\right), \text{ 분위수 } = 2.3$$

$$\hat{\tau}_2 = \frac{1}{2}\left(\frac{2}{3}+\frac{3}{3}\right),\ \text{분위수} = 4.6$$

즉, 상태(s)에서 왼쪽 행동(a_1)의 가치(분위수)가 -0.1, 2.3, 4.6이다. 이때 평균 분위수 비율은 1/6, 3/6, 5/6이다. 나머지 3개 출력 노드가 가지는 값도 상태(s)에서 오른쪽 행동(a_2)의 가치(분위수) 3.2, -5.7, 9.6이다. 이때 평균 분위수 비율은 1/6, 3/6, 5/6이다. 코드에서는 3개 분위수 비율 대신 128개를 사용한다. Toy 신경망에서 layer_size(은닉노드 개수)는 3이지만, 코드에서는 128이다.

4 정책(상태가 입력되면 행동 출력) 정의

(a)

$$\text{policy}(s,\tau) = \begin{cases} \text{random.choice}(actions) & (\text{random.random}(\ ) < \varepsilon) \\ \arg\max_a E_\tau[q(s,a,\tau)] & (\text{otherwise}) \end{cases}$$

(b)

알고리즘	이산확률변수 q(s,a) 값*	확률p	q(s,a) 기댓값 (확률분포표 이용)
Categorical DQN	q(s,a) 값 고정, $z_1, \cdots, z_N$	z_i에서 $p(q(s,a)=z_i)$	$E[q(s,a)] = \sum_{i=1}^{N} z_i p(q(s,a)=z_i)$

* $q(s,a) = q_{main\_net}(s)[a]$

(c)

알고리즘	분위수 비율(τ)	분위수q	q(s,a) 기댓값 (분위수 함수 q(s,a,τ) 이용)
QRDQN	비율고정, 동일간격, $\tau_i = i/N(i=1,\cdots,N)$	$\hat{\tau}_\ell$ 에서 $q(s,a,\hat{\tau}_\ell)$	$E_\tau[q(s,a,\tau)] = \int_0^1 q(s,a,\tau)d\tau \approx \frac{1}{N}\sum_{\ell=0}^{N-1} q(s,a,\hat{\tau}_\ell)$

$\hat{\tau}_\ell = \frac{\tau_\ell + \tau_{\ell+1}}{2}(\ell = 0,\cdots,N-1,\ \tau_0 = 0)$, τ번째 q(s,a)를 q(s,a,τ)으로 표기함

그림5. 정책 코딩에 사용하는 이미지

그림4에서 batch_size=1이고 신경망에 상태 s가 입력되면, 출력은 평균 분위수 비율 $\hat{\tau}$ 대한 예측 분위수 $q(s,a_1,\hat{\tau})$과 $q(s,a_2,\hat{\tau})$이 된다. 예측 분위수의 평균이 큰

행동 a를 선택할 때, 탐욕적 정책(greedy policy)이라고 한다. 우리가 사용할 정책은 ε-탐욕적 정책(ε-greedy policy)으로 위 **그림5**와 같다. 정책은 탐험(ε, exploration)과 탐색(greedy, exploitation, 활용, 이용) 사이의 균형을 맞추기 위해 사용되며, 에이전트가 최적의 행동을 선택하는 동시에 새로운 행동을 탐험할 기회를 제공한다. **그림5**(a)에서 random.random( )은 구간 [0, 1)에서 난수를 생성한다. 이 난수가 ε 보다 작으면, 무작위로 행동을 선택한다. 코드에서 ε 값을 감소하게 만들어, 시간이 지남에 따라 탐험보다는 탐색을 더 자주 선택하도록 한다. random. choice(actions)는 가능한 행동 집합(actions)에서 하나의 행동을 무작위로 선택하는 것을 의미한다. 이를 통해 에이전트는 환경의 현재 상태에서 아직 잘 알려지지 않은 행동을 시도할 수 있으며, 이는 장기적으로 환경에 대한 더 나은 이해와 높은 보상을 끌어낼 수 있다. '탐욕적'에 해당하는 $\arg\max_a E_\tau\left[q(s,a,\tau)\right]$는 주어진 상태 s에서 행동 a에 대한 평균 q 값(평균 분위수)을 **그림5**(c)와 같이 계산하여, 가장 높은 평균 q 값(분위수)을 가진 행동을 선택한다. 이는 '탐색'의 한 형태로, 에이전트가 이전 경험을 기반으로 최선의 행동을 선택하게 한다. **그림5**(c)는 QRDQN에서 행동 선택을 위하여 분위수의 평균인 $E_\tau\left[q(s,a,\tau)\right]$의 근삿값을 구하는 과정을 요약한 표이다. 이 표에서 기술한 평균의 근삿값은 분위수 비율에 대한 적분의 근삿값임을 알 수 있다. 참고로, 뒤에서 다루는 분포 강화학습 알고리즘인 IQN과 FQF에서도 QRDQN와 같은 방식으로 분위수 함수의 평균에 대한 근삿값을 구한다([부록-문제5] 참고).

5 학습데이터(memory) 정의

신경망을 학습하기 위해서는 학습데이터가 필요하다. 일반적으로 학습데이터를 미리 준비하지만, 강화학습에서는 환경과 에이전트(정책)가 상호작용하면서 얻은 경험을 학습데이터로 사용한다. 아래 **그림6**과 같이 1-step 경험(상태 s, 행동 a, 보상 r, 다음 상태 s')을 deque에 저장하고 여기서 추출한 경험을 학습데이터로 사용한다.

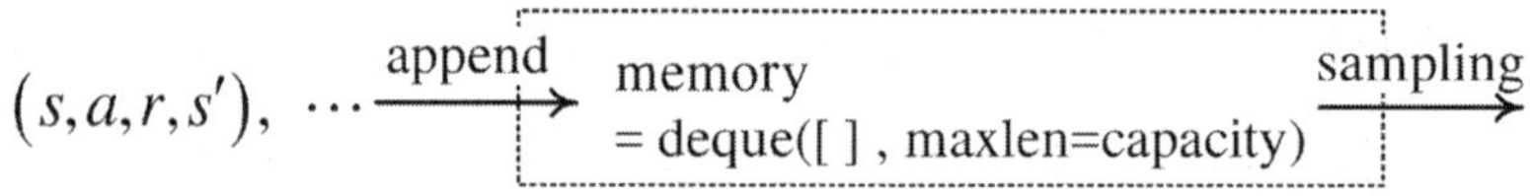

그림6. 메모리 코딩에 사용하는 이미지

6 손실 정의

상태-행동 가치의 예측값(예측 분위수)와 타겟값을 구하고, 이를 사용하여 quantile Huber loss를 계산해보자.

6-1. 예측값(예측 분위수)

메모리에서 경험을 한 개 샘플링하여 **그림7**과 같은 예측 분위수 $q_{\text{main_net}}(s,\hat{\tau})[a]$의 분포를 얻는다.

QRDQN						
예측 분위수 $q_{\text{main\_net}}(s,\hat{\tau})[a]$	3	4	7	8	9	main_net 출력(분위수)
분위수 비율 $(\hat{\tau})$	1/10 $(\hat{\tau}_0)$	3/10 $(\hat{\tau}_1)$	5/10 $(\hat{\tau}_2)$	7/10 $(\hat{\tau}_3)$	9/10 $(\hat{\tau}_4)$	비율 τ 간격은 동일 hyperparameter

$$\hat{\tau}_\ell = \frac{\tau_\ell + \tau_{\ell+1}}{2}\left(\ell = 0,\cdots,4,\ \tau_0 = 0,\ \tau_i = \frac{i}{5}, i = 1,\cdots,5\right)$$

그림7

6-2. 타겟값

그림8과 같이 Bellman 방정식과 target_net 출력으로부터 타겟값을 구한다.

$$q(s,a) = E\left[R_s^a + \gamma \max_{a'} q(s',a')\right]$$

$$\rightarrow q_{\text{target\_net}}(s,a) = r + \gamma \max_{a'} q_{\text{target\_net}}(s',a')$$

그림8

위 **그림8**로부터 구한 타겟값이 아래 **그림9**와 같이 2.8, 3.4, 5.2, 5.8, 6.4라고 하자. 타겟값은 분위수 비율에 대한 값이 아니므로 분위수가 아니고, 예측값이 목표로 하는 값이다. 타겟값은 **그림3**(b)에서 반응변수인 y의 값과 같은 역할을 하고, 분위수 회귀 관점에서 **그림3**(d)의 y_1, y_2, y_3, y_4, y_5에 해당하는 숫자이다.

QRDQN						
Bellman 확률변수 (타겟값)	2.8	3.4	5.2	5.8	6.4	Bellman 방정식과 target_net 출력값 이용
확률	1/5	1/5	1/5	1/5	1/5	분위수 비율은 5개 hyperparameter

그림9

각 타겟값에 대한 확률(가능성)은 1/5이다. 이 확률 1/5는 **그림3**(d)의 quantile Huber loss 공식에서 두 번째 Σ에 곱한 1/5에 해당한다.

6-3. QRDQN 손실(quantile Huber loss)

위 **그림7**의 예측 분위수와 위 **그림9**의 타겟값을 아래 **그림10**과 같이 함께 나타낼 수 있다.

타겟값 y (그림9)	$\hat{\tau}^{th}$ 예측 분위수 $y_{\hat{\tau}}$ (그림9)				
	$\hat{\tau}_0=1/10$	$\hat{\tau}_1=3/10$	$\hat{\tau}_2=5/10$	$\hat{\tau}_3=7/10$	$\hat{\tau}_4=9/10$
2.8	3	4	7	8	9
3.4	3	4	7	8	9
5.2	3	4	7	8	9
5.8	3	4	7	8	9
6.4	3	4	7	8	9

$$\frac{1}{5}\sum_{\ell=0}^{4}\frac{1}{5}\sum_{i=1}^{5}\left|\hat{\tau}_\ell - I_{y_i - y_{\hat{\tau}_\ell}}\right| L_\kappa\left(y_i - y_{\hat{\tau}_\ell}\right)\Big/\kappa$$

그림10. 손실 코딩에 사용하는 이미지

그림3(d)에서 설명한 QRDQN 손실은 다음과 같다.

$$\frac{1}{5}\sum_{\ell=0}^{4}\frac{1}{5}\sum_{i=1}^{5}\left|\hat{\tau}_{\ell}-I_{y_i-y_{\hat{\tau}_\ell}}\right|L_{\kappa}\left(y_i-y_{\hat{\tau}_\ell}\right)/\kappa$$

위 식을 평균 기호로 나타내면 다음과 같다.

$$E_{y_{\hat{\tau}}}\left[E_{y}\left[\left|\hat{\tau}-I_{y-y_{\hat{\tau}}}\right|L_{\kappa}\left(y-y_{\hat{\tau}}\right)/\kappa\right]\right]$$

QRDQN 손실에 위 **그림10**의 데이터를 대입하면, 아래 **그림11**과 같이 손실을 계산할 수 있다([부록-엑셀] 참고).

$$\mathrm{I}_m=\begin{cases}1 & (m<0)\\ 0 & (m\geq 0)\end{cases},\quad L_1(u)=\begin{cases}\dfrac{1}{2}u^2 & (|u|\leq 1)\\ 1\cdot\left(|u|-\dfrac{1}{2}\cdot 1\right) & (|u|>1)\end{cases}$$

$$S_0=\frac{1}{5}\left\{\begin{aligned}&|\hat{\tau}_0-I_{2.8-3}|L_1(2.8-3)+|\hat{\tau}_0-I_{3.4-3}|L_1(3.4-3)+|\hat{\tau}_0-I_{5.2-3}|L_1(5.2-3)\\&+|\hat{\tau}_0-I_{5.8-3}|L_1(5.8-3)+|\hat{\tau}_0-I_{6.4-3}|L_1(6.4-3)\end{aligned}\right\}=0.143$$

$$S_1=\frac{1}{5}\left\{\begin{aligned}&|\hat{\tau}_1-I_{2.8-4}|L_1(2.8-4)+|\hat{\tau}_1-I_{3.4-4}|L_1(3.4-4)+|\hat{\tau}_1-I_{5.2-4}|L_1(5.2-4)\\&+|\hat{\tau}_1-I_{5.8-4}|L_1(5.8-4)+|\hat{\tau}_1-I_{6.4-4}|L_1(6.4-4)\end{aligned}\right\}=0.357$$

$$S_2=\frac{1}{5}\left\{\begin{aligned}&|\hat{\tau}_2-I_{2.8-7}|L_1(2.8-7)+|\hat{\tau}_2-I_{3.4-7}|L_1(3.4-7)+|\hat{\tau}_2-I_{5.2-7}|L_1(5.2-7)\\&+|\hat{\tau}_2-I_{5.8-7}|L_1(5.8-7)+|\hat{\tau}_2-I_{6.4-7}|L_1(6.4-7)\end{aligned}\right\}=0.898$$

$$S_3=\frac{1}{5}\left\{\begin{aligned}&|\hat{\tau}_3-I_{2.8-8}|L_1(2.8-8)+|\hat{\tau}_3-I_{3.4-8}|L_1(3.4-8)+|\hat{\tau}_3-I_{5.2-8}|L_1(5.2-8)\\&+|\hat{\tau}_3-I_{5.8-8}|L_1(5.8-8)+|\hat{\tau}_3-I_{6.4-8}|L_1(6.4-8)\end{aligned}\right\}=0.834$$

$$S_4=\frac{1}{5}\left\{\begin{aligned}&|\hat{\tau}_4-I_{2.8-9}|L_1(2.8-9)+|\hat{\tau}_4-I_{3.4-9}|L_1(3.4-9)+|\hat{\tau}_4-I_{5.2-9}|L_1(5.2-9)\\&+|\hat{\tau}_4-I_{5.8-9}|L_1(5.8-9)+|\hat{\tau}_4-I_{6.4-9}|L_1(6.4-9)\end{aligned}\right\}=0.378$$

$$\therefore \text{quantile Huber loss}=\frac{1}{5}\left(S_0+S_1+S_2+S_3+S_4\right)=0.522$$

그림11

7 파라미터 업데이트 함수

아래 순서로 코딩하여 신경망의 파라미터를 업데이트한다.

① **그림6**에서 설명한 memory로부터 batch_size만큼의 경험을 추출한다.

② **그림10**에서 설명한 예측 분위수와 타겟값을 사용하여 손실을 만든다.

③ 손실의 gradient를 구하여 파라미터를 업데이트한다.

8 Main

지금까지 위에서 설명한 '신경망 클래스 코딩에 사용하는 이미지(**그림4**)', '정책 코딩에 사용하는 이미지(**그림5**)', '메모리 코딩에 사용하는 이미지(**그림6**)'와 '손실 코딩에 사용하는 이미지(**그림10**)'를 이용하여 아래 순서로 QRDQN을 코딩한다.

① 환경의 상태를 초기화한다.

② 환경의 현재 상태를 정책에 입력하여 행동을 선택한다(**그림4, 5**).

③ 행동을 환경에 입력하여, 환경으로부터 다음 상태, 보상, CartPole 이동 종료 여부(done)를 반환받는다

④ 경험 (현재 상태, 행동, 보상, 다음 상태, done)을 메모리에 저장한다(**그림6**).

⑤ 다음 상태를 현재 상태로 저장한다.

⑥ memory에 저장된 경험 개수가 batch_size보다 작으면 위 과정을 반복한다. 그렇지 않으면 위의 '7. 파라미터 업데이트 함수'를 호출하여 main_net의 파라미터를 업데이트한다(**그림10**).

⑦ target_net의 파라미터를 main_net의 파라미터로 soft update한다.

9 코드 설명

그림10과 **11**에서 계산한 quantile Huber loss를 코드로 구현하면 아래 **그림12**와 같고, **그림10**과 **11**을 어떻게 구현했는지 알아보자.

9-1. 연산 (타겟값)-(예측 분위수)는 브로드캐스팅(broadcasting)로 처리

위 **그림10**에서 사용한 연산은 아래와 같다.

```
torch.tensor([2.8, 3.4, 5.2, 5.8, 6.4]) - torch.tensor([3, 3, 3, 3, 3])
torch.tensor([2.8, 3.4, 5.2, 5.8, 6.4]) - torch.tensor([4, 4, 4, 4, 4])
torch.tensor([2.8, 3.4, 5.2, 5.8, 6.4]) - torch.tensor([7, 7, 7, 7, 7])
torch.tensor([2.8, 3.4, 5.2, 5.8, 6.4]) - torch.tensor([8, 8, 8, 8, 8])
torch.tensor([2.8, 3.4, 5.2, 5.8, 6.4]) - torch.tensor([9, 9, 9, 9, 9])
```

같은 숫자를 한 번만 사용하여 아래와 같이 나타내도 같은 결과를 얻는다. 이를 '브로드캐스팅'이라고 한다.

```
torch.tensor([2.8, 3.4, 5.2, 5.8, 6.4]) - torch.tensor([3])
torch.tensor([2.8, 3.4, 5.2, 5.8, 6.4]) - torch.tensor([4])
torch.tensor([2.8, 3.4, 5.2, 5.8, 6.4]) - torch.tensor([7])
torch.tensor([2.8, 3.4, 5.2, 5.8, 6.4]) - torch.tensor([8])
torch.tensor([2.8, 3.4, 5.2, 5.8, 6.4]) - torch.tensor([9])
```

2차원 형태 (1,5)와 (5,1)의 차(difference)에 브로드캐스팅을 적용하면 다음과 같다.

```
torch.tensor([[2.8, 3.4, 5.2, 5.8, 6.4]]) - torch.tensor([[3],
                                                          [4],
                                                          [7],
                                                          [8],
                                                          [9]])
```

전체 코드에서 사용한 차원과 일치하도록 batch_size=1인 배치를 반영하면 다음과 같이 3차원 형태 (1,1,5)와 (1,5,1)의 차(difference)가 되고 형태는 (1,5,5)가 된다.

```
torch.tensor([[[2.8, 3.4, 5.2, 5.8, 6.4]]]) -torch.tensor([[[3],
                                                           [4],
```

[7],

[8],

[9]]])

이 차(difference)는 quantile Huber loss $\frac{1}{5}\sum_{\ell=0}^{4}\frac{1}{5}\sum_{i=1}^{5}\left|\hat{\tau}_\ell - I_{y_i - y_{\hat{\tau}_\ell}}\right| L_\kappa\left(y_i - y_{\hat{\tau}_\ell}\right)/\kappa$ 에서 타겟값(**그림12** line 7, Q_targets)과 예측 분위수(**그림12** line 8~12, Q_expected)의 차 $y_i - y_{\hat{\tau}_\ell}\ (1 \le i \le 5,\ 0 \le \ell \le 4)$ 에 해당한다.

9-2. 평균 분위수 비율의 shape

평균 분위수 비율 $\hat{\tau}_\ell$ (**그림12** line 4에 있는 mid_tau의 원소)은 **그림10**과 같이 예측 분위수 $y_{\hat{\tau}_\ell}$ (**그림12** line 8~12에 있는 Q_expected의 원소)에 대응된다. 그리고 mid_tau의 shape이 [num_quatiles]이고 Q_expected의 shape이 [batch_size, num_quantiles, 1]이므로 mid_tau의 shape을 [1, num_quantiles, 1]이 변환해야 한다.

Line 21, mid_tau.view(1,-1,1)

9-3. 각 예측 분위수에 대한 오차의 평균

위 **그림11**에서 (S_0, S_1, S_2, S_3, S_4)에 해당하는 코드는 아래 **그림12** line 30에 있다.

penalty_huber_kappa.mean(dim=-1)

여기서 penalty_huber_kappa의 shape은 (1,5,5)이고 penalty_huber_kappa[0,0,:]는 오차 (5개 타겟값)-(0번째 예측 분위수 3)를 입력으로 사용한 계산이고, penalty_huber_kappa[0,1,:]은 오차 (5개 타겟값)-(1번째 예측 분위수 4)를 입력으로 사용한 계산이다. 그 이유는 **그림12**의 line 11에서 Q_targets와 Q_expected의 shape이 각각 (1,1,5)와 (1,5,1)이기 때문이다. 따라서 마지막 차원을 따라 penalty_huber_ kappa을 합한 후, 평균을 내는 penalty_huber_kappa.mean(dim =-1)은 다음 식과 같다.

$$\frac{1}{5}\sum_{i=1}^{5}\left|\hat{\tau}_\ell - I_{y_i - y_{\hat{\tau}_\ell}}\right| L_\kappa\left(y_i - y_{\hat{\tau}_\ell}\right)/\kappa \ (0 \le \ell \le 4)$$

```
1 import torch
2 kappa=1
3 num_quantiles = 5
4 mid_tau = torch.tensor([(i / num_quantiles + (i + 1) / num_quantiles) / 2
5                         for i in range(num_quantiles)])
6
7 Q_targets=torch.tensor([[[2.8, 3.4, 5.2, 5.8, 6.4]]])
8 Q_expected=torch.tensor([[[3.],
9                            [4.],
10                           [7.],
11                           [8.],
12                           [9.]]])
13
14 # Compute loss
15 td_errors = Q_targets - Q_expected
16 print(f'error={td_errors}')
17
18 indicator=(td_errors.detach() < 0).float()
19 print(f'indicator={indicator}')
20
21 penalty=abs(mid_tau.view(1,-1,1) -(td_errors.detach() < 0).float())
22 print(f'penalty={penalty}')
23
24 huber_loss = torch.where(td_errors.abs() <= kappa, 0.5 * td_errors.pow(2),
25                 kappa * (td_errors.abs() - 0.5 * kappa))
26 print(f'HuberLoss={huber_loss}')
27
28 penalty_huber_kappa = penalty * huber_loss / kappa
29 print(f'penalty_huber_kappa ={penalty_huber_kappa}')
30 print(f'penalty_huber_kappa_sum/5={penalty_huber_kappa.mean(dim=-1)}')
31 print(f'quantile Huber loss={penalty_huber_kappa.mean(dim=-1).mean()}')
```

그림12

그리고 **그림11**에서 quantile Huber loss에 해당하는 코드는 **그림12** line 31에 있다.

penalty_huber_kappa.mean(dim=−1).mean( )

이는 quantile Huber loss 로 다음 식과 같다.

$$\frac{1}{5}\sum_{\ell=0}^{4}\frac{1}{5}\sum_{i=1}^{5}\left|\hat{\tau}_{\ell}-I_{y_i-y_{\hat{\tau}_{\ell}}}\right|L_{\kappa}\left(y_i-y_{\hat{\tau}_{\ell}}\right)/\kappa$$

10 전체 코드

그림13은 전체 코드를 실행했을 때의 학습 과정을 나타낸다.

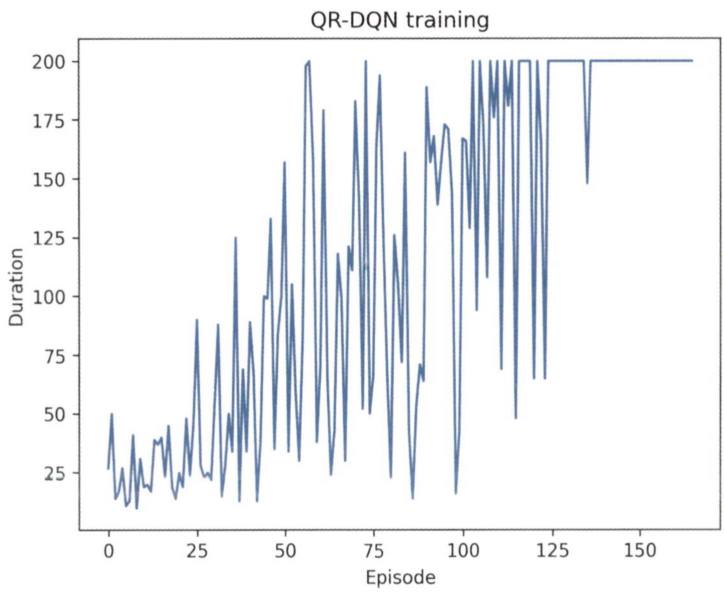

그림13

전체 코드를 아래와 같은 흐름으로 구현한다.

#1. 신경망 정의(**그림14** line 17~32)

그림4를 이용하여 신경망을 코드로 구현한다.

#2. 행동을 선택하는 정책(policy) 정의(line 38~48)

그림5를 이용하여 ε-탐욕적 정책(ε-greedy policy)을 코드로 구현한다. 입력은 상태(s)이고 return은 선택한 행동(a)이다.

#3. 메모리 정의(line 50, 51)

그림6을 이용하여 memory를 코드로 구현한다.

#4. 파라미터 update 함수 정의(line 53~95)

메모리에서 batch_size만큼의 경험을 무작위로 추출하여(line 58) 학습데이터를 만든다(line 59~68). Loss 계산을 위해 타겟값을 구할 때, target_net의 출력을 계산하는 연산을 포함한다. 이 과정에서 파라미터 업데이트에 사용할 gradient를 계산하기 위해 자동으로 computation graph가 생성된다. 그러나 타겟값에 포함된 신경망의 파라미터는 업데이트 대상이 아니므로 computation graph가 필요하지 않다. 불필요한 computation graph가 생성되어 컴퓨터 메모리 자원을 낭비하는 문제를 해결하기 위해 'with torch.no_ grad( )'를 사용한다. 'with torch.no_ grad( )' 블록 내부에서 타겟을 계산하면 computation graph가 생성되지 않는다(line 74~82). Line 82에 있는 변수 Q_targets가 타겟값이고, line 72, 73에 있는 변수 Q_expected이 예측 분위수이다. **그림10**을 이용하여 loss를 정의하고 신경망 QRDQN의 파라미터를 업데이트한다(line 84~95). Line 71에 있는 actions의 dtype이 torch.int64이고 torch.int64은 torch.long과 같다. 따라서 actions.long( ) 대신 actions를 사용해도 결과는 같다.

#5. main(line 104~153)

```
for 에피소드_인덱스 in range(num_episodes):
  환경이 현재 상태 제공
  for 이동_인덱스 in range(200):#200은 이동 가능한 최대 횟수
    epsilon-greedy 정책으로 행동 선택
    행동을 입력받은 환경이 다음 상태, 보상, 종료여부를 제공
    메모리에 경험 저장
    환경의 다음 상태를 현재 상태로 저장
    메모리의 경험이 배치 사이즈 이상이면 update 함수 실행
    qrdqn으로 target_net을 업데이트
    이동이 종료되면 이동 횟수를 append
  이동 횟수 200번이 연속해서 30회이면 학습을 종료
```

전체 코드를 구현하면 다음과 같다.

```
import random, gym, numpy as np, time, statistics, matplotlib.pyplot as plt
import torch, torch.nn as nn, torch.optim as optim, warnings
from torch.utils.data import DataLoader ; from collections import deque
from itertools import groupby ; warnings.filterwarnings('ignore')
env = gym.make("CartPole-v0")
batch_size = 128 ; gamma = 0.99
eps_start, eps_end, eps_decay = 1., 0.02, 0.99
eps=eps_start
target_rate= 1e-2# target_net의 parameters 업데이트 상수
LR = 1e-4 # learning rate
kappa=1.0 # huber loss 상수
num_tau = 128
mid_taus = torch.FloatTensor([(i / num_tau + (i + 1) / num_tau) / 2
                              for i in range(num_tau)])
device=torch.device('cuda' if torch.cuda.is_available() else 'cpu')

##### 1. 신경망(DQN) : 그림4
class QR_DQN(nn.Module):
  def __init__(self):
    super().__init__()
    self.network =nn.Sequential(
        nn.Linear(4, 128),
        nn.SELU(),
        nn.Linear(128, 128),
        nn.SELU(),
        nn.Linear(128, env.action_space.n * num_tau)  )

  def forward(self, input):
    """ input shape is (1, 4) or (batch_size, 4) """
    batch_size = input.shape[0]
    out = self.network(input)
    return out.view(batch_size, num_tau, env.action_space.n)

qrdqn = QR_DQN().to(device)
target_net = QR_DQN().to(device)
target_net.load_state_dict(qrdqn.state_dict())

##### 2. 행동을 선택하는 정책(policy) : 그림5
def policy(state, eps):
  if np.random.rand() < eps: # 탐험(exploration, epsilon)
    action = env.action_space.sample()
  else: # 탐색(exploitation, greedy)
    state = torch.FloatTensor(state).unsqueeze(0).to(device)
    with torch.no_grad():
      quantiles = qrdqn(state)
      q_values = quantiles.mean(dim=1)
      action = torch.argmax(q_values, dim=1).item()
  return action
```

```
##### 3. 메모리(memory) : 그림6
memory = deque([ ], maxlen=10000)

##### 4. 파라미터 업데이트 함수 : 그림10
optimizer = optim.Adam(qrdqn.parameters(), lr=LR)

def update():
  # numpy 경험 추출
  experience = random.sample(memory, batch_size)
  # tensor 학습 데이터
  dataloader = DataLoader(experience, batch_size=batch_size)
  # batch_size = experience_size 이므로 experience 1개를 batch로 처리.
  # 즉, 아래 for loop은 1회 실행
  for states, actions, rewards, next_states, dones in dataloader:
    states = states.to(device)
    actions = actions.to(device)
    rewards = rewards.to(device)
    next_states = next_states.to(device)
    dones = dones.to(device)

    # 예측값
    actions_expanded=actions.long().unsqueeze(-1).unsqueeze(-1)
    Q_expected = qrdqn(states).gather(2,
                    actions_expanded.expand(batch_size, num_tau, 1))
    # 타겟값
    with torch.no_grad():
      Q_targets_next = target_net(next_states)
      action_indx = torch.argmax(Q_targets_next.mean(dim=1), dim=1, keepdim=True)
      Q_targets_next = Q_targets_next.gather(2,
          action_indx.unsqueeze(-1).expand(batch_size, num_tau, 1)).transpose(1,2)
      rewards_expanded = rewards.unsqueeze(-1).unsqueeze(-1)
      dones_expanded = dones.float().unsqueeze(-1).unsqueeze(-1)
      Q_targets = rewards_expanded + (gamma * Q_targets_next * (1 - dones_expanded)

    # 손실
    td_errors = Q_targets - Q_expected
    huber_loss = torch.where(td_errors.abs() <= kappa, 0.5 * td_errors.pow(2),
                  kappa * (td_errors.abs() - 0.5 * kappa))
    penalty=abs(mid_taus.view(1,-1,1).to(device) -(td_errors.detach() < 0).float())
    quantile_loss = penalty * huber_loss / kappa
    loss = quantile_loss.mean(dim=1).mean(dim=1).mean()

    # 업데이트
    optimizer.zero_grad()
    loss.backward()
    optimizer.step()
```

```

##### 30번 연속해서 만점을 받으면 학습 종료할 때 사용할 함수
# 리스트 lst의 처음 요소부터 시작하여 순차적으로 연속된 정수를 그룹화하고
# 그룹의 길이를 계산
def consecutive_length(lst):
    return [len(list(group)) for _, group in groupby(enumerate(lst),
                                            lambda i_x:i_x[0]-i_x[1])]

##### 5. main
episode_durations = []# 각 episode에서 CartPole을 움직인 횟수를 담는 변수
movement200=[] # 움직인 횟수가 최대횟수 200인 episode_idx를 담는 변수
num_episodes = 5000 # 최대 episode
t0 = time.time()

for episode_idx in range(num_episodes):
    # env 상태 초기화
    seed_idx = random.randint(0, int(1e6))

    state = env.reset(seed=seed_idx)

    for movement_idx in range(200):
        # epsilon-greedy 방식으로 행동 선택
        action = policy(state, eps)

        # 행동을 입력받은 환경이 다음 다음상태, 보상, 종료여부를 제공
        next_state, reward, done, _ = env.step(action)

        # 메모리에 경험저장
        memory.append((state, action, reward, next_state, done))

        # 환경의 다음상태를 현재상태로 저장
        state = next_state

        # 메모리가 배치 사이즈 이상이면 update 함수 실행
        if len(memory) > batch_size:
            update()

        # main_net으로 target_net 업데이트
        with torch.no_grad():
            for target_param, local_param in zip(target_net.parameters(), qrdqn.parameters()):
                target_param.data.copy_(target_rate*local_param.data
                                + (1.0-target_rate)*target_param.data)

        # done=True이면 CartPole 이동 횟수(movement_end)를 append
        if done:
            movement_end=movement_idx+1
            episode_durations.append(movement_end)
            break
```

```
    # 탐험 가능성 축소
    eps = max(eps_end, eps_decay*eps)

    # 200회 이동 횟수가 연속해서 30번이면 학습 종료
    if movement_end==200:
        movement200.append(episode_idx)
        print(episode_idx,',',max(consecutive_length(movement200)))
        if max(consecutive_length(movement200))>=30:
            break # for i in range(1, n_episodes):

t1 = time.time()

print("Training time: {}min".format(round((t1-t0)/60,2)))
#torch.save(qrdqn.state_dict(), "QR_DQN"+".pth")
plt.title('QR-DQN training')
plt.ylabel('Duration')
plt.xlabel('Episode')
plt.plot(episode_durations)
plt.savefig('QR-DQN_training.png', dpi=300, bbox_inches='tight')

##### 6. 검증
from tqdm import tqdm
qrdqn.eval()
with torch.no_grad():
    scores=[]
    for num_episodes in tqdm(range(5000)):
        state = env.reset()
        done=False
        t=0
        while not done:
            t +=1
            state = np.array(state)
            state = torch.from_numpy(state).float().unsqueeze(0).to(device)
            with torch.no_grad():
                q_values = qrdqn(state).mean(dim=1)
            action = torch.argmax(q_values, dim=1).item()
            next_state, _, done, _ = env.step(action)
            state = next_state
            if done:
                scores.append(t)
                if t!=200:
                    print(t)

##### 5000번 episode 검증에서 5000개 cartPole 이동 횟수의 평균과 표준편차
print(statistics.mean(scores))
print("Standard Deviation:", statistics.stdev(scores))
```

그림14

11 연습문제

문제1 신경망

그림14(전체 코드)에 있는 line 17~32에 대하여 다음 물음에 답하시오.

1-1. Line 17~32의 신경망이 가진 출력층의 출력 노드 개수를 적으시오.

1-2. Line 28~32에 있는 함수 forward를 호출하는 line 번호를 **그림14**(전체 코드)에서 모두 찾아 적으시오.

1-3. input(line 28) shape을 [1,4]로 함수 forward를 호출하는 line 번호를 적으시오.

문제2 정책

그림14(전체 코드)에 있는 line 38~48에 대하여 다음 물음에 답하시오.

2-1. 함수 policy를 호출하는 line 번호를 **그림14**(전체 코드)에서 모두 찾아 적으시오.

2-2. 함수 policy에 state와 eps를 대입한다. policy가 처음 호출되었을 때, state를 결정한 line 번호는 X이고, eps를 결정한 line 번호는 Y이다. X, Y에 알맞은 내용을 적으시오.

2-3. Line 43을 다음과 같이 나타낼 수 있다. A, B, C에 알맞은 내용을 적으시오.

state = torch.tensor(A, dtype=B, device=C)

2-4. Line 46에 있는 q_values의 형태를 적으시오.

2-5. Line 46에 있는 quantiles.mean(dim=1)에 대응하는 수식이 **그림5**에 있다. 수식을 적으시오.

2-6. Line 47에 있는 torch.argmax(q_values, dim=1)의 형태를 적으시오.

2-7. Line 47에 있는 .item( )을 언제 사용하는지 설명하시오.

문제3 학습데이터, memory

그림14(전체 코드)의 line 50, 51에 있는 양방향 큐인 deque 대한 물음에 답하시오.

3-1. 다음 maxlen=2인 deque 코드이다.

```
memory = deque([], maxlen=2)
memory.append('A') ; print(memory)
memory.append('B') ; print(memory)
memory.append('C') ; print(memory)
```

위 코드를 실행할 때, 다음 내용이 출력된다. X, Y, Z에 알맞은 내용을 적으시오.

```
deque([X], maxlen=2)
deque([Y], maxlen=2)
deque([Z], maxlen=2)
```

3-2. memory의 속성(attribute)을 사용하는 line 번호를 적으시오.

문제4 파라미터 업데이트

그림14(전체 코드)에 대하여 다음 물음에 답하시오.

4-1. 업데이트할 파라미터가 있는 line 번호를 모두 적으시오.

4-2. Line 58에 있는 experience는 memory에서 비복원으로 추출한 경험이고 개수는 batch_size이다. 경험의 자료형을 알 수 있는 line 번호를 모두 적으시오.

4-3. batch_size=2라고 할 때, line 58에 있는 experience가 다음과 같다고 하자.

```
experience = [
(array([0.1, 0.2, 0.3, 0.4], dtype=float32), 0, 1.99, array([0.2, 0.3,
0.4, 0.5], dtype=float32), False),
(array([0.3, 0.4, 0.5, 0.6], dtype=float32), 1, 1.99, array([0.4, 0.5,
0.6, 0.7], dtype=float32), False) ]
```

변수 experience는 리스트이고 원소는 두 개다. 각 원소는 경험을 나타내고, 현재 상태와 다음 상태는 numpy의 array(dtype=float32)이다. 이런 experience를 PyTorch로 만든 신경망 qrdqn과 target_net에 사용하기 위해서 **그림14**(전체 코드)에서 다음과 같이 experience를 tensor로 변환한다.

states=tensor([[0.1, 0.2, 0.3, 0.4], [0.3, 0.4, 0.5, 0.6]], dtype=torch.float32)
actions=tensor([0, 1], dtype=torch.int64)
rewards=tensor([1.99, 1.99], dtype=torch.float64)
next_states=tensor([[0.2, 0.3, 0.4, 0.5], [0.4, 0.5, 0.6, 0.7]], dtype=torch.float32)
dones=tensor([False, False], dtype=torch.bool)

위와 같이 experience를 tensor로 변환하는 line 번호를 모두 적으시오.

4-4. Line 70~82에서 예측값(예측 분위수)은 with torch.no_grad( ) 외부에 있고 타겟값은 내부에 있다. 그 이유를 적으시오.

4-5. batch_size=2, num_tau=3이고 다음과 같다고 가정하자. 다음 물음에 답하시오.

actions=tensor([1, 0])
qrdqn(states)=tensor([[[0.1, 0.2], [0.3, 0.4], [0.5, 0.6]],
[[0.6, 0.5], [0.4, 0.3], [0.2, 0.1]]])

4-5-1. actions의 shape이 torch.Size([2])이므로 line 71에 있는 actions_expanded의 shape은 torch.Size(A)가 된다. 따라서 actions_expanded은 torch.tensor(B)가 된다. A, B에 알맞은 내용을 적으시오.

4-5-2. Line 73의 actions_expanded.expand(batch_size, num_tau, 1)은 torch. tensor(A)가 된다. A에 알맞은 내용을 적으시오.

4-5-3. Line 72의 Q_expected는 torch.tensor(A)가 된다. A에 알맞은 내용을 적으시오.

4-6. Line 77에서 Q_targets_next의 shape은 A이고 Q_targets_next.mean(dim=1)의 shape은 B이고 action_indx의 shape은 C이다. A, B, C에 알맞은 내용을 적으시오. 단 batch_size, num_tau, num_actions를 사용하여 답을 적으시오.

4-7. 파라미터 업데이트에 사용한 gradient를 zero로 만드는 line 번호를 적으시오.

4-8. 파라미터 업데이트에 사용할 gradient를 구하는 line 번호를 적으시오.

4-9. 경사하강법을 이용하여 파라미터를 업데이트한 line 번호를 적으시오.

문제5 Main

그림14(전체 코드) line 104~153는 환경과 에이전트(정책)가 상호작용하면서 에이전트 신경망의 파라미터를 업데이트하는 코드이다. 이 코드에 대하여 다음 물음에 답하시오.

5-1. CartPole을 처음으로 이동할 때부터 done이 True인 이동까지를 한 개의 A라고 한다. A를 최대 B번 시행한다. A, B에 알맞은 내용을 적으시오.

5-2. 환경의 처음 상태를 결정하는 line 번호를 모두 적으시오.

5-3. CartPole을 처음으로 이동해서 done이 True일 때까지 이동시키는 line 번호를 모두 적으시오.

5-4. 정책으로 처음 행동을 선택할 때 사용하는 eps 값을 적으시오.

5-5. 환경에 행동이 입력되면, 환경이 출력는 변수는 n개이다. n을 적으시오.

5-6. Line 124를 실행하면, 1-step 경험이 memory에 자료형 A로 append된다. 리스트(List), 튜플(Tuple), 셋(Set), 딕셔너리(Dict) 중, A에 알맞은 내용을 적으시오.

5-7. CartPole을 이동할 때마다 target_net 파라미터를 업데이트한다. 맞으면 Yes, 틀리면 No를 적으시오.

12 부록

[부록–문제1] 유한개 숫자를 가지는 집합 S에 대하여 y1을 τ1th 분위수라고 할 때, 다음이 성립함을 보이시오.

$$y_1 \in \arg\min_y \sum_i \left|\tau_1 - I_{y_i - y}\right|\left|y_i - y\right|,\ \ I_{y_i - y} = \begin{cases} 1 & (y_i - y \le 0) \\ 0 & (y_i - y > 0) \end{cases}$$

[증명] τ_1^{th} 분위수 y_1에 대하여 $P(Y \le y_1) = \tau_1$이므로 다음 등식이 성립한다.

$$\begin{aligned}
&\tau_1^{th}\text{분위수} = y_1 \\
&\Leftrightarrow \#\{y_i \in S | y_i \le y_1\} : \#\{y_i \in S | y_i > y_1\} = \tau_1 : 1 - \tau_1 \\
&\Leftrightarrow (1-\tau_1) * \#\{y_i \in S | y_i \le y_1\} = \tau_1 * \#\{y_i \in S | y_i > y_1\} \\
&\Leftrightarrow 0 = (1-\tau_1) * \#\{y_i \in S | y_i \le y_1\} - \tau_1 * \#\{y_i \in S | y_i > y_1\} \\
&\Leftrightarrow 0 = \sum_{y_i \le y_1} (1-\tau_1) - \sum_{y_i > y_1} \tau_1
\end{aligned}$$

위의 등식을 $y = y_1$ 에서의 미분으로 나타낼 수 있다.

$$\begin{aligned}
0 &= \sum_{y_i \le y} (1-\tau_1) - \sum_{y_i > y} \tau_1 \\
&= \frac{d}{dy}\left\{\sum_{y_i \le y} (1-\tau_1)(-1)(y_i - y) + \sum_{y_i > y} \tau_1 (y_i - y)\right\} \\
&= \frac{d}{dy}\left\{\sum_{y_i \le y} (1-\tau_1)|y_i - y| + \sum_{y_i > y} \tau_1 |y_i - y|\right\} \\
&= \frac{d}{dy}\sum_i \left|\tau_1 - I_{y_i - y}\right|\left|y_i - y\right| \left\langle \because I_{y_i - y} = \begin{cases} 1 & (y_i - y \le 0) \\ 0 & (y_i - y > 0) \end{cases} \right. \\
&\equiv \frac{d}{dy}\sum_i \rho_{\tau_i}(y_i - y)
\end{aligned}$$

함수 $\rho_{\tau_1}(y_i - y) = |\tau_1 - I_{y_i - y}||y_i - y|$이 아래로 볼록이므로 합 $\sum_i \rho_{\tau_1}(y_i - y)$도 아래 볼록이다. 따라서 τ_1^{th} 분위수 y_1는 다음을 만족한다.

$$y_1 \in \arg\min_y \sum_i \rho_{\tau_1}(y_i - y)$$

[부록–문제2] 다음을 만족하는 유한집합 S가 있다고 가정하자.

$$\left\{ y \in S \middle| \tau^{th}\text{quantile} < y < (\tau + 1)^{th} \text{ quantile} \right\} = \varnothing$$

그러면 $\tau^{th}\text{quantile } y_\tau < u < (\tau + 1)^{th} \text{ quantile } y_{\tau+1}$ 인 $y = u$에 대하여 다음이 성립함을 보이시오.

$$0 = \frac{d}{dy} \sum_{y_i} \begin{cases} (1-\tau)(y - y_i) & (y_i \le y) \\ \tau(y_i - y) & (y_i > y) \end{cases} \text{ at } y = u$$

[증명]

$$\begin{aligned}
&\frac{d}{dy} \sum_{y_i} \begin{cases} (1-\tau)(y - y_i) & (y_i \le y) \\ \tau(y_i - y) & (y_i > y) \end{cases} = \sum_{y_i} \begin{cases} (1-\tau) & (y_i \le u) \\ -\tau & (y_i > u) \end{cases} \\
&= (1-\tau) * \#\left\{ y_i \in S \middle| y_i \le u \right\} - \tau * \#\left\{ y_i \in S \middle| y_i > u \right\} \\
&\left\langle \because \left\{ y \in S \middle| \tau^{th}\text{quantile } y_\tau < y < (\tau+1)^{th} \text{ quantile } y_{\tau+1} \right\} = \varnothing \right. \\
&= (1-\tau) * \#\left\{ y_i \in S \middle| y_i \le y_\tau \right\} - \tau * \#\left\{ y_i \in S \middle| y_i > y_\tau \right\} \\
&= 0 \\
&\left\langle \because \#\left\{ y_i \in S \middle| y_i \le y_\tau \right\} : \#\left\{ y_i \in S \middle| y_i > y_\tau \right\} = \tau : 1 - \tau \right.
\end{aligned}$$

함수 $f_\tau(y) = \sum_{y_i} \rho_\tau(y_i - y)$의 연속성, [부록–문제1], [부록–문제2]에 의하여 다음이 성립한다.

$$\arg\min_y \sum_i \rho_{\tau_1}(y_i - y) = [y_\tau, y_{\tau+1}]$$

이를 S={2, 5, 8, 10, 27}과 분위수 비율 i/5(i=1,...,5)에 대하여 다음과 같이 확인할 수 있다.

quantile level τ=1/5

y	u=1.9	u=2	u=3	u=5	u=5.1
2	1/5*(2-1.9)	(1/5-1)*(2-2)	(1/5-1)*(2-3)	(1/5-1)*(2-5)	(1/5-1)*(2-5.1)
5	1/5*(5-1.9)	1/5*(5-2)	1/5*(5-3)	(1/5-1)*(5-5)	(1/5-1)*(5-5.1)
8	1/5*(8-1.9)	1/5*(8-2)	1/5*(8-3)	1/5*(8-5)	1/5*(8-5.1)
10	1/5*(10-1.9)	1/5*(10-2)	1/5*(10-3)	1/5*(10-5)	1/5*(10-5.1)
27	1/5*(27-1.9)	1/5*(27-2)	1/5*(27-3)	1/5*(27-5)	1/5*(27-5.1)
합	8.5	8.4	8.4	8.4	8.5
$\text{argmin}_u E[\rho_\tau(Y-u)]$ =[2, 5]					

quantile level τ=2/5

y	u=4.9	u=5	u=7	u=8	u=8.1
2	(2/5-1)*(2-4.9)	(2/5-1)*(2-5)	(2/5-1)*(2-7)	(2/5-1)*(2-8)	(2/5-1)*(2-8.1)
5	2/5*(5-4.9)	(2/5-1)*(5-5)	(2/5-1)*(5-7)	(2/5-1)*(5-8)	(2/5-1)*(5-8.1)
8	2/5*(8-4.9)	2/5*(8-5)	2/5*(8-7)	(2/5-1)*(8-8)	(2/5-1)*(8-8.1)
10	2/5*(10-4.9)	2/5*(10-5)	2/5*(10-7)	2/5*(10-8)	2/5*(10-8.1)
27	2/5*(27-4.9)	2/5*(27-5)	2/5*(27-7)	2/5*(27-8)	2/5*(27-8.1)
합	13.9	13.8	13.8	13.8	13.9
$\text{argmin}_u E[\rho_\tau(Y-u)]$ =[5, 8]					

quantile level τ=3/5

y	u=7.9	u=8	u=9	u=10	u=10.1
2	(3/5-1)*(2-7.9)	(3/5-1)*(2-8)	(3/5-1)*(2-9)	(3/5-1)*(2-10)	(3/5-1)*(2-10.1)
5	(3/5-1)*(5-7.9)	(3/5-1)*(5-8)	(3/5-1)*(5-9)	(3/5-1)*(5-10)	(3/5-1)*(5-10.1)
8	3/5*(8-7.9)	(3/5-1)*(8-8)	(3/5-1)*(8-9)	(3/5-1)*(8-10)	(3/5-1)*(8-10.1)
10	3/5*(10-7.9)	3/5*(10-8)	3/5*(10-9)	(3/5-1)*(10-10)	(3/5-1)*(10-10.1)
27	3/5*(27-7.9)	3/5*(27-8)	3/5*(27-9)	3/5*(27-10)	3/5*(27-10.1)
합	16.3	16.2	16.2	16.2	16.3
$\text{argmin}_u E[\rho_\tau(Y-u)]$ =[8, 10]					

quantile level τ=4/5

y	u=9.9	u=10	u=20	u=27	u=27.1
2	(4/5-1)*(2-9.9)	(4/5-1)*(2-10)	(4/5-1)*(2-20)	(4/5-1)*(2-27)	(4/5-1)*(2-27.1)
5	(4/5-1)*(5-9.9)	(4/5-1)*(5-10)	(4/5-1)*(5-20)	(4/5-1)*(5-27)	(4/5-1)*(5-27.1)
8	(4/5-1)*(8-9.9)	(4/5-1)*(8-10)	(4/5-1)*(8-20)	(4/5-1)*(8-27)	(4/5-1)*(8-27.1)
10	4/5*(10-9.9)	(4/5-1)*(10-10)	(4/5-1)*(10-20)	(4/5-1)*(10-27)	(4/5-1)*(10-27.1)
27	4/5*(27-9.9)	4/5*(27-10)	4/5*(27-20)	(4/5-1)*(27-27)	(4/5-1)*(27-27.1)
합	16.7	16.6	16.6	16.6	16.7
$\text{argmin}_u E[\rho_\tau(Y-u)]$ =[10, 27]					

quantile level τ=5/5

y	u=26.9	u=27	u=27.1
2	(5/5-1)*(2-26.9)	(5/5-1)*(2-27)	(5/5-1)*(2-27.1)
5	(5/5-1)*(5-26.9)	(5/5-1)*(5-27)	(5/5-1)*(5-27.1)
8	(5/5-1)*(8-26.9)	(5/5-1)*(8-27)	(5/5-1)*(8-27.1)
10	(5/5-1)*(10-26.9)	(5/5-1)*(10-27)	(5/5-1)*(10-27.1)
27	5/5*(27-26.9)	(5/5-1)*(27-27)	(5/5-1)*(27-27.1)
합	0.1	0	0
$\text{argmin}_u E[\rho_\tau(Y-u)]$ =[27, inf)			

[부록-문제3] 다음 함수를 '분위수 회귀 손실함수(QR loss function)' 또는 'pinball loss' 함수라고 한다.

$$\rho_\tau(m) = \begin{cases} (\tau-1)m & (m<0) \\ \tau m & (m \ge 0) \end{cases}$$
$$= |\tau - I_m||m|, \quad I_m = \begin{cases} 1 & (m<0) \\ 0 & (m \ge 0) \end{cases}$$

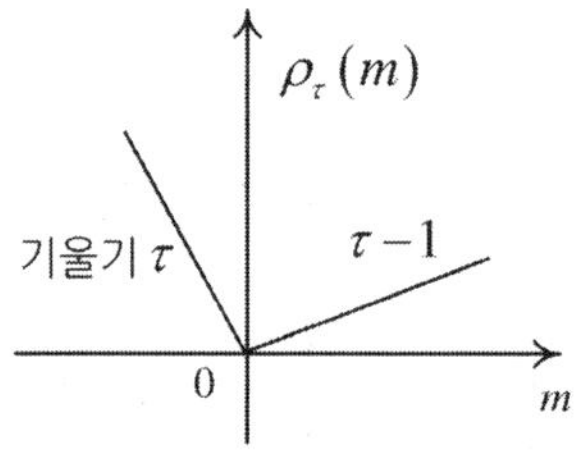

연속확률변수 Y 와 누적분포함수 $F(y) = P(Y \le y)$ (y는 실수)가 주어졌을 때, 분위수 비율 τ에 대하여 다음이 성립함을 증명하시오.

$$\frac{d}{du} E\left[\rho_\tau(Y-u)\right] = F_Y(u) - \tau$$

[증명] 평균 정의를 사용하면 다음이 성립한다.

$$
\begin{aligned}
& E\left[\rho_\tau(Y-u)\right] \\
& =\int_{-\infty}^{\infty} \rho_\tau(y-u)\, dF_Y(y) \\
& =\int_{-\infty}^{\infty} \left|\tau-I_{y-u}\right||y-u|\, dF_Y(y) \\
& =\int_{-\infty}^{u} \left|\tau-I_{y-u}\right||y-u|\, dF_Y(y)+\int_{u}^{\infty} \left|\tau-I_{y-u}\right||y-u|\, dF_Y(y) \\
& =\int_{-\infty}^{u} |\tau-1||y-u|\, dF_Y(y)+\int_{u}^{\infty} |\tau-0||y-u|\, dF_Y(y) \\
& =(1-\tau)\int_{-\infty}^{u} (u-y)\, dF_Y(y)+\tau\int_{u}^{\infty} (y-u)\, dF_Y(y)
\end{aligned}
$$

Leibniz integral rule은 다음과 같고 이를 사용하여 원하는 결과를 얻는다.

$$
\frac{d}{du}\int_{a(u)}^{b(u)} f(u,t)\, dt = f(u,b(u))\frac{d}{du}b(u)-f(u,a(u))\frac{d}{du}a(u)+\int_{a(u)}^{b(u)}\frac{\partial}{\partial u}f(u,t)\, dt
$$

$$
\begin{aligned}
& \frac{d}{du}E\left[\rho_\tau(Y-u)\right] \\
& =\frac{d}{du}\left\{(1-\tau)\int_{-\infty}^{u} (u-y)\, dF_Y(y)+\tau\int_{u}^{\infty} (y-u)\, dF_Y(y)\right\} \\
& =(1-\tau)\int_{-\infty}^{u} dF_Y(y)+\tau\int_{u}^{\infty} (-1)\, dF_Y(y) \\
& =\int_{-\infty}^{u} dF_Y(y)-\tau\int_{-\infty}^{u} dF_Y(y)-\tau\int_{u}^{\infty} dF_Y(y) \\
& =\int_{-\infty}^{u} dF_Y(y)-\tau\int_{-\infty}^{\infty} dF_Y(y) \\
& =F_Y(u)-\tau
\end{aligned}
$$

[부록-문제3]에 의하여 pinball loss의 평균의 기울기가 zero인 u가 분위수 비율 τ에 대한 분위수가 됨을 알 수 있다.

$$
0=\frac{d}{du}E\left[\rho_\tau(Y-u)\right]=F_Y(u)-\tau \Leftrightarrow u=F_Y^{-1}(\tau)
$$

[부록-문제4] pinball loss의 평균에 대하여 다음이 성립함을 보이시오.

$g(u) = E\left[\rho_\tau(Y-u)\right]$ 일 때,

$$g(tu_1 + (1-t)u_2) \le tg(u_1) + (1-t)g(u_2) \quad (0 \le t \le 1)$$

즉, pinball loss의 평균이 아래로 볼록임을 보이시오.

[증명]

$$\begin{aligned}
&g(u) = E\left[\rho_\tau(Y-u)\right] = \int_{-\infty}^{\infty} \rho_\tau(y-u)\,dF_Y(y) \\
&0 \le t \le 1 \\
&g(tu_1 + (1-t)u_2) \\
&= \int_{-\infty}^{\infty} \rho_\tau\big(y - (tu_1 + (1-t)u_2)\big)\,dF_Y(y) \\
&= \int_{-\infty}^{\infty} \rho_\tau\big(t(y-u_1) + (1-t)(y-u_2)\big)\,dF_Y(y) \\
&\le \int_{-\infty}^{\infty} \left\{t\rho_\tau(y-u_1) + (1-t)\rho_\tau(y-u_2)\right\}dF_Y(y) \\
&= tg(u_1) + (1-t)g(u_2)
\end{aligned}$$

[부록-문제3]과 [부록-문제4]에 의하여 pinball loss의 평균을 최소로 만드는 u가 분위수 비율 τ에 대한 분위수가 됨을 알 수 있다.

[부록-문제5] 연속확률변수 $Q(s,a)$를 X 라고 하고 누적분포함수를 $F(x)$ 라고 하자. 연속확률변수 X 의 분위수 함수(quantile function)를 $Q(s,a,\tau)$ 하고 할 때, 다음이 성립함을 증명하시오.

$$E[X] = \int_0^1 Q(s,a,\tau)\,d\tau$$

[증명] 연속확률변수 X 가 $Q(s,a)$ 이고 X 의 누적분포함수(CDF)가 $F(x)$ 이므로 다음이 성립한다.

$$X = Q(s,a),\ F(x) = P(X \le x)$$

X 의 분위수 함수(quantile function)를 $Q(s,a,\tau)$ 라고 하면 다음이 성립한다.

$$Q(s,a,\tau) = F^{-1}(\tau) \tag{1}$$

X 의 확률밀도함수(PDF)를 $f(x)$ 라고 하면 다음이 성립한다.

$$f(x) = \frac{d}{dx}F(x) \tag{2}$$

PDF인 $f(x)$ 로 X 의 평균을 나타내면 다음과 같다.

$$E[X] = \int_{-\infty}^{\infty} xf(x)dx \tag{3}$$

식(2)를 식(3)에 대입하면 다음이 성립한다.

$$E[X] = \int_{-\infty}^{\infty} xdF(x) \tag{4}$$

식(1)과 치환 $\tau = F(x)$ 와 CDF의 정의를 사용하여 식(4)의 x 범위와 피적분함수를 τ 로 나타내면 다음과 같다.

$$\begin{aligned} E[X] &= \int_{-\infty}^{\infty} xdF(x) \\ &= \int_0^1 xd\tau \\ &= \int_0^1 F^{-1}(\tau)d\tau \\ &= \int_0^1 Q(s,a,\tau)d\tau \end{aligned}$$

[부록-엑셀] 그림11에 대한 엑셀 계산

분위수 비율 (0+1/5)/2=1/10						
타겟 분위수	예측 분위수	error	indicator	penalty	HuberLoss	quantile Huber loss
y_t	y_p	y_t-y_p	I_{yt-yp}	$\|1/10-I_{yt-yp}\|$	$L_1(y_t-y_p)$	penalty*HuberLoss
2.8	3	-0.2	1	0.9	0.02	0.018
3.4	3	0.4	0	0.1	0.08	0.008
5.2	3	2.2	0	0.1	1.70	0.170
5.8	3	2.8	0	0.1	2.30	0.230
6.4	3	3.4	0	0.1	2.90	0.290
					평균	0.143

분위수 비율 (1/5+2/5)/2=3/10						
y_t	y_p	y_t-y_p	I_{yt-yp}	$\|3/10-I_{yt-yp}\|$	$L_1(y_t-y_p)$	penalty*HuberLoss
2.8	4	-1.2	1	0.7	0.70	0.490
3.4	4	-0.6	1	0.7	0.18	0.126
5.2	4	1.2	0	0.3	0.70	0.210
5.8	4	1.8	0	0.3	1.30	0.390
6.4	4	2.4	0	0.3	1.90	0.570
					평균	0.357

분위수 비율 (2/5+3/5)/2=5/10						
y_t	y_p	y_t-y_p	I_{yt-yp}	$\|5/10-I_{yt-yp}\|$	$L_1(y_t-y_p)$	penalty*HuberLoss
2.8	7	-4.2	1	0.5	3.70	1.850
3.4	7	-3.6	1	0.5	3.10	1.550
5.2	7	-1.8	1	0.5	1.30	0.650
5.8	7	-1.2	1	0.5	0.70	0.350
6.4	7	-0.6	1	0.5	0.18	0.090
					평균	0.898

분위수 비율 (3/5+4/5)/2=7/10						
y_t	y_p	y_t-y_p	I_{yt-yp}	$\|7/10-I_{yt-yp}\|$	$L_1(y_t-y_p)$	penalty*HuberLoss
2.8	8	-5.2	1	0.3	4.70	1.410
3.4	8	-4.6	1	0.3	4.10	1.230
5.2	8	-2.8	1	0.3	2.30	0.690
5.8	8	-2.2	1	0.3	1.70	0.510
6.4	8	-1.6	1	0.3	1.10	0.330
					평균	0.834

분위수 비율 (4/5+5/5)/2=9/10						
y_t	y_p	y_t-y_p	I_{yt-yp}	$\|9/10-I_{yt-yp}\|$	$L_1(y_t-y_p)$	penalty*HuberLoss
2.8	9	-6.2	1	0.1	5.70	0.570
3.4	9	-5.6	1	0.1	5.10	0.510
5.2	9	-3.8	1	0.1	3.30	0.330
5.8	9	-3.2	1	0.1	2.70	0.270
6.4	9	-2.6	1	0.1	2.10	0.210
					평균	0.378

quantile Huber loss	0.522

[부록-알고리즘] 다음 알고리즘(QRDQN 논문)에 대한 설명이다.

Algorithm 1. Quantile Regression Q-Learning

1: **Require:** N, κ
2: **Input:** $x, a, r, x', \gamma \in [0, 1)$

3: **# Compute distributional Bellman target**
4: $Q(x', a') := \sum_{j=1}^{N} \frac{1}{N} \theta_j(x', a')$
5: $a^* \leftarrow \arg\max_{a'} Q(x, a')$
6: $\mathcal{T}\theta_j \leftarrow r + \gamma\theta_j(x', a^*), \quad \forall j$

7: **# Compute quantile regression loss**
8: **output:** $\sum_{i=1}^{N} \mathbb{E}_j \left[\rho_{\tau_i}^{\kappa}(\mathcal{T}\theta_j - \theta_i(x, a))\right]$

Line 1: N은 quantile 개수이고 κ는 Huber loss를 정규화할 때 사용하는 상수이다. 전체 코드에서는 N=128, κ=1을 사용했다. 신경망 출력 노드 개수는 N*action_size=128*2 이다.

Line 2: x는 환경의 현재 상태, a는 현재 상태에서 취한 행동, r은 상태 s에서 행동 a를 할 때 즉시 받는 보상, x′은 행동 a로 환경이 변경된 다음 상태, γ는 할인율이다. (x, a, r, x′)은 입력으로 한 개의 경험이다.

Line 4: $\theta_j(x', a')$는 다음 상태 x′를 target_net에 입력 후, 다음 상태 a′에 해당하는 target_net의 j번째 출력 노드 값이다. **그림5**에서 설명한 평균으로 구한 Q 값이다.

Line 5: x가 x′으로 수정되어야 한다. 고정된 x′에 대하여 Q(x′,a′)을 최대로 하는 행동이다.

Line 6: Bellman 방정식으로 구한 타겟값이다.

Line 8 : qunatile Huber loss에 N을 곱한 값이다. 분위수 비율 τ_i는 평균 분위수 비율 $\hat{\tau}_i$로 수정되어야 한다. $\theta_i(x, a)$는 상태 x를 main_net에 입력 후, 상태 a에 해당하는 main_net의 i번째 출력 노드 값($\hat{\tau}_i$번째 분위수)이다.

[부록–분위수 회귀 코드] 그림3(b)에 대한 코드

```python
import numpy as np, pandas as pd, statsmodels.formula.api as smf
import matplotlib.pyplot as plt

x = np.array([1, 1.1, 2, 2.1, 2.2, 3, 3.1, 4, 5, 5.1])
y = np.array([12, 6, 12, 18, 16, 5, 14, 12, 15, 18])

data = pd.DataFrame({'x': x, 'y': y})

# Define the quantile regression model
quantiles = [0.2, 0.4, 0.6, 0.8]
models = []
coefficients = []

for q in quantiles:
    mod = smf.quantreg('y ~ x', data).fit(q=q)
    models.append(mod)
    coefficients.append(mod.params)

# Print coefficients for each quantile
for i, q in enumerate(quantiles):
    print(f'Quantile {q}:')
    print(coefficients[i])
    print()

# Define line styles for different quantiles
line_styles = ['-', '--', '-.', ':']

# Optionally, you can plot the quantile regression lines along with the data
plt.scatter(data['x'], data['y'], alpha=0.5, label='Data')
x_vals = np.linspace(data['x'].min(), data['x'].max(), 100)
for i, q in enumerate(quantiles):
    y_vals = coefficients[i]['Intercept'] + coefficients[i]['x'] * x_vals
    plt.plot(x_vals, y_vals, label=f'$\\tau$ = {q}',
             linestyle=line_styles[i], color='black')
plt.legend()
plt.xlabel('x')
plt.ylabel('y')
plt.title('Quantile Regression')

# Save the plot to a high-quality PNG file
plt.savefig('quantile_regression_high_quality.png', dpi=1000)

# Display the plot
plt.show()
```

[부록-pinball-Huber-loss 코드]

```
import numpy as np, matplotlib.pyplot as plt
# Define the pinball loss function
def pinball_loss(y_true, y_pred, tau):
 return np.where(y_true >= y_pred, tau * (y_true - y_pred), (1 - tau) * (y_pred - y_true))
# Define the Huber loss function
def huber_loss(y_true, y_pred, tau=0.2, k=1.0):
 def L_k(u, k):
  if np.abs(u) <= k:
   return 0.5 * u**2
  else:
   return k * (np.abs(u) - 0.5 * k)
 n = len(y_true)
 loss = 0.0
 for i in range(n):
  u = y_true[i] - y_pred[i]
  indicator = 1 if y_true[i] <= y_pred[i] else 0
  loss += np.abs(tau - indicator) * L_k(u, k)
 return loss

# Generate some sample data
y_true = np.linspace(-10, 10, 400)
y_pred = np.zeros_like(y_true)  # Assume the predictions are all zeros for simplicity

# Calculate losses
tau = 0.2  # Quantile for pinball loss
kappa = 1.0  # Delta for Huber loss

pinball_losses = pinball_loss(y_true, y_pred, tau)
huber_losses = np.array([huber_loss(np.array([yt]), np.array([yp]))
                    for yt, yp in zip(y_true, y_pred)])
# Create subplots
fig, (ax1, ax2) = plt.subplots(1, 2, figsize=(8, 3))
# Plot the pinball loss
ax1.plot(y_true, pinball_losses, color='blue')
ax1.set_xlabel('m'); ax1.set_ylabel(r'$\rho\,(m)$')
ax1.set_title(f'pinball loss ($\\tau$={tau})')
# Plot the Huber loss
ax2.plot(y_true, huber_losses, color='green')
ax2.set_xlabel('u'); ax2.set_ylabel(r'$L_{\kappa}(u)$')
ax2.set_title(f'huber loss ($\\tau$={tau}, $\\kappa$={kappa})')
# Adjust layout with more space between plots
plt.subplots_adjust(hspace=0.5, bottom=0.2)
plt.savefig('loss_comparison_subplots.png', dpi=500)
plt.show()
```

제 5 장

Implicit Quantile Network (IQN)

1. 구성 요소
2. 용어 설명
3. 신경망 구조
4. 정책(상태가 입력되면 행동 출력) 정의
5. 학습데이터(memory) 정의
6. 손실 정의
7. 파라미터 업데이트 함수 정의
8. Main
9. 코드 설명
10. 전체 코드
11. 부록

분포 강화학습(distributional RL) 알고리즘 중 하나인 QRDQN은 고정된 분위수 비율(하이퍼파라미터)을 사용하여 q 값(분위수)의 분포를 근사화하지만, 이는 분포의 복잡한 형태를 정확하게 나타내기 어렵다. 이 문제를 해결하기 위해 등장한 것이 IQN(Implicit Quantile Network)이다. QRDQN과 비교를 표로 정리하면 아래 **그림1**과 같다.

QRDQN				
확률변수 $q_{\text{main\_net}}(s,\hat{\tau})[a]$	3	4	7	main_net 출력(분위수)
분위수 비율 ($\hat{\tau}$)	1/6 ($\hat{\tau}_0$)	3/6 ($\hat{\tau}_1$)	5/6 ($\hat{\tau}_2$)	비율 τ 간격은 동일 hyperparameter
손실함수	quantile Huber loss			

$$\hat{\tau}_\ell = \frac{\tau_\ell + \tau_{\ell+1}}{2}\left(\ell = 0,1,2,\ \tau_0 = 0,\ \tau_i = \frac{i}{3}, i = 1,2,3\right)$$

IQN				
확률변수 $q_{\text{main\_net}}(s,\tau)[a]$	5	2	9	main_net 출력(분위수)
분위수 비율 (τ)	0.18 (τ_1)	0.67 (τ_2)	0.29 (τ_3)	개구간 (0,1)에서 무작위로 추출
손실함수	quantile Huber loss			

그림1

그림1을 보면, QRDQN에서 분위수 비율의 간격은 같고, 확률변수의 값은 분위수 비율(τ, quantile fraction, 비율은 0과 1사이 숫자)에 해당하는 예측 분위수이다. 예를 들면, 출력값 3은 평균 분위수 비율 $(\tau_0+\tau_1)/2$번째 예측 분위수가 된다. 그러나 IQN에서는 분위수 비율을 무작위로 추출하기 때문에 비율 간격이 같을 필요가 없다. QRDQN과 IQN에서 분위수 비율 개수는 하이퍼파라미터이고 분위수를 사용하므로 손실은 quantile Huber loss가 된다.

IQN은 신경망 A에 환경의 상태(state)를 입력한다. 그리고 균등분포(0,1)에서 무작위로 분위수 비율(τ)을 추출한 후, 코사인 임베딩(embedding) 과정을 거쳐 신경망 B에 입력한다. 두 신경망 A와 B의 출력을 결합하여 신경망 C에 입력한다. 이로써 모든 분위수 비율이 신경망 C의 출력 노드 값(분위수)에 암묵적(implicit)으로 영향을 준다. 이제, 임베딩을 생성하고 두 출력을 결합하는 과정을 알아보자.

1 구성 요소

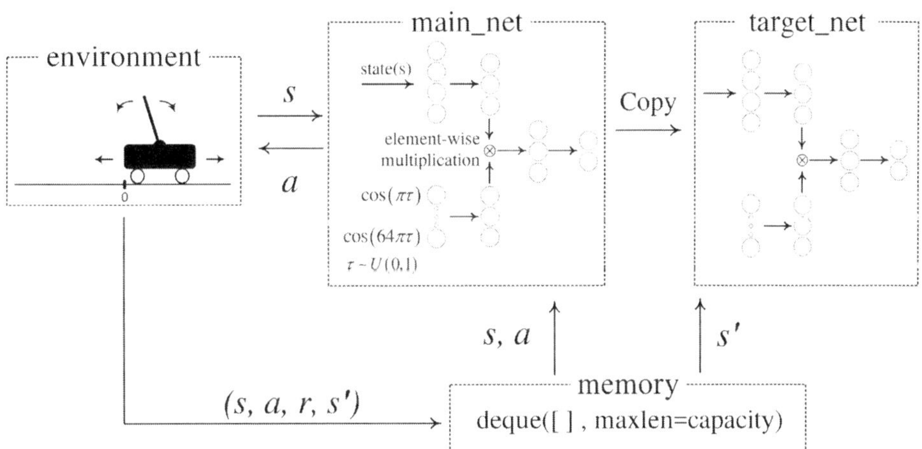

그림2

두 신경망 main_net과 target_net을 제외하고 나머지 구성요소는 QRDQN과 같다. 신경망 main_net의 출력 노드가 2개이지만, shape이 [batch_size, num_quantiles, action_size]이므로 출력 노드에서 행동을 한 개 선택하면 shape은 [batch_size, num_quantiles]가 된다. 그러므로 상태 s-행동 a의 출력 노드 가치는 각 분위수 비율 τ에 대응하는 예측 분위수 q(s,a,τ)가 된다. **그림2**를 보면 모든 분위수 비율이 q(s,a,τ)에 영향을 준다. 먼저 '암묵적(implicit) 분위수'와 '코사인 임베딩' 용어부터 알아보자

2 용어 설명

2-1. 명시적(explicit) 분위수와 암묵적(implicit) 분위수

QRDQN에서는 분위수 비율 τ를 고정한 후, 평균 분위수 $\hat{\tau}$에 대응하는 상태-행동 가치 $q(s,\hat{\tau})[a]$를 구하게 된다. 예를 들면, **그림 3**과 같이, 평균 분위수 비율이 $\hat{\tau}_0, \hat{\tau}_1, \hat{\tau}_2$ 이면, 상태s-행동a에 대한 QRDQN의 출력 노드는 세 개가 되고, i번째 노드의 상태-행동 가치는 $\hat{\tau}_i$ 번째 분위수가 된다. 이때, '$\hat{\tau}$는 QRDQN의 입력이 아니므로', 분위수 비율과 분위수를 분리하게 된다. 이를 '명시적(explicit)'라고 말할 수 있다(수학에서 정의하는 양함수(explicit function)와 유사).

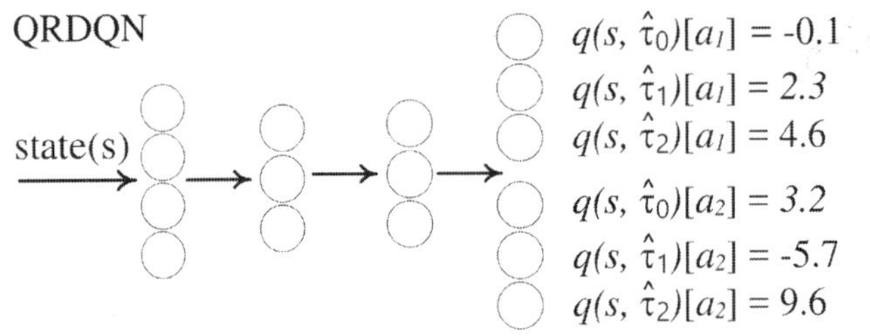

그림3

반면에, 아래 **그림4**와 같이, 'IQN에서는 τ를 입력으로 사용하여' 분위수를 구한다.

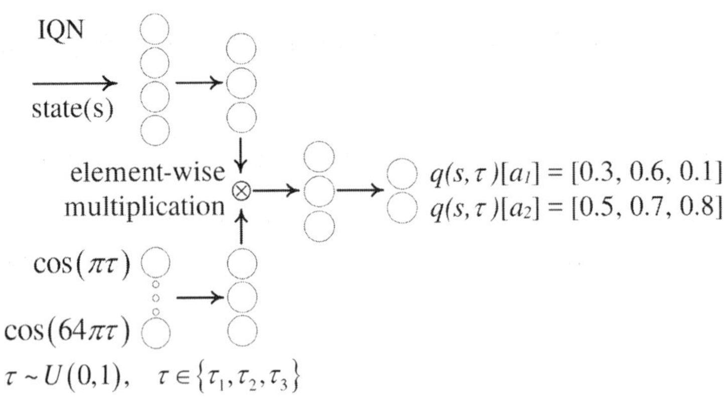

그림4

그러므로 IQN에서는 분위수 비율과 분위수를 분리할 수 없으므로, 수학에서 정의하는 음함수(implicit function)와 유사하게 '암묵적(implicit)' 용어를 사용한다.

2-2. 분위수 비율의 코사인 임베딩(embedding)

IQN 논문에서는 분위수 비율 τ를 신경망에 입력하는 여러 방법을 테스트한 후, 선택한 방법은 위 **그림4**와 같다. 먼저, τ를 0과 1 사이의 균등분포에서 무작위로 추출한다. 그리고 τ를 64차원의 코사인으로 임베딩(embedding)한다. 임베딩할 때는 신경망을 사용하지 않고, 코사인 함수를 사용한다. 마지막으로 64개 코사인을 신경망에 입력한다. 여기서 사용한 신경망은 64개 입력 노드와 3개 출력 노드를 가진다. 이때 j번째 출력 노드 값은 아래 **그림5**와 같이 계산한다.

$$j\text{번째 출력노드 값} = \text{ReLU}\left(\sum_{i=1}^{64}\cos(\pi\tau_i)\,w_{ij} + b_j\right)(j = 1, 2, 3)$$

그림5

2-3. 성분별 곱(element-wise multiplication)

위 **그림4**와 같은 성분별 곱(element-wise multiplication)을 하기 위해서, state(s)를 대입한 신경망 A의 출력 노드 개수와 코사인을 입력한 신경망 B의 출력 노드 개수가 같아야 한다. **그림4**에서는 신경망 A, B의 출력 노드가 3개이지만 코드에서는 128개를 사용한다.

3 신경망 구조

상태 s가 입력되면 상태 s-행동 a의 가치인 q 값을 출력하는 신경망을 클래스로 코딩해야 한다. 이를 위하여 만든 그림이 아래 **그림6**(a)와 (b)이다. (a)는 QRDQN을 코딩할 때 사용한 그림이고, (b)는 IQN을 코딩할 때 사용할 그림이다. (a)에 대한 설명은 제4장으로 대신한다. (a)와 달리 (b)에는 신경망 내부에서 분위수 비율을 처리하는 구조가 있음을 알 수 있다.

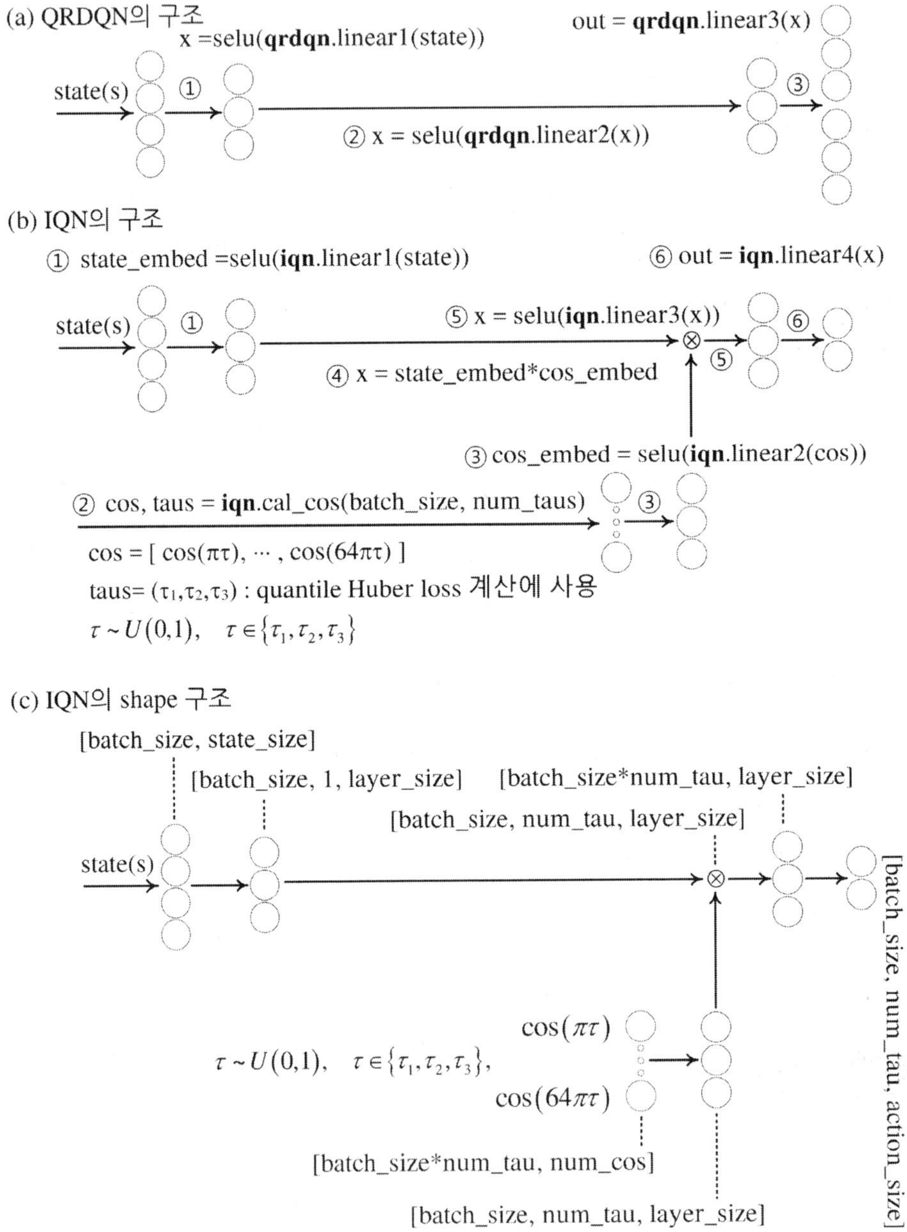

그림6. 신경망 클래스 코딩에 사용하는 이미지

State(s)가 신경망에 입력되어 q 값을 출력하는 과정인 (b)를 보면, 신경망에 대하여 다음을 알 수 있다.

- 네 개의 선형연결층(linear1, linear2, linear3, linear4)과 활성함수 selu를 사용한다. 그리고 함수 cal_cos를 사용한다.
- 두 개 함수(__init__, forward)를 가진다.
- 함수 __init__ 내부에서 선형연결층을 변수 A에 할당한다.
- 함수 forward 내부에서 변수 A를 사용하여 q 값을 return한다.
- 신경망의 출력은 예측 분위수이다. 분위수 비율 τ 대한 예측 분위수는 $q(s,\tau)[a_1]$, $q(s,\tau)[a_2]$이다. 같은 의미로 다음 기호를 사용한다.

$$q(s,a,\tau)=q(s,\tau)[a]$$

그림6(c)를 보면, 함수 forward 내부에서 처리하는 선형연결층의 입력과 출력의 형태(shape)를 알 수 있다. **그림6**(b)와 (c)은 toy 신경망으로, 네 개의 입력 노드와 2개의 출력 노드를 가진다. 4개 숫자를 가진 환경(CartPole-v0)의 상태 s = (카트의 위치, 카트의 속도, 폴의 각도, 폴의 각속도)가 신경망으로 입력되기 때문에 4개 입력 노드를 가진다. (a)와 (b)의 출력층 shape은 다음과 같다.

- (a) QRDQN의 출력층 shape : 2차원 [batch_size, num_tau*action_size]
- (b) IQN의 출력층 shape : 3차원 [batch_size, num_tau, action_size]

QRDQN에서 마지막 차원이 num_tau*action_size=3*2이므로 출력 노드가 6개이지만 IQN에서는 action_size=2이므로 출력 노드는 2개가 된다. 즉, 위 **그림3**과 같이 QRDQN의 출력 노드가 대응하는 분위수 비율이 고정되었다는 의미이고, IQN은 그렇지 않다는 의미이다. 따라서 IQN의 정책을 정의하고, 예측값과 타겟값을 구할 때, 분위수 비율 개수를 다르게 할 수 있다(뒤 9-4.에서 설명).

IQN의 출력 노드를 분위수 비율과 대응시켜야 QRDQN에서와 같이 quantile Huber loss를 사용할 수 있다. IQN의 출력 노드는 2개이지만, 출력층의 3차원 shape [batch_size, num_tau, action_size]으로부터, 각 행동에 대하여 num_tau개 분위수 비율에 대응하는 분위수가 출력에 있음을 알 수 있다. 이를 이용하여 IQN의 출력 노드를 분위수 비율과 대응시킨다. 자세한 내용은 뒤에서 코드로 설명한다.

4 정책(상태가 입력되면 행동 출력) 정의

상태가 입력되면 행동을 출력하는 정책을 함수로 코딩해야 한다. 이때 사용하는 이미지가 **그림7**이다.

(a)

$$\text{policy}(s,\tau)=\begin{cases}\text{random.choice}(\textit{actions}) & (\text{random.random}(\ )<\varepsilon)\\ \arg\max_{a} E_{\tau}\left[q(s,a,\tau)\right] & (\text{otherwise})\end{cases}$$

(b)

알고리즘	이산확률변수 q(s,a) 값*	네트워크 예측(확률p)	q(s,a) 기댓값 (확률분포표 이용)
Categorical DQN	q(s,a) 값 고정, $z_1, \cdots, z_N$	z_i에서 $p(q(s,a)=z_i)$	$E\left[q(s,a)\right] = \sum_{i=1}^{N} z_i p\left(q(s,a)=z_i\right)$

* $q(s,a) = q_{main\_net}(s)[a]$

(c)

알고리즘	분위수 비율(τ)	네트워크 예측(q)	q(s,a) 기댓값 (분위수 함수 q(s,a,τ) 이용)
QRDQN	비율고정, 동일간격, $\tau_i = i/N(i=1, \cdots, N)$	$\hat{\tau}_\ell$ 에서 $q(s,a,\hat{\tau}_\ell)$	$E_\tau\left[q(s,a,\tau)\right] = \int_0^1 q(s,a,\tau)d\tau \approx \frac{1}{N}\sum_{\ell=0}^{N-1} q(s,a,\hat{\tau}_\ell)$
IQN	q 값을 구할 때마다 무작위, $\tau_1, \cdots, \tau_N$	τ_i 에서 $q(s,a,\tau_i)$	$E_\tau\left[q(s,a,\tau)\right] = \int_0^1 q(s,a,\tau)d\tau \approx \frac{1}{N}\sum_{i=1}^{N} q(s,a,\tau_i)$

$\hat{\tau}_\ell = \frac{\tau_\ell + \tau_{\ell+1}}{2}(\ell = 0, \cdots, N-1,\ \tau_0 = 0)$, τ번째 q(s,a)를 q(s,a,τ)으로 표기함

그림7. 정책 코딩에 사용하는 이미지

그림6에서 batch_size=1이고 신경망에 상태 s가 입력되면, 출력은 분위수 비율 τ 대한 예측 분위수 $q(s,a_1,\tau)$과 $q(s,a_2,\tau)$이 된다. 평균 예측 분위수가 큰 행동 a를 선택할 때, 탐욕적 정책(greedy policy)이라고 한다. 우리가 사용할 정책은 ε-탐

욕적 정책(ε-greedy policy)으로 위 **그림7**(a)와 같다. 정책은 탐험(ε, exploration)과 탐색(greedy, exploitation, 활용, 이용) 사이의 균형을 맞추기 위해 사용되며, 에이전트가 최적의 행동을 선택하는 동시에 새로운 행동을 탐험할 기회를 제공한다. **그림7**(a)에서 random.random( )은 구간 [0, 1)에서 난수를 생성한다. 이 난수가 ε보다 작으면, 무작위로 행동을 선택한다. 코드에서 ε 값을 감소하게 만들어, 시간이 지남에 따라 탐험보다는 탐색을 더 자주 선택하도록 한다. random. choice(actions)는 가능한 행동 집합(actions)에서 하나의 행동을 무작위로 선택하는 것을 의미한다. 이를 통해 에이전트는 환경의 현재 상태에서 아직 잘 알려지지 않은 행동을 시도할 수 있으며, 이는 장기적으로 환경에 대한 더 나은 이해와 높은 보상을 끌어낼 수 있다. '탐욕적'에 해당하는 $\arg\max_a E_\tau\left[q(s,a,\tau)\right]$는 주어진 상태 s에서 행동 a에 대한 평균 q 값(분위수)을 **그림7**(c)와 같이 계산하여, 가장 높은 평균 q 값(평균 분위수)을 가진 행동을 선택한다. 이는 '탐색'의 한 형태로, 에이전트가 이전 경험을 기반으로 최선의 행동을 선택하게 한다. **그림7**(c)는 IQN에서 행동 선택을 위하여 분위수의 평균인 $E_\tau\left[q(s,a,\tau)\right]$의 근삿값을 구하는 과정을 요약한 표이다. 이 표에서 기술한 평균의 근삿값은 분위수 비율에 대한 적분의 근삿값임을 알 수 있다.

5 학습데이터(memory) 정의

신경망을 학습하기 위해서는 학습데이터가 필요하다. 일반적으로 학습데이터를 미리 준비하지만, 강화학습에서는 환경과 정책이 상호작용하면서 얻은 경험을 학습데이터로 사용한다. 아래 **그림8**과 같이 1-step 경험(상태 s, 행동 a, 보상 r, 다음 상태 s')을 deque에 저장하고 여기서 추출한 경험을 학습데이터로 사용한다.

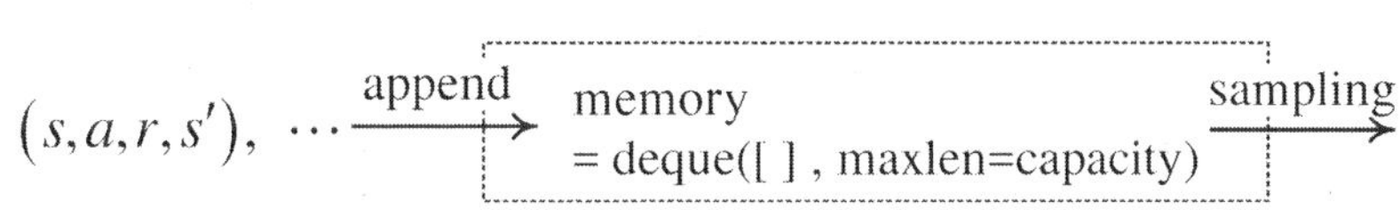

그림8. 메모리 코딩에 사용하는 이미지

6 손실 정의

상태-행동 가치의 예측값(예측 분위수)과 타겟값을 구하고, 이를 사용하여 quantile Huber loss를 계산해보자.

6-1. 예측값(예측 분위수)

메모리에서 한 개 경험을 샘플링하면 **그림9**와 같이 예측 분위수를 값으로 가지는 확률변수 $q_{main\_net}(s, \tau)[a]$ 의 분포를 얻는다.

IQN					
예측 분위수 $q_{main\_net}(s, \tau)[a]$	5	2	9	main_net 출력(분위수)	분위수 비율은 3개 hyperparameter
분위수 비율 (τ)	0.18 (τ_1)	0.67 (τ_2)	0.29 (τ_3)	개구간 (0,1)에서 무작위로 추출	

그림9

6-2. 타겟값

그림10과 같이 Bellman 방정식과 target_net 출력으로부터 타겟값을 구한다.

$$q(s,a) = E\left[R_s^a + \gamma \max_{a'} q(s', a') \right]$$
$$\rightarrow q_{\text{target\_net}}(s,a) = r + \gamma \max_{a'} q_{\text{target\_net}}(s', a')$$

그림10

위 **그림10**로부터 구한 타겟값이 **그림11**과 같이 1.7, 2.3, 4.1, 4.7이라고 하자. 타겟값은 분위수 비율에 대한 값이 아니므로 분위수가 아니다.

IQN						
Bellman 확률변수 (타겟 값)	1.7	2.3	4.1	4.7	Bellman 방정식과 target_net 출력값 이용	분위수 비율은 4개 hyperparameter
확률	1/4	1/4	1/4	1/4	균등 확률	

그림11

타겟값은 예측값이 목표로 하는 값으로, 분위수 회귀 관점에서 반응변수의 값과 같은 역할을 한다.

6-3. IQN 손실(quantile Huber loss)

위 **그림9**의 예측 분위수와 위 **그림11**의 타겟값을 아래 **그림12**와 같이 함께 나타낼 수 있다.

타겟값 y (그림11)	τ^{th} 예측 분위수 y_τ (그림9)		
	τ_1=0.18	τ_2=0.67	τ_3=0.29
1.7	5	2	9
2.3	5	2	9
4.1	5	2	9
4.7	5	2	9

$$\frac{1}{3}\sum_{\ell=1}^{3}\frac{1}{4}\sum_{i=1}^{4}\left|\tau_\ell - I_{y_i - y_{\tau_\ell}}\right| L_\kappa\left(y_i - y_{\tau_\ell}\right)/\kappa$$

그림12. 손실 코딩에 사용하는 이미지

QRDQN과 마찬가지로 IQN의 q 값도 예측 분위수이므로 손실도 quantile Huber loss를 사용한다. **그림12**에 대한 quantile Huber loss는 아래와 같다.

$$\frac{1}{3}\sum_{\ell=1}^{3}\frac{1}{4}\sum_{i=1}^{4}\left|\tau_\ell - I_{y_i - y_{\tau_\ell}}\right| L_\kappa\left(y_i - y_{\tau_\ell}\right)/\kappa$$

위 식을 평균 기호로 나타내면 다음과 같다.

$$E_{y_\tau}\left[E_y\left[\left|\tau - I_{y-y_\tau}\right| L_\kappa\left(y - y_\tau\right)/\kappa\right]\right]$$

여기서 확률변수 y, y_τ가 가지는 값은 각각 다음과 같다.

$$y_1 = 1.7,\ y_2 = 2.3,\ y_3 = 4.1,\ y_4 = 4.7$$
$$y_{\tau_1} = 5,\ y_{\tau_2} = 2,\ y_{\tau_3} = 9$$

IQN 손실에 **그림12**의 데이터를 대입하면, **그림13**과 같이 손실을 계산할 수 있다([부록-엑셀] 참고).

$$\mathrm{I}_m = \begin{cases} 1 & (m<0) \\ 0 & (m \geq 0) \end{cases},\quad L_1(u) = \begin{cases} \dfrac{1}{2}u^2 & (|u| \leq 1) \\ 1 \cdot \left(|u| - \dfrac{1}{2} \cdot 1\right) & (|u| > 1) \end{cases}$$

$$S_1 = \frac{1}{4}\begin{Bmatrix} |\tau_1 - I_{1.7-5}| L_1(1.7-5) + |\tau_1 - I_{2.3-5}| L_1(2.3-5) \\ + |\tau_1 - I_{4.1-5}| L_1(4.1-5) + |\tau_1 - I_{4.7-5}| L_1(4.7-5) \end{Bmatrix} = 1.117$$

$$S_2 = \frac{1}{4}\begin{Bmatrix} |\tau_2 - I_{1.7-2}| L_1(1.7-2) + |\tau_2 - I_{2.3-2}| L_1(2.3-2) \\ + |\tau_2 - I_{4.1-2}| L_1(4.1-2) + |\tau_2 - I_{4.7-2}| L_1(4.7-2) \end{Bmatrix} = 0.648$$

$$S_3 = \frac{1}{4}\begin{Bmatrix} |\tau_3 - I_{1.7-9}| L_1(1.7-9) + |\tau_3 - I_{2.3-9}| L_1(2.3-9) \\ + |\tau_3 - I_{4.1-9}| L_1(4.1-9) + |\tau_3 - I_{4.7-9}| L_1(4.7-9) \end{Bmatrix} = 3.763$$

$$\therefore \text{quantile Huber loss} = \frac{1}{3}(S_1 + S_2 + S_3) = 1.843$$

그림13

7 파라미터 업데이트 함수 정의

다음의 순서로 코딩하여 신경망의 파라미터를 업데이트한다.

① **그림8**에서 설명한 memory로부터 batch_size만큼의 경험을 추출한다.

② **그림**9~11에서 설명한 예측값과 타겟값을 사용하여 손실을 만든다.

③ 손실의 gradient를 구하여 파라미터를 업데이트한다.

8 Main

지금까지 위에서 설명한 '신경망 클래스 코딩에 사용하는 이미지(**그림**6)', '정책 코딩에 사용하는 이미지(**그림**7)', '메모리 코딩에 사용하는 이미지(**그림**8)'와 '손실 코딩에 사용하는 이미지(**그림**12)'를 이용하여 아래 순서로 IQN을 코딩한다.

① 환경의 상태를 초기화한다.

② 환경의 현재 상태를 정책에 입력하여 행동을 선택한다(**그림**6, 7).

③ 행동을 환경에 입력하여, 환경으로부터 다음 상태, 보상, CartPole 이동 종료 여부(done)를 반환받는다

④ 경험 (현재 상태, 행동, 보상, 다음 상태, done)을 메모리에 저장한다(**그림**8).

⑤ 다음 상태를 현재 상태로 저장한다.

⑥ memory에 저장된 경험 개수가 batch_size보다 작으면 위 과정을 반복한다. 그렇지 않으면 위의 '7. 파라미터 업데이트 함수'를 호출하여 main_net의 파라미터를 업데이트한다(**그림**12).

⑦ target_net의 파라미터를 main_net의 파라미터로 soft update한다.

9 코드 설명

위 **그림**12와 13에서 계산한 quantile Huber loss를 코드로 구현하면 아래 **그림**14와 같다. 코드에서 **그림**12와 13을 어떻게 구현했는지 알아보자.

9-1. 연산 (타겟값)-(예측 분위수)는 브로드캐스팅(broadcasting)로 처리

그림12에서 사용한 연산은 아래와 같다.

```
torch.tensor([1.7, 2.3, 4.1, 4.7]) -torch.tensor([5, 5, 5, 5])
torch.tensor([1.7, 2.3, 4.1, 4.7]) -torch.tensor([2, 2, 2, 2])
torch.tensor([1.7, 2.3, 4.1, 4.7]) -torch.tensor([9, 9, 9, 9])
```

같은 숫자를 한 번만 사용하여 아래와 같이 나타내도 동일한 결과를 얻는다. 이를 '브로드캐스팅'이라고 한다.

```
torch.tensor([1.7, 2.3, 4.1, 4.7]) -torch.tensor([5])
torch.tensor([1.7, 2.3, 4.1, 4.7]) -torch.tensor([2])
torch.tensor([1.7, 2.3, 4.1, 4.7]) -torch.tensor([9])
```

2차원 형태 (1,4)와 (3,1)의 차에 브로드캐스팅을 적용하면 다음과 같다.

```
torch.tensor([[1.7, 2.3, 4.1, 4.7]]) -torch.tensor([[5],
                                                   [2],
                                                   [9]])
```

전체 코드에서 사용한 차원과 일치하도록 batch_size=1인 배치를 반영하면, 다음과 같이 3차원 형태 (1,1,4)와 (1,3,1)의 차(difference)가 되고 형태는 (1,3,4)가 된다.

```
torch.tensor([[[1.7, 2.3, 4.1, 4.7]]]) -torch.tensor([[[5],
                                                     [2],
                                                     [9]]])
```

이 차(difference)는 quantile Huber loss $\frac{1}{3}\sum_{\ell=1}^{3}\frac{1}{4}\sum_{i=1}^{4}\left|\tau_\ell - I_{y_i - y_{\tau_\ell}}\right| L_\kappa\left(y_i - y_{\tau_\ell}\right)/\kappa$ 에서 타겟값(**그림**14 line 5에 있는 Q_targets)과 예측 분위수(**그림**14 line 6~8에 있는 Q_expected)의 차 $y_i - y_{\tau_\ell}\ \left(1 \le i \le 4,\ 1 \le \ell \le 3\right)$ 에 해당한다.

9-2. 분위수 비율의 shape

분위수 비율 τ_ℓ(아래 **그림14** line 3, taus의 원소)은, **그림12**와 같이 예측 분위수 y_{τ_ℓ}(**그림14** line 6~8, Q_expected의 원소)에 대응된다. **그림14** line 17과 같이 taus를 사용하기 위해서 taus의 shape이 td_errors의 shape이 같아지도록 taus.view(1,−1,1)을 사용한다.

```
1 import torch
2 kappa=1
3 taus=torch.tensor([0.18, 0.67,0.29])
4
5 Q_targets=torch.tensor([[[1.7, 2.3, 4.1, 4.7]]])
6 Q_expected=torch.tensor([[[5.],
7                    [2.],
8                    [9.]]])
9
10 # Compute loss
11 td_errors = Q_targets - Q_expected
12 print(f'error={td_errors}')
13
14 indicator=(td_errors.detach() < 0).float()
15 print(f'indicator={indicator}')
16
17 penalty=abs(taus.view(1,-1,1) -(td_errors.detach() < 0).float())
18 print(f'penalty={penalty}')
19
20 huber_loss = torch.where(td_errors.abs() <= kappa, 0.5 * td_errors.pow(2),
21                   kappa * (td_errors.abs() - 0.5 * kappa))
22 print(f'HuberLoss={huber_loss}')
23
24 penalty_huber_kappa = penalty * huber_loss / kappa
25 print(f'penalty_huber_kappa ={penalty_huber_kappa}')
26 print(f'penalty_huber_kappa.sum/4={penalty_huber_kappa.mean(dim=-1)}')
27 print(f'quantile Huber loss={penalty_huber_kappa.mean(dim=-1).mean()}')
```

그림14

9-3. 각 예측 분위수에 대한 오차의 평균

위 **그림13**에서 (S_1, S_2, S_3)에 해당하는 코드는 **그림14** line 26에 있다.

penalty_huber_kappa.mean(dim=-1)

여기서 penalty_huber_kappa의 shape은 (1,3,4)이고 penalty_huber_kappa[0,0,:]는 오차 (4개 타겟값)-(0번째 예측 분위수 5)를 입력으로 사용한 계산이고, penalty_huber_kappa[0,1,:]은 오차 (4개 타겟값)-(1번째 예측 분위수 2)를 입력으로 사용한 계산이다. 그 이유는 **그림14**의 line 11에서 Q_targets와 Q_expected의 shape이 각각 (1,1,4)와 (1,3,1)이기 때문이다. 따라서 마지막 차원을 따라 penalty_huber _kappa을 합한 후 평균을 내는 penalty_huber_kappa.mean(dim =-1)은 다음 식과 같다.

$$\frac{1}{4}\sum_{i=1}^{4}\left|\tau_\ell - I_{y_i - y_{\tau_\ell}}\right| L_\kappa\left(y_i - y_{\tau_\ell}\right)/\kappa \;(1 \le \ell \le 3)$$

9-4. 서로 다른 개수의 분위수 비율을 사용할 수 있는 정책, 예측값, 타겟값과 손실

아래 **그림15**의 IQN 구조를 보면, 분위수 비율은 3개이고 무작위로 생성하여 이를 반영한 q 값을 구한다. 이처럼 IQN으로 q 값을 구하기 위해서는 먼저 분위수 비율 개수를 정해야 한다. 그리고 그 개수만큼 균등분포에서 무작위로 생성한다. 특히, q 값을 정의하고 계산할 때, **그림15**와 같이 정책을 정의하고 예측값과 타겟값을 구할 때, 분위수 비율 개수를 다르게 할 수 있다.

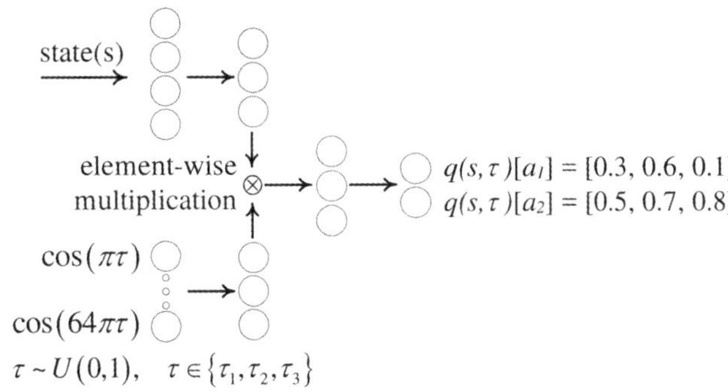

	분위수 비율을 사용하는 정의와 계산			
알고리즘	정책 정의	예측값 계산	타겟값 계산	손실 계산
C51	no	no	no	no
QRDQN	no	no	no	yes
IQN (분위수 비율 개수)	yes (K개)	yes (N개)	yes (N′개)	yes (N개)

그림15

- 정책을 정의할 때, 분위수 비율 개수는 K개(코드에서 K=32)

  아래 **그림17**(전체 코드) line 151: action = policy(state, eps, num_tau=K)
- 예측값을 계산할 때, 분위수 비율 개수는 N개(코드에서 N=16)

  line 113: Q_expected, taus = iqn(states, num_tau=N)
- 타겟값을 계산할 때, 분위수 비율는 N′개(코드에서 N′=8)

  line 103: Q_targets_next, _ = target_net(next_states, num_tau=Nprime)

그리고 QRDQN과 마찬가지로 손실 계산할 때 분위수 비율을 사용한다. 예측값을 계산할 때 사용한 분위수 비율을 손실 계산할 때 사용하므로, 예측값과 손실 계산에 사용하는 분위수 비율은 같다.

line 113: Q_expected, taus = iqn(states, num_tau=N)

line 121: penalty=abs(taus −(td_error.detach( ) 〈 0).float( ))

line 122: quantile_loss = penalty * huber_loss / kappa

line 123: loss = quantile_loss.sum(dim=1).mean(dim=1).mean( )

10 전체 코드

그림16은 전체 코드를 실행했을 때의 학습 과정을 나타낸다.

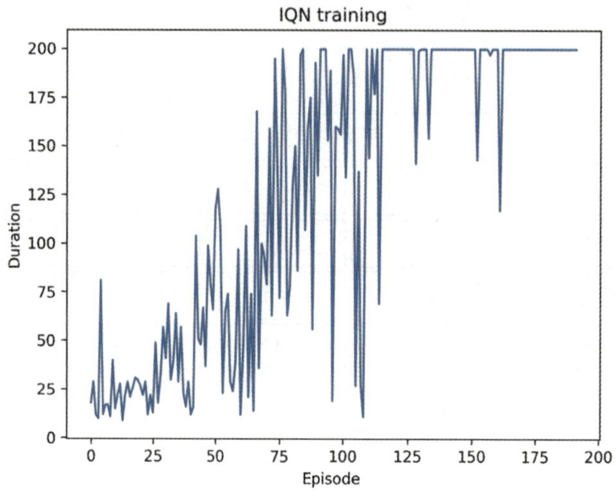

그림16

전체 코드를 아래와 같은 흐름으로 구현한다.

#1. 신경망 정의(**그림17** line 24~60)

그림6을 이용하여 신경망을 코드로 구현한다.

#2. 행동을 선택하는 정책(policy) 정의(line 65~78)

그림7을 이용하여 ε-탐욕적 정책(ε-greedy policy)을 코드로 구현한다. **그림2**를 보면 입력은 상태(s)이고 return은 선택한 행동(a)이다.

#3. 메모리 정의(line 80, 81)

그림8을 이용하여 memory를 코드로 구현한다.

#4. 파라미터 update 함수 정의(line 83~128)

메모리에서 batch_size만큼의 경험을 무작위로 추출하여(line 88) 학습데이터를 만든다(line 89~99). Loss 계산을 위해 타겟값을 구할 때, target_net의 출력을 계산하는 연산이 포함된다. 이 과정에서 파라미터 업데이트에 사용할 gradient를 계산하기 위해 자동으로 computation graph가 생성된다. 그러나 타겟값에 포함된 target_net의 파라미터는 업데이트 대상이 아니므로 computation graph가 필요하지 않다. 불필요한 computation graph가 생성되어 컴퓨터 메모리 자원을 낭비하는 문제를 막기 위해 'with torch.no_ grad( )'를 사용한다. 'with torch.no_ grad( )' 블록 내부에서 타겟값을 계산하면 computation graph가 생성되지 않는다(line 101~110). Line 109에 있는 변수 Q_targets가 타겟값이고, line 112~115에 있는 변수 Q_expected이 예측값(예측 분위수)이다. **그림12**를 이용하여 loss(line 117~123)를 정의하고 신경망 IQN의 파라미터를 업데이트한다(line 125~128).

#5. main(line 137~182)

for 에피소드_인덱스 in range(num_episodes):
  환경이 현재 상태 제공
  for 이동_인덱스 in range(200):#200은 이동 가능한 최대 횟수
    epsilon-greedy 정책으로 행동 선택
    행동을 입력받은 환경이 다음 상태, 보상, 종료여부를 제공
    메모리에 경험 저장
    환경의 다음 상태를 현재 상태로 저장
    메모리의 경험이 배치 사이즈 이상이면 update 함수 실행
    iqn으로 target_net을 업데이트
    CartPole 이동이 종료되면 이동 횟수를 append
  이동 횟수 200번이 연속해서 30회이면 학습을 종료

전체 코드를 구현하면 다음과 같다.

```
import statistics, random, time, numpy as np, matplotlib.pyplot as plt, gym
import torch, torch.nn as nn, torch.optim as optim, warnings
from collections import deque; from torch.utils.data import DataLoader
from itertools import groupby
warnings.filterwarnings('ignore')

env = gym.make('CartPole-v0')
batch_size = 128; gamma = 0.99
eps_start, eps_end, eps_decay = 1., 0.01, 0.99
eps=eps_start
target_rate=1e-2
LR = 1e-4
kappa=1.0
layer_size=128
num_cos = 32 # cos 개수. 그림4~6의 64개를 32개로 줄임
pis = torch.FloatTensor([np.pi*i for i in range(1,num_cos+1)]).view(1,1,num_cos)

K=32 # 정책 정의에 사용할 tau 개수
N=16 # 예측값에 사용할 tau 개수
Nprime=8 # 타겟값에 사용할 tau 개수
device=torch.device('cuda' if torch.cuda.is_available() else 'cpu')

##### 1. 신경망(DQN) : 그림6
class IQN(nn.Module):
  def __init__(self):
    super().__init__()
    self.head = nn.Linear(4, layer_size) # 그림6(b) linear1
    self.cos_embedding = nn.Linear(num_cos, layer_size) # 그림6(b) linear2
    self.linear3 = nn.Linear(layer_size, layer_size) # 그림6(b) linear3
    self.linear4 = nn.Linear(layer_size, env.action_space.n) # 그림6(b) linear4

  def forward(self, input, num_tau):
    """ input.shape is (1, 4) or (batch_size, 4) """
    batch_size = input.shape[0]
    state_embed = torch.selu(self.head(input))
    cos, taus = self.calc_cos(batch_size, num_tau)
  # cos shape [batch_size, num_tau, layer_size]
    cos = cos.view(batch_size*num_tau, num_cos).to(device)
    cos_embed = torch.selu(self.cos_embedding(cos))
    cos_embed = cos_embed.view(batch_size, num_tau, layer_size).to(device)

    # state_embed.unsqueeze(1) shape은 [batch_size, 1, layer_size]
  # 아래 곱셈은 브로드캐스팅
    # view로 곱셈 결과의 shape을 변경하는 이유는 그림6(c)
    x = (state_embed.unsqueeze(1)*cos_embed).view(batch_size*num_tau, layer_size)
```

```

        x = torch.selu(self.linear3(x))
        out = self.linear4(x)
        # view로 out의 shape을 변경하는 이유는 그림6(c)
        return out.view(batch_size, num_tau, env.action_space.n), taus.to(device)

    def calc_cos(self, batch_size, num_tau): # 그림6
        # torch.rand in [0,1)
        taus = torch.rand(batch_size, num_tau).unsqueeze(-1)#(batch_size, num_tau, 1)
        epsilon = 1e-10
        taus = taus * (1 - epsilon) + epsilon # avoid being exactly zero
        cos = torch.cos(taus*pis)# 브로드캐스팅
        #(batch_size, num_tau, 1) * (1, 1, num_cos) = (batch_size, num_tau, num_cos)
        # 각 tau에 대하여 cos이 32개
        return cos, taus

iqn = IQN( ).to(device)
target_net = IQN( ).to(device)

##### 2. 행동을 선택하는 정책(policy): 그림7
def policy(state, eps, num_tau):
    if np.random.rand() < eps:
        action = env.action_space.sample()
    else:
        state = torch.FloatTensor(state).unsqueeze(0).to(device)
        with torch.no_grad():
            quantiles, _ = iqn(state, num_tau) # shape [batch_size, num_tau, action_size]
            # batch_size=1, num_tau=K=32, action_size=2
            action_values = quantiles.mean(dim=1) # shape [1, action_size]
            action = torch.argmax(q_values, dim=1).item()
            # 배열 action_values을 flatten version(벡터)을 만든다. 2개 숫자가 생김
            # 최대 숫자가 있는 index가 action
    return action

##### 3. 메모리(memory) : 그림8
memory = deque([ ], maxlen=50000)

##### 4. 파라미터 업데이트 함수 : 그림12
optimizer = optim.Adam(iqn.parameters(), lr=1e-3)

def update():
    # numpy 경험 추출
    experiences = random.sample(memory, batch_size)
    # tensor 학습 데이터
    dataloader = DataLoader(experiences, batch_size=batch_size)
    # batch_size = experience_size 이므로 experience를 1개 batch로 처리.
    # 즉, 아래 for loop은 1회 실행
```

```
 for states, actions, rewards, next_states, dones in dataloader:
  states = states.to(device)
  actions = actions.to(device)
  rewards = rewards.to(device)
  next_states = next_states.to(device)
  dones = dones.to(device)

  # 타겟값
  with torch.no_grad():
   Q_targets_next, _ = target_net(next_states, num_tau=Nprime)
   # (batch_size, Nprime, 2)
   Q_targets_next = Q_targets_next.detach().max(2)[0].unsqueeze(1)
   # (batch_size, 1, Nprime)
   rewards_unsq = rewards.unsqueeze(-1).unsqueeze(-1)
   dones_unsq = dones.float().unsqueeze(-1).unsqueeze(-1)
   Q_targets = rewards_unsq + (gamma * Q_targets_next * (1.-dones_unsq))
   # 브로드캐스팅

  # 예측값
  Q_expected, taus = iqn(states, num_tau=N)
  actions_unsq=actions.unsqueeze(-1).unsqueeze(-1)
  Q_expected = Q_expected.gather(2, actions_unsq.expand(batch_size, N, 1))

  # Quantile Huber loss
  td_error = Q_targets - Q_expected
  huber_loss = torch.where(td_error.abs() <= kappa, 0.5 * td_error.pow(2),
               kappa * (td_error.abs() - 0.5 * kappa))
  penalty=abs(taus -(td_error.detach() < 0).float())
  quantile_loss = penalty * huber_loss / kappa
  loss = quantile_loss.mean(dim=1).mean(dim=1).mean()

  # 업데이트
  optimizer.zero_grad()
  loss.backward()
  optimizer.step()

# 10번 연속해서 만점을 받으면 학습 종료할 때 사용할 함수
# 리스트 lst의 처음 요소부터 시작하여 순차적으로 연속된 정수를 그룹화하고
# 각 그룹의 길이를 계산
def consecutive_length(lst):
 return [len(list(group)) for _, group in groupby(enumerate(lst),
                              lambda i_x:i_x[0]-i_x[1])]

##### 5. main
episode_durations = []# 각 episode에서 CartPole을 움직인 횟수를 담는 변수
movement200=[] # 움직인 횟수가 최대횟수 200인 episode_idx를 담는 변수
```

```python

num_episodes = 5000 # 최대 episode
t0 = time.time()

for episode_idx in range(num_episodes):
    # env 상태 초기화
    seed_idx = random.randint(0, int(1e6))
    state = env.reset(seed=seed_idx)

    for movement_idx in range(200):
        # epsilon-greedy 방식으로 행동 선택
        action = policy(state, eps, num_tau=K)
        # 행동을 입력받은 환경이 다음 다음 상태, 보상, 종료 여부를 제공
        next_state, reward, done, _ = env.step(action)
        # 메모리에 경험저장
        memory.append((state, action, reward, next_state, done))
        # 환경의 다음 상태를 현재 상태로 저장
        state = next_state
        # 메모리가 배치 사이즈 이상이면 update 함수 실행
        if len(memory) > batch_size:
            update()

        # main_net으로 target_net 업데이트
        with torch.no_grad():
            for target_param, local_param in zip(target_net.parameters(), iqn.parameters()):
                target_param.data.copy_(target_rate*local_param.data \
                                        + (1.0-target_rate)*target_param.data)

        # done=True이면 CartPole 이동 횟수(movement_end)를 append
        if done:
            movement_end=movement_idx+1
            episode_durations.append(movement_end)
            break

    # 탐험 가능성 축소
    eps = max(eps_end, eps_decay*eps)

    # 200회 이동 횟수가 연속해서 30번이면 학습 종료
    if movement_end==200:
        movement200.append(episode_idx)
        print(episode_idx,',',max(consecutive_length(movement200)))
        if max(consecutive_length(movement200))>=30:
            break

t1 = time.time()
```

```python

print("Training time: {}min".format(round((t1-t0)/60,2)))
#torch.save(q_net.state_dict(), "IQN"+".pth")

plt.title('IQN training')
plt.ylabel('Duration')
plt.xlabel('Episode')
plt.plot(episode_durations)
plt.savefig('IQN_training.png', dpi=300, bbox_inches='tight')

##### 6. 검증
from tqdm import tqdm
iqn.eval()
with torch.no_grad():
  scores=[]
  for num_episodes in tqdm(range(5000)):
    state = env.reset()
    done=False
    t=0
    while not done:
      t +=1
      state = torch.from_numpy(state).float().unsqueeze(0).to(device)
      with torch.no_grad():
        quantiles, _ = iqn(state, num_tau=64)
        action_values = quantiles.mean(dim=1)
        action = np.argmax(action_values.cpu().data.numpy())
      next_state, _, done, _ = env.step(action)
      state = next_state
      if done:
        scores.append(t)
        if t!=200:
          print(t)

print("평균 = ",statistics.mean(scores))
print("표준편차 = ", statistics.stdev(scores))
```

그림17

11 부록

[부록-엑셀] 그림13에 대한 엑셀 계산

분위수 비율 0.18						
타겟 분위수	예측 분위수	error	indicator	penalty	HuberLoss	quantile Huber loss
y_t	y_p	y_t-y_p	I_{yt-yp}	$\|0.18- I_{yt-yp}\|$	$L_1(y_t$-$y_p)$	penalty*HuberLoss
1.7	5	-3.3	1	0.82	2.80	2.296
2.3	5	-2.7	1	0.82	2.20	1.804
4.1	5	-0.9	1	0.82	0.41	0.332
4.7	5	-0.3	1	0.82	0.04	0.037
					평균	1.117

분위수 비율 0.67						
y_t	y_p	y_t-y_p	I_{yt-yp}	$\|0.67- I_{yt-yp}\|$	$L_1(y_t$-$y_p)$	penalty*HuberLoss
1.7	2	-0.3	1	0.33	0.05	0.015
2.3	2	0.3	0	0.67	0.04	0.030
4.1	2	2.1	0	0.67	1.60	1.072
4.7	2	2.7	0	0.67	2.20	1.474
					평균	0.648

분위수 비율 0.29						
y_t	y_p	y_t-y_p	I_{yt-yp}	$\|0.29- I_{yt-yp}\|$	$L_1(y_t$-$y_p)$	penalty*HuberLoss
1.7	9	-7.3	1	0.71	6.80	4.828
2.3	9	-6.7	1	0.71	6.20	4.402
4.1	9	-4.9	1	0.71	4.40	3.124
4.7	9	-4.3	1	0.71	3.80	2.698
					평균	3.763

quantile Huber loss	1.843

[부록–알고리즘] 아래 알고리즘(IQN 논문)에 대한 설명이다.

Line 1: 상수 N, N′, K는 각각 분위수 비율 개수를 나타낸다. N은 예측값 계산에 사용하고, N′은 타겟값 계산에 사용하고, K는 정책 함수에서 행동 선택에 사용한다. κ는 Huber loss를 정규화할 때 사용하는 상수이다. 함수 β는 distortion risk measure라 하고 정의역과 공역은 [0, 1]이다. 이는 분위수 비율들을 이동하여 risk sensitivity 정책 효과를 낼 때 사용한다. Z는 분위수를 나타내는 확률변수이다. 전체 코드에서는 N=16, N′=8, K=32, κ=1, β는 항등함수, Z_τ는 τ에 대응하는 분위수로 예측값과 target_net 출력이다.

Algorithm 1. Implicit Quantile Network Loss

1: **Require:** N, N', K, κ and functions β, Z

2: **Input:** $x, a, r, x', \gamma \in [0, 1)$

3: **# Compute greedy next action**

4: $a^* \leftarrow \arg\max_{a'} \frac{1}{K} \sum_{\mathrm{k}}^{K} Z_{\tilde{\tau}_{\mathrm{k}}}(x', a'), \quad \tilde{\tau}_{\mathrm{k}} \sim \beta(\cdot)$

5: **# Sample quantile thresholds**

6: $\tau_i, \tau'_j \sim U((0, 1)), \quad 1 \leq i \leq N, \quad 1 \leq j \leq N'$

7: **# Compute distributional temporal differences**

8: $\delta_{ij} \leftarrow r + \gamma Z_{\tau'_j}(x', a^*) - Z_{\tau_i}(x, a), \quad \forall i, j$

9: **# Compute Huber quantile loss**

10: **output:** $\sum_{i=1}^{N} \mathbb{E}_j \left[\rho^{\kappa}_{\tau_i}(\delta_{ij}) \right]$

Line 2: x는 환경의 현재 상태, a는 현재 상태에서 취한 행동, r은 상태 s에서 행동 a를 할 때 즉시 받는 보상, x′은 행동 a로 인한 환경의 다음 상태, γ는 할인율이다. (x, a, r, x′)은 입력으로 한 개의 경험이다.

Line 4: $Z_{\tilde{\tau}_k}(x', a')$는 다음 상태 x′를 iqn에 입력한 후, 다음 상태 a′에 해당하는 iqn의 k번째 출력 노드 값(분위수)이다. 이때 분위수가 K개 있으므로 **그림7**에서 설명한 평균으로 구한 Q 값은 다음과 같다.

$$\frac{1}{K}\sum_{k=1}^{K} Z_{\tilde{\tau}_k}\left(x', a'\right)$$

β는 항등함수이고 a^* 는 다음 두 값 중 최대가 되는 행동이다.

$$\frac{1}{K}\sum_{k=1}^{K} Z_{\tilde{\tau}_k}\left(x', a_0\right),\ \frac{1}{K}\sum_{k=1}^{K} Z_{\tilde{\tau}_k}\left(x', a_1\right)$$

Line 6: τ, τ' 는 각각 예측값과 target_net 출력을 계산할 때 사용하는 분위수 비율로, 개구간 (0,1)에서 추출한다. 각각 사용한 분위수 비율 개수는 N개와 N′개이다.

Line 8: j번째 타겟값과 i번째 예측값의 오차를 나타낸다.

Line 10: 다음과 같은 quantile Huber loss를 나타낸다.

$$\sum_{i=1}^{N}\frac{1}{N'}\sum_{j=1}^{N'}\left|\tau_i - I_{\delta_{ij}}\right| L_\kappa\left(\delta_{ij}\right)/\kappa$$

전체 코드에서 위 식에 1/N을 곱했다.

제 6 장

Fully Parameterized Quantile Function (FQF)

IQN(Implicit Quantile Network)은 **그림1**과 같이 무작위로 선택된 분위수 비율을 사용하여 q 값(분위수)의 분포를 근사한다. 이 방식은 여러 분위수 비율에서 예측 분위수를 계산하여, q 값이 가질 수 있는 전체 분포의 형태를 표현하지만, 무작위로 선택된 분위수 비율로 만든 분포가 항상 최적의 q 값 분포를 표현한다고 보장할 수 없다. 이런 문제를 해결하기 위하여 FQF(Fully Parameterized Quantile Function)는 **그림1**과 같이 분위수 비율을 신경망 학습으로 결정한다. 학습으로 찾은 분위수 비율에서 분위수를 계산하여, q 값의 분포를 더욱 세밀하게 표현한다고 할 수 있다.

IQN						
확률변수 $q_{\text{main\_net}}(s, \tau)[a]$	5	2	9	3	7	main_net 출력(분위수)
분위수 비율 (τ)	0.18 (τ_1)	0.67 (τ_2)	0.29 (τ_3)	0.34 (τ_4)	0.56 (τ_5)	개구간 (0,1)에서 무작위로 추출
손실	quantile Huber loss					

FQF : 신경망 fpn						
분위수 비율 (τ)	0.16 (τ_1)	0.38 (τ_2)	0.55 (τ_3)	0.71 (τ_4)	1.00 (τ_5)	비율 $\tau(\tau_0=0)$은 신경망 fpn으로 학습
손실	gradient-W_1-tau loss					

$$\hat{\tau}_\ell = \frac{\tau_\ell + \tau_{\ell+1}}{2} (\ell = 0, \cdots, 4,\ \tau_0 = 0)$$

FQF : 신경망 qvn						
확률변수 $q_{\text{qvn}}(s, \hat{\tau})[a]$	3	4	7	1	2	신경망 qvn 출력(분위수)
분위수 비율 ($\hat{\tau}$)	0.08 ($\hat{\tau}_0$)	0.27 ($\hat{\tau}_1$)	0.47 ($\hat{\tau}_2$)	0.63 ($\hat{\tau}_3$)	0.86 ($\hat{\tau}_4$)	비율 τ은 신경망 fpn으로 학습
손실	quantile Huber loss					

그림1

정리하면, IQN은 분위수 비율을 무작위로 선택하는 반면, FQF는 이 비율을 학습으로 최적화한다는 점에서 차이가 있다. 그래서 FQF에는 분위수 비율을 학습하는 신경망 fpn(fraction proposal network)이 있다. 그리고 IQN과 마찬가지로 분위수를 예측하는 신경망 qvn(quantile value network)이 있다. 위 **그림1**과 같이 분위수 예측 신경망인 iqn과 qvn을 학습할 때 quantile Huber loss를 사용한다. 분위수를 예측하는 세 개 알고리즘 QRDQN, IQN, FQF를 분위수 비율 관점에서 비교하면 다음과 같다.

- QRDQN: 고정된 분위수 비율에 대응하는 분위수 예측
- IQN: 무작위로 추출된 분위수 비율에 대응하는 분위수 예측
- FQF: 학습된 분위수 비율에 대응하는 분위수 예측

신경망 fpn를 학습할 때 사용하는 loss를 'gradientW_1−tau loss'라고 하겠다. 이렇게 부르는 이유는 뒤에서 설명한다. 이제, fpn과 qvn에 대하여 알아보자.

1 구성 요소

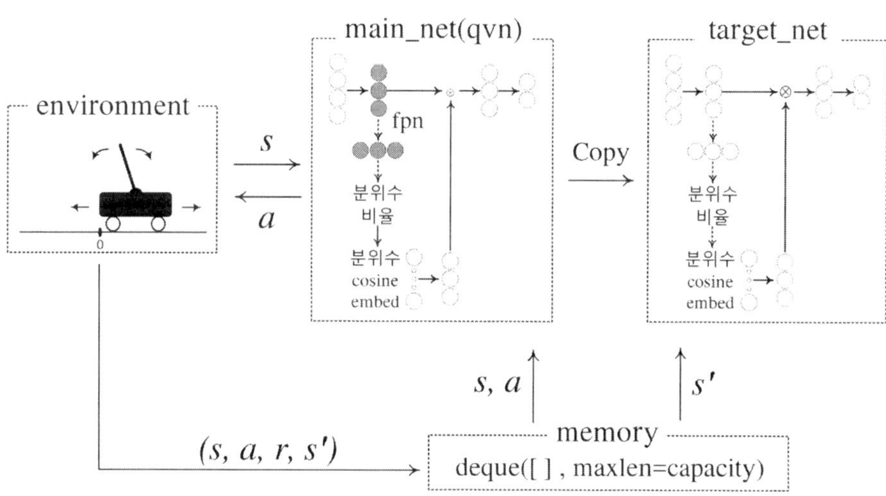

그림2

두 신경망 main_net과 target_net을 제외하고 나머지 구성요소는 QRDQN, IQN과 같다. 신경망 main_net의 출력 노드가 2개이지만, shape이 IQN과 마찬가지로 [batch_size, num_quantiles, action_size]이다. 출력 노드에서 행동을 한 개 선택하면 shape은 [batch_size, num_quantiles]이 된다. 그러므로 상태 s−행동 a의 출력 노드 가치가 각 분위수 비율 τ에 대응하는 예측 분위수 $q(s,a,\tau)$가 된다. 위 **그림2**의

main_net을 보면, 신경망 qvn이 상태(state)를 처리하기 위해 fpn를 사용한다. 그리고 fpn의 출력은 분위수 비율임을 알 수 있다. 여기서 완전히 매개화된 분위수 함수(Fully Parameterized Quantile Function, FQF)라는 용어가 나오게 된다. 뒤에서 '완전히 매개화된'에 대하여 자세히 설명한다.

2 용어 설명

2-1. 매개화된 분위수 비율

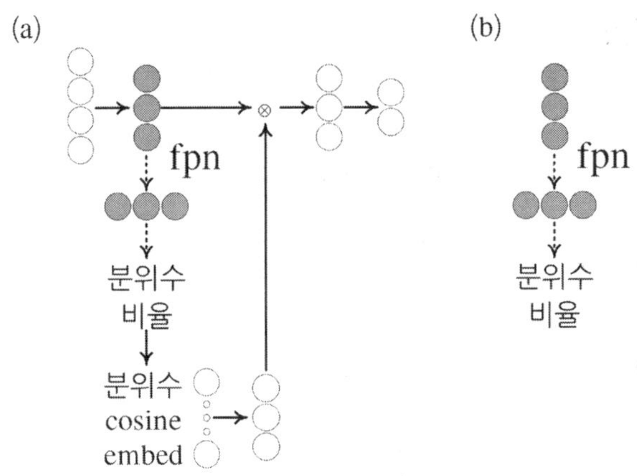

그림3

신경망의 가중치와 편향치를 파라미터(parameter)라고 한다. 그래서 **그림3**과 같이 분위수 비율 τ가 신경망 fpn(fractional proposed network)의 출력일 때, τ가 fpn의 파라미터의 함수이므로 '매개화된(parameterized) 분위수 비율 τ'이란 표현을 사용한다.

2-2. 완전히 매개화된 분위수 함수(fully parameterized quantile function)

연속확률변수에 대하여 누적분포함수의 역함수로 분위수 함수를 정의하기 때문에, 분위수 함수는 분위수 비율을 입력으로 받아서 분위수를 출력한다. **그림3**(a) 신경망 qvn에 상태가 입력되면, 분위수 비율(fpn의 출력)이 생성되고, 상태-행동 출력 노드의 값은 분위수 비율에 대응하는 분위수가 된다. 이때, 분위수 비율과 분위수를 모두 신경망으로 구하므로, **그림**3(a) 신경망을 '완전히 매개화된 분위수 함수'라고 할 수 있다.

2-3. qvn과 fpn 구별

뒤에서 다룰 클래스 QVN과 FPN의 코드를 기준으로 qvn과 fpn을 정의해 보자. qvn과 fpn은 각각 QVN과 FPN의 인스턴스를 나타내고 다음이 성립한다(**그림4**).

- 두 클래스를 선형연결층(nn.Linear)과 함수로 구성한다.
- 두 클래스는 서로 다른 선형연결층을 사용한다.
- FPN의 출력인 분위수 비율을 입력으로 사용하는 함수가 QVN에 있다.

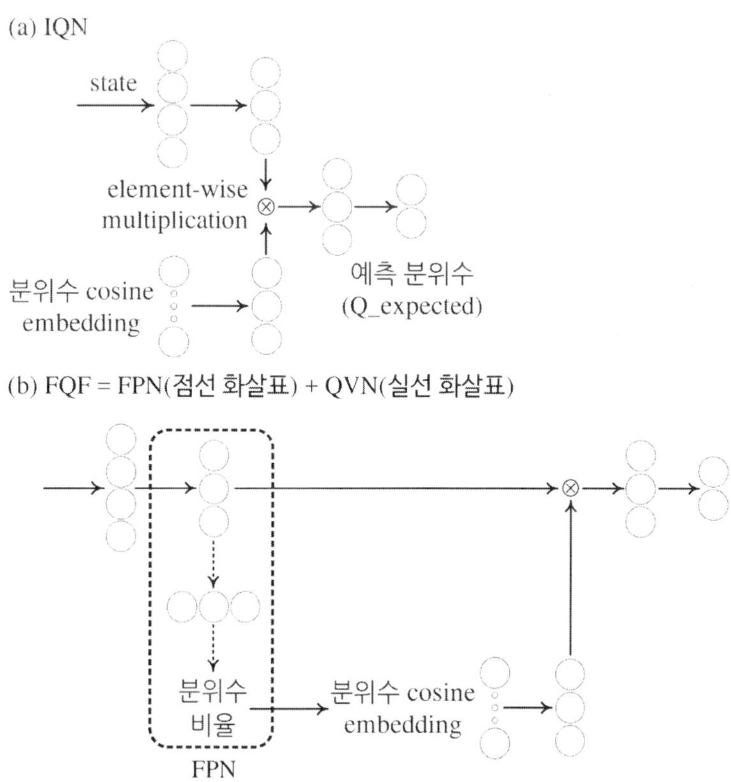

그림4

3 신경망 구조

상태 s가 입력되면 상태 s-행동 a의 가치인 q 값을 출력하는 신경망을 클래스로 코딩해야 한다. 이를 위하여 만든 그림이 아래 **그림5**(a)와 (b)이다. (a)로부터 클래스 QVN과 FPN을 구성하는 선형연결층과 함수는 다음과 같다.

- 클래스 QVN에 정의할 선형 신경망(nn.Linear)은 4개
  - ①에 있는 self.head = nn.Linear(self.input_shape, layer_size)
  - ④에 있는 self.cos_embed = nn.Linear(self.num_cos, layer_size)
  - ⑥에 있는 self.linear3 = nn.Linear(layer_size, layer_size)
  - ⑦에 있는 self.linear4 = nn.Linear(layer_size, action_size)
- 클래스 QVN에 정의할 함수는 3개
  - ①의 출력인 state_embed를 반환하는 함수 forward
  - ③에 있는 함수 cal_cos
  - ③~⑦을 처리하는 함수 get_quantiles
- 클래스 FPN에 정의할 선형 신경망(nn.Linear)은 1개
  - ②에 있는 self.ff = nn.Linear(layer_size, num_taus)

참고로 IQN에는 ②가 없다. fpn의 반환값(return)인 taus, taus_, entropy를 사용하는 곳은 다음과 같다.

- taus와 entropy를 fpn 손실에 사용
- taus_를 qvn 손실에 사용
- 평균 q 값을 계산할 때는 taus와 taus_를 모두 사용

선형연결층 ①의 출력인 state_embed를 qvn의 computation graph(qvn의 손실의 그래디언트를 구할 때 사용)에서 분리하여(detach), fpn의 선형연결층 ②에 state_ embed.detach()를 대입한다. 이렇게 해야 fpn 손실의 gradient를 구할 때, fpn의 computation graph만 사용하게 된다. 그리고 fpn을 업데이트할 때, qvn에 속한 선형연결층 ①의 파라미터를 업데이트하지 않게 된다.

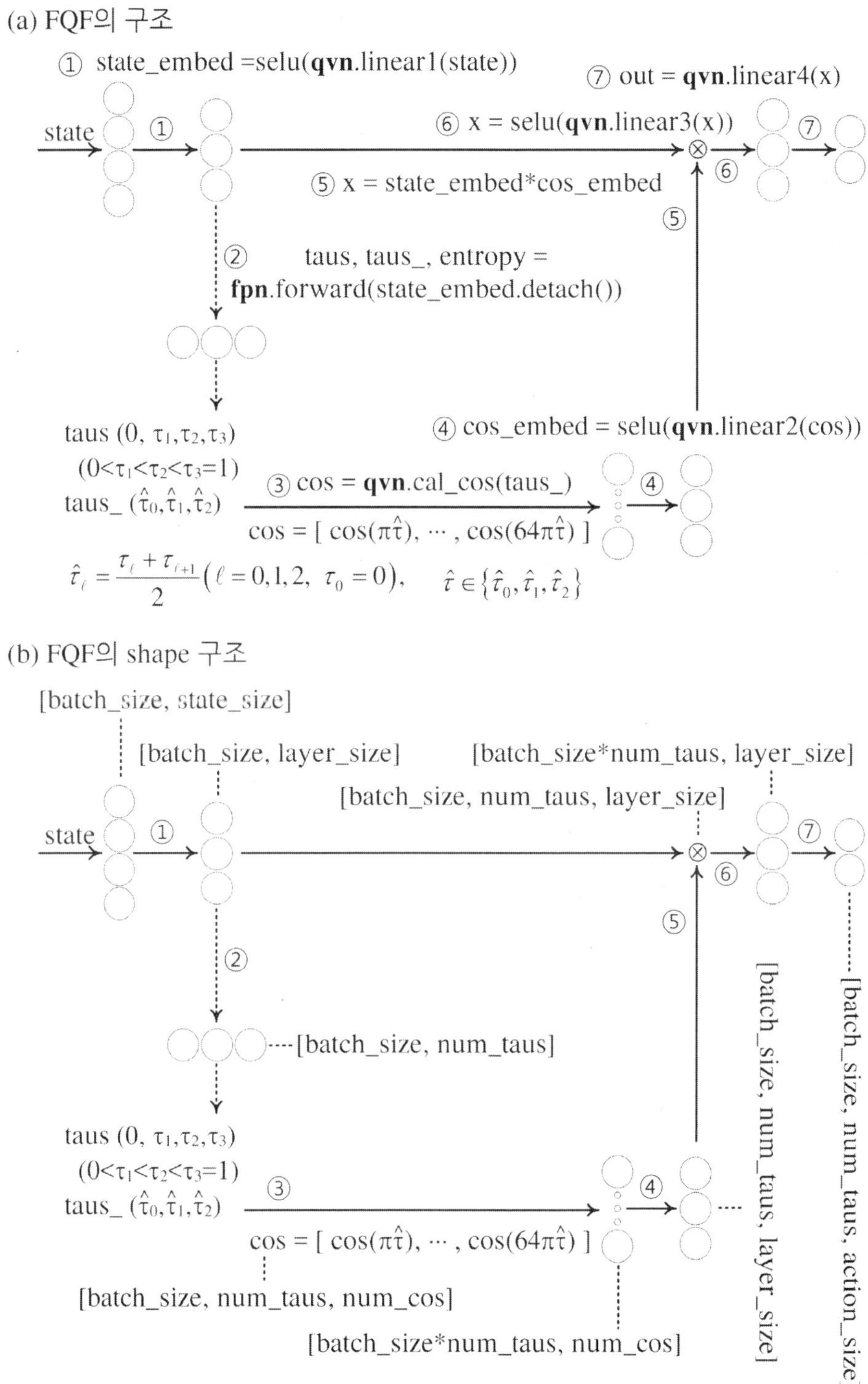

그림5. 신경망 클래스 코딩에 사용하는 이미지

그림5(b)를 보면, 함수 forward 내부에서 처리하는 선형연결층의 입력과 출력의 형태(shape)를 알 수 있다(IQN과 비교는 [부록-IQN과 shape 비교] 참고). **그림5**(a)와 (b)은 toy 신경망으로, 4개의 입력 노드와 2개의 출력 노드를 가진다. 4개 숫자를 가진 환경(CartPole-v0)의 상태인 s = (카트의 위치, 카트의 속도, 폴의 각도, 폴의 각속도)가 신경망으로 입력되기 때문에 4개 입력 노드를 가진다. 출력 노드는 2개이고 shape은 3차원으로 [batch_size, num_taus, action_size]이므로, 각 행동에 대하여 num_taus개의 분위수가 출력에 있고, 이를 분위수 비율과 대응시켜서 quantile Huber loss를 사용할 수 있다. 자세한 내용은 뒤에서 설명한다.

4 정책(상태가 입력되면 행동 출력) 정의

상태가 입력되면 행동을 출력하는 정책을 함수로 코딩해야 한다. 이때 사용하는 이미지가 아래 **그림6**이다. batch_size=1이고 신경망에 상태 s가 입력되면, 출력은 분위수 비율 τ 대한 예측 분위수 $q(s,a_1,\tau)$과 $q(s,a_2,\tau)$이 된다. 평균 예측 분위수가 큰 행동 a를 선택할 때, 탐욕적 정책(greedy policy)이라고 한다. 우리가 사용할 정책은 ε-탐욕적 정책(ε-greedy policy)으로 아래 **그림6**과 같다. 정책은 탐험(ε, exploration)과 탐색(greedy, exploitation, 활용, 이용) 사이의 균형을 맞추기 위해 사용되며, 에이전트가 최적의 행동을 선택하는 동시에 새로운 행동을 탐험할 기회를 제공한다. **그림6**(a)에서 random.random( )은 구간 [0, 1)에서 난수를 생성한다. 이 난수가 ε 보다 작으면, 무작위로 행동을 선택한다. 코드에서 ε 값을 감소하게 만들어, 시간이 지남에 따라 탐험보다는 탐색을 더 자주 선택하도록 한다. random. choice (actions)는 가능한 행동 집합(actions)에서 하나의 행동을 무작위로 선택하는 것을 의미한다. 이를 통해 에이전트는 환경의 현재 상태에서 아직 잘 알려지지 않은 행동을 시도할 수 있으며, 이는 장기적으로 환경에 대한 더 나은 이해와 높은 보상을 끌어낼 수 있다. '탐욕적'에 해당하는 $\arg\max_a E_\tau\left[q(s,a,\tau)\right]$는 주어진 상태 s에서 가능한 모든 행동 a에 대한 평균 q 값(분위수)을 **그림6**(c)와 같이 계산하여, 가장 높은 평균 q 값(평균 분위수)을 가진 행동을 선택한다.

(a)

$$\text{policy}(s,\tau)=\begin{cases}\text{random.choice}(actions) & (\text{random.random}(\ )<\varepsilon)\\ \arg\max_a E_\tau\left[q(s,a,\tau)\right] & (\text{otherwise})\end{cases}$$

(b)

알고리즘	이산확률변수 q(s,a) 값	네트워크 예측(확률p)	q(s,a) 기댓값 (확률분포표 이용)
Categorical DQN	q(s,a) 값 고정, $z_1, \cdots, z_N$	z_i에서 $p(q(s,a)=z_i)$	$E[q(s,a)] = \sum_{i=1}^{N} z_i p(q(s,a)=z_i)$

(c)

알고리즘	분위수 비율(τ)	네트워크 예측(q)	q(s,a) 기댓값 (분위수 함수 q(s,a,τ) 이용)
QRDQN	비율고정, 동일간격, $\tau_i = i/N (i=1, \cdots, N)$	$\hat{\tau}_\ell$ 에서 $q(s,a,\hat{\tau}_\ell)$	$E_\tau[q(s,a,\tau)] = \int_0^1 q(s,a,\tau)d\tau \approx \frac{1}{N}\sum_{\ell=0}^{N-1} q(s,a,\hat{\tau}_\ell)$
IQN	q 값을 구할 때마다 무작위, $\tau_1, \cdots, \tau_N$	τ_i 에서 $q(s,a,\tau_i)$	$E_\tau[q(s,a,\tau)] = \int_0^1 q(s,a,\tau)d\tau \approx \frac{1}{N}\sum_{i=1}^{N} q(s,a,\tau_i)$
FQF	신경망으로 학습, $\tau_0, \cdots, \tau_N$ $(\tau_0=0,\ \tau_N=1)$	$\hat{\tau}_i$ 에서 $q(s,a,\hat{\tau}_i)$	$E_\tau[q(s,a,\tau)] = \int_0^1 q(s,a,\tau)d\tau \approx \sum_{i=0}^{N-1} q(s,a,\hat{\tau}_i)(\tau_{i+1}-\tau_i)$

누적분포함수 $F_{Q(s,a)}(x) = P(Q(s,a) \le x)$, 분위수함수 $q(s,a,\tau) = F_{Q(s,a)}^{-1}(\tau)$

$$\hat{\tau}_i = \frac{\tau_i + \tau_{i+1}}{2}\left(i=0,\cdots,N-1,\ \tau_0=0,\ \tau_N=0\right)$$

(d)

$$\begin{aligned}E_\tau[q(s,a,\tau)] &= \int_0^1 q(s,a,\tau)d\tau\\ &= \int_{\tau_0}^{\tau_1} q(s,a,\tau)d\tau + \cdots + \int_{\tau_{N-1}}^{\tau_N} q(s,a,\tau)d\tau\\ &\approx \int_{\tau_0}^{\tau_1} q\left(s,a,\frac{\tau_0+\tau_1}{2}\right)d\tau + \cdots + \int_{\tau_{N-1}}^{\tau_N} q\left(s,a,\frac{\tau_{N-1}+\tau_N}{2}\right)d\tau\\ &= q\left(s,a,\frac{\tau_0+\tau_1}{2}\right)(\tau_1-\tau_0) + \cdots + q\left(s,a,\frac{\tau_{N-1}+\tau_N}{2}\right)(\tau_N-\tau_{N-1})\\ &= q(s,a,\hat{\tau}_0)(\tau_1-\tau_0) + \cdots + q(s,a,\hat{\tau}_{N-1})(\tau_N-\tau_{N-1})\end{aligned}$$

그림6. 정책 코딩에 사용하는 이미지

이는 '탐색'의 한 형태로, 에이전트가 이전 경험을 기반으로 최선의 행동을 선택하게 한다. **그림**6(c)는 분위수를 사용하는 QRDQN, IQN, FQF에서 행동 선택을 위하여 분위수의 평균인 $E_\tau\left[q(s,a,\tau)\right]$의 근삿값을 요약한 표이다. 이 표에서 기술한 평균의 근삿값은 분위수 비율에 대한 적분의 근삿값이지만 차이가 있음을 알 수 있다. 근삿값을 구할 때, QRDQN은 고정된 평균 분위수 비율(하이퍼파라미터)을 사용하고, IQN은 무작위로 선택한 분위수 비율을, FQF는 fpn 출력으로 얻은 분위수 비율과 평균 분위수 비율 모두를 사용하고 있다. FQF에서 사용한 근삿값에 대한 설명이 **그림** 6(d)에 있다.

5 학습데이터(memory) 정의

신경망을 학습하기 위해서는 학습데이터가 필요하다. 일반적으로 학습데이터를 미리 준비하지만, 강화학습에서는 환경과 에이전트(정책)가 상호작용하면서 얻은 경험을 학습데이터로 사용한다. 아래 **그림**7과 같이 1-step 경험(상태 s, 행동 a, 보상 r, 다음 상태 s')을 deque에 저장하고 여기서 추출한 경험을 학습데이터로 사용한다.

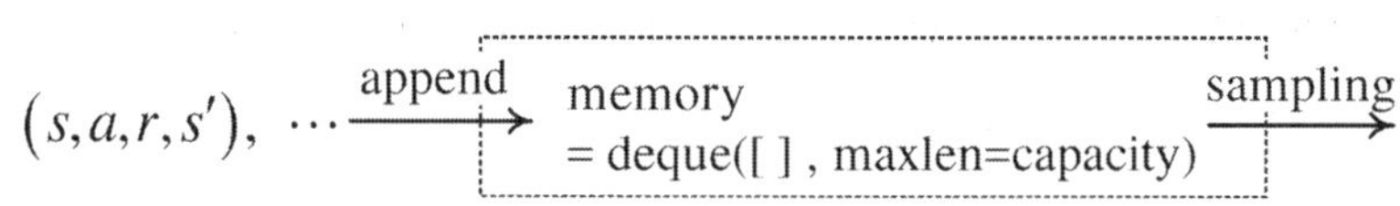

그림7. 메모리 코딩에 사용하는 이미지

6 손실 정의

FQF의 손실은 QVN 손실과 FPN 손실의 합이다. 먼저, 상태-행동 가치의 예측값(예측 분위수)과 타겟값을 구하고, 이를 사용하여 QVN의 손실인 quantile Huber loss를 계산해 보자. 그리고 FPN의 손실을 계산해 보자.

6.1 QVN의 예측값(예측 분위수)

메모리에서 1개 경험을 샘플링하면, 아래 **그림8**과 같이 평균 분위수 비율에 대응하는 예측 분위수인 $q_{qvn}(s, \tau)[a]$의 분포를 얻는다. 여기서 분위수 비율과 평균 분위수 비율은 fpn의 출력으로 얻는다.

FQF : 신경망 qvn						
예측 분위수 $q_{qvn}(s, \tau)[a]$	3	4	7	8	9	신경망 qvn 출력(분위수)
분위수 비율 ($\hat{\tau}$)	0.08 ($\hat{\tau}_0$)	0.27 ($\hat{\tau}_1$)	0.47 ($\hat{\tau}_2$)	0.63 ($\hat{\tau}_3$)	0.86 ($\hat{\tau}_4$)	비율 τ은 신경망 fpn으로 학습

$$\hat{\tau}_\ell = \frac{\tau_\ell + \tau_{\ell+1}}{2} \left(\ell = 0, \cdots, 4,\ \tau_0 = 0 \right)$$

그림8

6.2 QVN의 타겟값

그림9와 같이 Bellman 방정식과 target_net 출력으로부터 타겟값을 구한다.

$$q(s,a) = E\left[R_s^a + \gamma \max_{a'} q(s', a') \right]$$
$$\rightarrow q_{\text{target\_net}}(s,a) = r + \gamma \max_{a'} q_{\text{target\_net}}(s', a')$$

그림9

그림9로부터 구한 타겟값이 아래 **그림10**과 같이 2.8, 3.4, 5.2, 5.8, 6.4라고 하자. 타겟값은 분위수 비율에 대한 값이 아니므로 분위수가 아니고, 예측값이 목표로 하는 값이므로, 분위수 회귀 관점에서 반응변수의 값과 같은 역할을 한다.

FQF : 신경망 qvn						
Bellman 확률변수 (타겟 값)	2.8	3.4	5.2	5.8	6.4	target_net 출력값과 Bellman 방정식 이용
확률	1/5	1/5	1/5	1/5	1/5	분위수 비율은 5개 hyperparameter

그림10

6-3. QVN 손실(quantile Huber loss)

위 **그림8**의 예측 분위수와 위 **그림10**의 타겟값을 아래 **그림11**과 같이 함께 나타낼 수 있다. QRDQN과 마찬가지로 FQF의 q 값도 예측 분위수이므로 손실도 quantile Huber loss를 사용한다.

타겟값 y (그림10)	$\hat{\tau}^{th}$ 예측 분위수 $y_{\hat{\tau}}$ (그림8)				
	$\hat{\tau}_0$=0.08	$\hat{\tau}_1$=0.27	$\hat{\tau}_2$=0.47	$\hat{\tau}_3$=0.63	$\hat{\tau}_4$=0.86
2.8	3	4	7	8	9
3.4	3	4	7	8	9
5.2	3	4	7	8	9
5.8	3	4	7	8	9
6.4	3	4	7	8	9

$$\frac{1}{5}\sum_{\ell=0}^{4}\frac{1}{5}\sum_{i=1}^{5}\left|\hat{\tau}_\ell - I_{y_i - y_{\hat{\tau}_\ell}}\right| L_\kappa\left(y_i - y_{\hat{\tau}_\ell}\right)/\kappa,\ \hat{\tau}_\ell = \frac{\tau_\ell + \tau_{\ell+1}}{2}\left(0 \le \ell \le 4,\ \tau_0 = 0\right)$$

그림11. qvn 손실 코딩에 사용하는 이미지

그림11에 대한 quantile Huber loss는 아래와 같다.

$$\frac{1}{5}\sum_{\ell=0}^{4}\frac{1}{5}\sum_{i=1}^{5}\left|\hat{\tau}_\ell - I_{y_i - y_{\hat{\tau}_\ell}}\right| L_\kappa\left(y_i - y_{\hat{\tau}_\ell}\right)/\kappa$$

위 식을 평균 기호로 나타내면 다음과 같다.

$$E_{y_{\hat{\tau}}}\left[E_y\left[\left|\tau - I_{y-y_{\hat{\tau}}}\right| L_\kappa\left(y-y_{\hat{\tau}}\right)/\kappa\right]\right]$$

여기서 확률변수 y, $y_{\hat{\tau}}$ 가 가지는 값은 각각 다음과 같다.

$$y_1 = 2.8,\ y_2 = 3.4,\ y_3 = 5.2,\ y_4 = 5.8,\ y_5 = 6.4$$
$$y_{\hat{\tau}_1} = 3,\ y_{\hat{\tau}_2} = 4,\ y_{\hat{\tau}_3} = 7,\ y_{\hat{\tau}_4} = 8,\ y_{\hat{\tau}_5} = 9$$

QVN 손실에 **그림11**의 데이터를 대입하면, 아래 **그림12**과 같이 손실을 계산할 수 있다([부록–엑셀] 참고).

$$\mathrm{I}_m = \begin{cases} 1 & (m<0) \\ 0 & (m \geq 0) \end{cases},\quad L_1(u) = \begin{cases} \dfrac{1}{2}u^2 & (|u| \leq 1) \\ 1 \cdot \left(|u| - \dfrac{1}{2}\cdot 1\right) & (|u|>1) \end{cases}$$

$$S_0 = \frac{1}{5}\left\{\begin{matrix} \left|\hat{\tau}_0 - I_{2.8-3}\right| L_1(2.8-3) + \left|\hat{\tau}_0 - I_{3.4-3}\right| L_1(3.4-3) + \left|\hat{\tau}_0 - I_{5.2-3}\right| L_1(5.2-3) \\ + \left|\hat{\tau}_0 - I_{5.8-3}\right| L_1(5.8-3) + \left|\hat{\tau}_0 - I_{6.4-3}\right| L_1(6.4-3) \end{matrix}\right\} = 0.115$$

$$S_1 = \frac{1}{5}\left\{\begin{matrix} \left|\hat{\tau}_1 - I_{2.8-4}\right| L_1(2.8-4) + \left|\hat{\tau}_1 - I_{3.4-4}\right| L_1(3.4-4) + \left|\hat{\tau}_1 - I_{5.2-4}\right| L_1(5.2-4) \\ + \left|\hat{\tau}_1 - I_{5.8-4}\right| L_1(5.8-4) + \left|\hat{\tau}_1 - I_{6.4-4}\right| L_1(6.4-4) \end{matrix}\right\} = 0.339$$

$$S_2 = \frac{1}{5}\left\{\begin{matrix} \left|\hat{\tau}_2 - I_{2.8-7}\right| L_1(2.8-7) + \left|\hat{\tau}_2 - I_{3.4-7}\right| L_1(3.4-7) + \left|\hat{\tau}_2 - I_{5.2-7}\right| L_1(5.2-7) \\ + \left|\hat{\tau}_2 - I_{5.8-7}\right| L_1(5.8-7) + \left|\hat{\tau}_2 - I_{6.4-7}\right| L_1(6.4-7) \end{matrix}\right\} = 0.952$$

$$S_3 = \frac{1}{5}\left\{\begin{matrix} \left|\hat{\tau}_3 - I_{2.8-8}\right| L_1(2.8-8) + \left|\hat{\tau}_3 - I_{3.4-8}\right| L_1(3.4-8) + \left|\hat{\tau}_3 - I_{5.2-8}\right| L_1(5.2-8) \\ + \left|\hat{\tau}_3 - I_{5.8-8}\right| L_1(5.8-8) + \left|\hat{\tau}_3 - I_{6.4-8}\right| L_1(6.4-8) \end{matrix}\right\} = 1.029$$

$$S_4 = \frac{1}{5}\left\{\begin{matrix} \left|\hat{\tau}_4 - I_{2.8-9}\right| L_1(2.8-9) + \left|\hat{\tau}_4 - I_{3.4-9}\right| L_1(3.4-9) + \left|\hat{\tau}_4 - I_{5.2-9}\right| L_1(5.2-9) \\ + \left|\hat{\tau}_4 - I_{5.8-9}\right| L_1(5.8-9) + \left|\hat{\tau}_4 - I_{6.4-9}\right| L_1(6.4-9) \end{matrix}\right\} = 0.529$$

$$\therefore \text{quantile Huber loss} = \frac{1}{5}\left(S_0 + S_1 + S_2 + S_3 + S_4\right) = 0.593$$

그림12

6-4. FPN 손실

신경망 fpn의 손실은 다음과 같이 두 손실의 합으로 정의한다.

fpn_loss = gradientW_1tau_loss + entropy_loss

코드에서 사용할 두 손실에 대한 수식은 아래 식(11)~(13)에 있다. 이제 각각의 손실에 대하여 알아보자.

6.4.1 gradientW1-tau loss의 이론적 정의

예측 분위수와 타겟값 사이의 1-Wasserstein (W_1) 거리([부록-1-Wasserstein (W_1) 거리 정의] 참고)를 최소화하는 분위수 비율 τ를 찾기 위해, fpn의 파라미터를 경사하강법으로 업데이트해야 한다. 업데이트하기 위해서는 fpn의 파라미터 w로 W_1을 편미분한 gradient를 구해야 한다.

$$\frac{\partial W_1}{\partial w} \tag{1}$$

그러나 적분으로 표현된 W_1([부록-1-Wasserstein (W_1) 거리 정의] 참고)을 이산화하여 fpn의 손실함수로 만든 후 gradient를 구하는 과정은 쉬운 일이 아니다. 적분을 이산화하지 않으면서 식(1)을 계산하여 fpn의 손실을 정의해야 한다. 이를 위하여 다음과 같이 편미분을 변형하자.

$$\frac{\partial W_1}{\partial w} = \frac{\partial W_1}{\partial \tau}\frac{\partial}{\partial w}\tau \tag{2}$$

분위수 비율이 N개인 경우, 식(2)를 이용하여 fpn의 이론적 손실을 식(3)과 같이 정의한다. 손실인 식(3)을 기억할 수 있도록 식(3)을 gradientW_1-tau loss라고 하자.

$$\sum_{i=1}^{N-1} \frac{\partial W_1}{\partial \tau_i}\tau_i \left(0 = \tau_0 < \tau_i < \tau_{i+1} \le 1,\ \ \tau_N = 1\right) \tag{3}$$

여기서 τ_0와 τ_N은 고정값이므로 τ_0와 τ_N으로 W_1을 편미분하지 않는다. 그리고 모든 편도함수 $\frac{\partial W_1}{\partial \tau_i}$는 computation graph에서 분리된(detach) 값이다. Leibniz integral rule과 분위수 함수 F^{-1}의 증가 성질을 사용하여 편미분을 계산하면 다음과 같다([부록-W_1 편미분] 참고).

$$\frac{\partial W_1}{\partial \tau_i} = \left\{F^{-1}(\tau_i) - F^{-1}(\hat{\tau}_{i-1})\right\} + \left\{F^{-1}(\tau_i) - F^{-1}(\hat{\tau}_i)\right\} (1 \le i \le N-1) \quad (4)$$

식(4)를 식(3)에 대입하면 fpn의 이론적 loss는 다음과 같다.

$$\sum_{i=1}^{N-1} \left[\left\{F^{-1}(\tau_i) - F^{-1}(\hat{\tau}_{i-1})\right\} + \left\{F^{-1}(\tau_i) - F^{-1}(\hat{\tau}_i)\right\}\right] \tau_i \quad (5)$$

6.4.2 gradientW1-tau loss를 코드로 구현

식(5)를 구할 때, 다음 성질을 이용했다.

$$\text{분위수 함수 } F^{-1}\text{는 증가} \quad (6)$$

그러나 코드에서 사용하는 F^{-1}는 예측 분위수이므로 성질(6)을 보장할 수 없다. 이런 문제를 해결하기 위하여 예측 분위수 F^{-1}가 증가 성질을 만족할 때는 식(4)를 따르지만, 그렇지 않을 때는 식(4)와 반대 부호를 가지도록 변형한다.[1] 예를 들면, 분위수 비율이 5개(N=5)일 때, 아래 분위수 비율에 대한 예측 분위수 F^{-1}가 증가성을 만족하면 식(4)를 따르고 아니면 반대 부호를 가지도록 변형해 보자.

$$\tau_0 < \tau_1 < \tau_2 < \tau_3 < \tau_4 < \tau_5$$

▶경우 1. 식(4)에서 i=1일 때, 아래 식(5)의 우변을 어떻게 변형하는지 알아보자.

$$\frac{\partial W_1}{\partial \tau_1} = \left\{F^{-1}(\tau_1) - F^{-1}(\hat{\tau}_0)\right\} + \left\{F^{-1}(\tau_1) - F^{-1}(\hat{\tau}_1)\right\} \quad (5)$$

---

1) https://github.com/toshikwa/fqf-iqn-qrdqn.pytorch/blob/master/fqf_iqn_qrdqn/agent/fqf_agent.py

• 구간 $[\tau_0, \tau_1](\tau_0 = 0)$ 에서 F^{-1}의 증가 성질을 이용하여 식(5) 우변의 첫 번째 항을 얻는다.

$$F^{-1}(\tau_1) - F^{-1}(\hat{\tau}_0) \tag{6}$$

코드에서는 식(6)을 다음과 같이 변형한다.

$$\left\{\text{sgn}\left(F^{-1}(\tau_1) - F^{-1}(\hat{\tau}_0)\right)\right\}\left\{F^{-1}(\tau_1) - F^{-1}(\hat{\tau}_0)\right\} \tag{7}$$

여기서 sgn은 다음과 같이 정의한다.

$$\text{sgn}(x) = \begin{cases} 1 & (x > 0) \\ -1 & (x \leq 0) \end{cases}$$

• 구간 $[\tau_1, \tau_2]$ 에서 F^{-1}의 증가 성질을 이용하여 식(5) 우변의 두 번째 항을 얻는다.

$$F^{-1}(\tau_1) - F^{-1}(\hat{\tau}_1) \tag{8}$$

코드에서 식(8)을 다음과 같이 변형한다.

$$\left\{\text{sgn}\left(F^{-1}(\tau_2) - F^{-1}(\tau_1)\right)\right\}\left\{F^{-1}(\tau_1) - F^{-1}(\hat{\tau}_1)\right\} \tag{9}$$

식(5)의 우변을 식(7)과 (9)를 이용하면, 식(10)과 같이 경우 1에 대하여 우리가 원하는 변형을 얻는다.

$$\begin{aligned} &\left\{F^{-1}(\tau_1) - F^{-1}(\hat{\tau}_0)\right\} + \left\{F^{-1}(\tau_1) - F^{-1}(\hat{\tau}_1)\right\} \\ &\rightarrow \\ &\quad \left\{\text{sgn}\left(F^{-1}(\tau_1) - F^{-1}(\hat{\tau}_0)\right)\right\}\left\{F^{-1}(\tau_1) - F^{-1}(\hat{\tau}_0)\right\} \\ &\quad + \left\{\text{sgn}\left(F^{-1}(\tau_2) - F^{-1}(\tau_1)\right)\right\}\left\{F^{-1}(\tau_1) - F^{-1}(\hat{\tau}_1)\right\} \end{aligned} \tag{10}$$

경우 1과 같은 방법을 적용하여 아래 경우 2, 3을 얻는다.

▶경우 2. 식(4)에서 i=2, 3일 때는 다음과 같이 변형한다.

$$\left\{F^{-1}(\tau_i)-F^{-1}(\hat{\tau}_{i-1})\right\}+\left\{F^{-1}(\tau_i)-F^{-1}(\hat{\tau}_i)\right\}(i=2,3)$$
$$\rightarrow$$
$$\left\{\text{sgn}\left(F^{-1}(\tau_i)-F^{-1}(\tau_{i-1})\right)\right\}\left\{F^{-1}(\tau_i)-F^{-1}(\hat{\tau}_{i-1})\right\}$$
$$+\left\{\text{sgn}\left(F^{-1}(\tau_{i+1})-F^{-1}(\tau_i)\right)\right\}\left\{F^{-1}(\tau_i)-F^{-1}(\hat{\tau}_i)\right\}$$

▶경우 3. 식(4)에서 i=4일 때는 다음과 같이 변형한다.

$$\left\{F^{-1}(\tau_4)-F^{-1}(\hat{\tau}_3)\right\}+\left\{F^{-1}(\tau_4)-F^{-1}(\hat{\tau}_4)\right\}$$
$$\rightarrow$$
$$\left\{\text{sgn}\left(F^{-1}(\tau_4)-F^{-1}(\tau_3)\right)\right\}\left\{F^{-1}(\tau_4)-F^{-1}(\hat{\tau}_3)\right\}$$
$$+\left\{\text{sgn}\left(F^{-1}(\hat{\tau}_4)-F^{-1}(\tau_4)\right)\right\}\left\{F^{-1}(\tau_4)-F^{-1}(\hat{\tau}_4)\right\}$$

경우 1, 2, 3에 의하여 식(4)를 코드로 구현할 때는 다음 식을 사용한다.

$$\frac{\partial W_1}{\partial \tau_i}=$$
$$\begin{cases}
\left\{\text{sgn}\left(F^{-1}(\tau_1)-F^{-1}(\hat{\tau}_0)\right)\right\}\left\{F^{-1}(\tau_1)-F^{-1}(\hat{\tau}_0)\right\} & \\
\quad+\left\{\text{sgn}\left(F^{-1}(\tau_2)-F^{-1}(\tau_1)\right)\right\}\left\{F^{-1}(\tau_1)-F^{-1}(\hat{\tau}_1)\right\}, & (i=1) \\
\left\{\text{sgn}\left(F^{-1}(\tau_i)-F^{-1}(\tau_{i-1})\right)\right\}\left\{F^{-1}(\tau_i)-F^{-1}(\hat{\tau}_{i-1})\right\} & \\
\quad+\left\{\text{sgn}\left(F^{-1}(\tau_{i+1})-F^{-1}(\tau_i)\right)\right\}\left\{F^{-1}(\tau_i)-F^{-1}(\hat{\tau}_i)\right\}, & (i=2,3) \\
\left\{\text{sgn}\left(F^{-1}(\tau_4)-F^{-1}(\tau_3)\right)\right\}\left\{F^{-1}(\tau_4)-F^{-1}(\hat{\tau}_3)\right\} & \\
\quad+\left\{\text{sgn}\left(F^{-1}(\hat{\tau}_4)-F^{-1}(\tau_4)\right)\right\}\left\{F^{-1}(\tau_4)-F^{-1}(\hat{\tau}_4)\right\} & (i=4)
\end{cases}$$

위 식을 벡터로 표현하면 다음과 같다.

$$\text{sgn1\_bool} = \left(F^{-1}(\tau_1), F^{-1}(\tau_2), F^{-1}(\tau_3), F^{-1}(\tau_4)\right)$$
$$> \left(F^{-1}(\hat{\tau}_0), F^{-1}(\tau_1), F^{-1}(\tau_2), F^{-1}(\tau_3)\right),$$
$$\text{grad1} = \begin{pmatrix} F^{-1}(\tau_1) - F^{-1}(\hat{\tau}_0), F^{-1}(\tau_2) - F^{-1}(\hat{\tau}_1), \\ F^{-1}(\tau_3) - F^{-1}(\hat{\tau}_2), F^{-1}(\tau_4) - F^{-1}(\hat{\tau}_3) \end{pmatrix},$$

$$\text{sgn2\_bool} = \left(F^{-1}(\tau_2), F^{-1}(\tau_3), F^{-1}(\tau_4), F^{-1}(\hat{\tau}_4)\right)$$
$$> \left(F^{-1}(\tau_1), F^{-1}(\tau_2), F^{-1}(\tau_3), F^{-1}(\tau_4)\right), \qquad (11)$$
$$\text{grad2} = \begin{pmatrix} F^{-1}(\tau_1) - F^{-1}(\hat{\tau}_1), F^{-1}(\tau_2) - F^{-1}(\hat{\tau}_2), \\ F^{-1}(\tau_3) - F^{-1}(\hat{\tau}_3), F^{-1}(\tau_4) - F^{-1}(\hat{\tau}_4) \end{pmatrix},$$

$$\left(\frac{\partial W_1}{\partial \tau_1}, \frac{\partial W_1}{\partial \tau_2}, \frac{\partial W_1}{\partial \tau_3}, \frac{\partial W_1}{\partial \tau_4}\right)$$
$$= \text{torch.where(sgn1\_bool, grad1, - grad1)}$$
$$+ \text{torch.where(sgn2\_bool, grad2, -grad2)}$$

따라서 코드에서 사용할 gradientW$_1$−tau_loss는 다음과 같다.

$$\text{gradientW}_1\text{tau\_loss} = \left(\frac{\partial W_1}{\partial \tau_1}, \frac{\partial W_1}{\partial \tau_2}, \frac{\partial W_1}{\partial \tau_3}, \frac{\partial W_1}{\partial \tau_4}\right) \cdot \left(\tau_1, \tau_2, \tau_3, \tau_4\right) \qquad (12)$$

6.4.3 entropy loss 정의

분위수 비율 τ가 균등하게 분포할 수 있도록 엔트로피 H(τ)를 사용한다. 분위수 비율이 5개일 때, fpn의 출력 노드는 5개가 된다. 5개 출력값으로 5개 확률을 구하고 이를 이용하여 5개 분위수 비율을 구한다. 이 확률을 사용하여 아래 **그림13**과 같이 엔트로피 H(τ)를 구한다.

FQF : 신경망 fpn					
확률 p	p_1	p_2	p_3	p_4	p_5
분위수 비율 (τ)	p_1 (τ_1)	p_1+p_2 (τ_2)	$p_1+p_2+p_3$ (τ_3)	$p_1+...+p_4$ (τ_4)	$p_1+...+p_5$ (τ_5)
엔트로피 $H(\tau) = -\sum_{i=1}^{5} p_i \log p_i$					

그림13. entropy 손실 코딩에 사용하는 이미지

• 엔트로피 손실 정의: 엔트로피 손실은 다음과 같이 정의한다.

$$\text{entropy loss} = -\lambda H(\tau) \tag{13}$$

여기서 λ는 양수 하이퍼파라미터이며, $H(\tau)$는 **그림13**에서 정의한 엔트로피로이다.

• 엔트로피 손실 값의 부호: λ와 $H(\tau)$가 양수이기 때문에, $-\lambda H(\tau)$는 음수가 된다. $-\lambda H(\tau)$가 '손실'을 나타내므로, $-\lambda H(\tau)$를 줄이는 것이 목표이다. 따라서 $-\lambda H(\tau)$ 값은 더 작은 음수 값으로 감수한다.

• 엔트로피 손실 $-\lambda H(\tau)$가 감소하면 엔트로피 $H(\tau)$ 증가: 만약 엔트로피 손실이 -1에서 -5로 감소한다면, 이는 실제로 $H(\tau)$가 증가했다는 것을 의미한다. λ가 1이라고 가정하면, 엔트로피 $H(\tau)$는 4만큼 증가한 것이다. 이는 τ의 분포가 더 균등하게 되었음을 의미한다.

6.5 FQF 손실

FQF 손실은 위에서 구한 QVN 손실(quantile Huber loss)과 FPN 손실의 합이다.

7 파라미터 업데이트 함수 정의

아래 순서로 코딩하여 신경망의 파라미터를 업데이트한다.

① **그림7**에서 설명한 memory로부터 batch_size만큼의 경험을 추출한다.

② **그림8~13**에서 설명한 예측값과 타겟값을 사용하여 손실을 만든다.

③ 손실의 gradient를 구하여 파라미터를 업데이트한다.

8 Main

지금까지 위에서 설명한 '신경망 클래스 코딩에 사용하는 이미지(**그림5**)', '정책 코딩에 사용하는 이미지(**그림6**)', '메모리 코딩에 사용하는 이미지(**그림7**)'와 '손실 코딩에 사용하는 이미지와 식(**그림11**, 식(3), 식(12), **그림13**)'를 이용하여 아래 순서로 FQF를 코딩한다.

① 환경의 상태를 초기화한다.

② 환경의 현재 상태를 정책에 입력하여 행동을 선택한다(**그림5, 6**).

③ 행동을 환경에 입력하여, 환경으로부터 다음 상태, 보상, CartPole 이동 종료 여부(done)를 반환받는다

④ 경험(현재 상태, 행동, 보상, 다음 상태, done)을 메모리에 저장한다(**그림7**).

⑤ 다음 상태를 현재 상태로 저장한다.

⑥ memory에 저장된 경험 개수가 batch_size보다 작으면 위 과정을 반복한다. 그렇지 않으면 위의 '7. 파라미터 업데이트 함수'를 호출하여 main_net의 파라미터를 업데이트한다(**그림11**, 식(3), 식(12), **그림13**).

⑦ target_net의 파라미터를 main_net의 파라미터로 soft update한다.

9 코드 설명

위 **그림13**에서 정의한 entropy H(p)는 아래 **그림14**의 line 29와 같다. 여기서 q는 확률 p에 해당한다. Line 24에서 q=q_log.exp( )과 같이 exp를 사용한 이유는 q_log가 nn.LogSoftmax로 구한 값이기 때문이다. 만약 nn.Softmax를 사용했다면, exp를 사용하지 않는다. nn.LogSoftmax가 nn.Softmax보다 수치적 안정성과 계산 효율이 높다고 알려져 있다. 식(13)에서 정의한 entropy_loss는 $-\lambda H(p)$이고 이를 구현한 코드는 **그림14**의 line 42에 있는 -coeff*entropy이다.

```
import torch, torch.nn as nn, gym

num_tau=5
env = gym.make("CartPole-v0")
coeff=1.0 # entropy loss 계수(수식에서 lambda에 해당)
layer_size=3

class QVN(nn.Module):
 def __init__(self):
  super().__init__()
  self.head = nn.Linear(4, layer_size)

 def forward(self, input):
  return torch.selu(self.head(input))

class FPN(nn.Module):
 def __init__(self):
  super().__init__()
  self.ff = nn.Linear(layer_size, num_tau)
  self.log_softmax = nn.LogSoftmax(dim=1)

 def forward(self,x):
  q_log = self.log_softmax(self.ff(x))
  q = q_log.exp()
  print(f'확률 p={q}')
  taus = torch.cumsum(q, dim=1)
  taus = torch.cat((torch.zeros((q.shape[0], 1)), taus), dim=1)
  taus_ = (taus[:, :-1] + taus[:, 1:]).detach() / 2.
  entropy = -(q * q_log).sum(dim=-1, keepdim=True)
  return taus, taus_, entropy

qvn = QVN()
fpn = FPN()

state=env.reset()
state=torch.from_numpy(state).float().unsqueeze(0)
with torch.no_grad():
 state_embed = qvn.forward(state)
 taus, taus_, entropy = fpn(state_embed)
 print(f'taus={taus}')
 print(f'taus_={taus_}')
 print(f'entropyLoss={-coeff*entropy}')
```

그림14

10 전체 코드

그림15는 전체 코드를 실행했을 때의 학습 과정을 나타낸다.

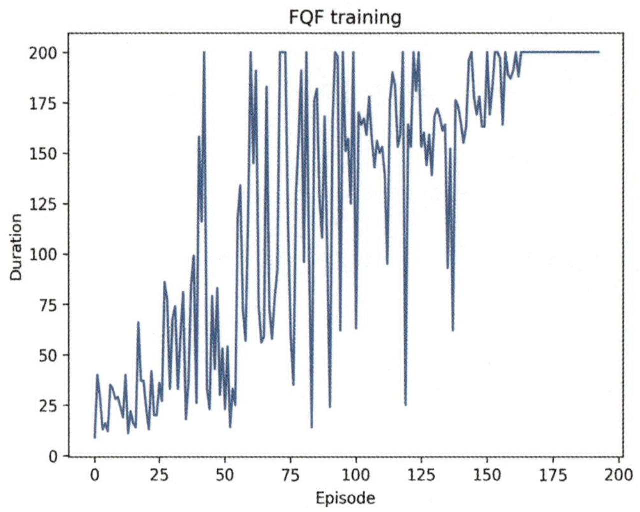

그림15

전체 코드를 아래와 같은 흐름으로 구현한다.

#1. 신경망 정의(**그림16** line 25~81)

그림5를 이용하여 신경망을 코드로 구현한다.

#2. 행동을 선택하는 정책(policy) 정의(line 87~107)

그림6을 이용하여 ε-탐욕적 정책(ε-greedy policy)을 코드로 구현한다. **그림2**를 보면 입력은 상태(s)이고 return은 선택한 행동(a)이다.

#3. 메모리 정의(line 109, 110)

그림7을 이용하여 memory를 코드로 구현한다.

#4. 파라미터 update 함수 정의(line 112~207)

메모리에서 batch_size만큼의 경험을 무작위로 추출하여(line 117, 118) 학습데이터를 만든다(line 119~128). fpn loss 계산을 위해 식(12)로 gradient(식(3))를 구현할 때, computation graph가 자동으로 생성된다. 그러나 식(3)에 있는 gradient는 편미분 대상이 아니므로 computation graph가 필요하지 않다. 불필요한 computation graph가 생성되어 컴퓨터 메모리 자원을 낭비하는 문제를 해결하기 위해 'with torch.no_ grad( )'를 사용한다. 'with torch.no_ grad( )' 블록 내부에서 타겟값을 계산하면 computation graph가 생성되지 않는다(line 144~155). qvn loss 계산을 위해 타겟값을 구할 때도 마찬가지로, 타겟값에 포함된 target_net의 파라미터는 업데이트 대상이 아니므로 computation graph가 필요하지 않으므로 'with torch.no_ grad( )'를 사용한다. 'with torch.no_ grad( )' 블록 내부에서 타겟값을 계산하면 computation graph가 생성되지 않는다(line 162~185). Line 183에 있는 변수 Q_targets가 타겟값이고, line 139에 있는 변수 Q_expected가 예측값이다. 식(12)와 **그림13**을 이용하여 fpn loss(line 137~159)를 정의하고 **그림11**을 이용하여 qvn loss(line 137~139, 161~197)를 정의한다. 신경망 FPN의 파라미터를 업데이트(line 199~202)하고 신경망 QVN의 파라미터도 업데이트한다(line 204~207).

#5. main(line 215~257)

```
for 에피소드_인덱스 in range(num_episodes):
  환경이 현재 상태 제공
  for 이동_인덱스 in range(200):#200은 이동 가능한 최대 횟수
    epsilon-greedy 정책으로 행동 선택
    행동을 입력받은 환경이 다음 상태, 보상, 종료여부를 제공
    메모리에 경험 저장
    환경의 다음 상태를 현재 상태로 저장
    메모리의 경험이 배치 사이즈 이상이면 update 함수 실행
    qvn으로 target_net을 업데이트
    CartPole 이동이 종료되면 이동 횟수를 append
  이동 횟수 200번이 연속해서 30회이면 학습을 종료
```

전체 코드를 구현하면 다음과 같다.

```
import statistics, random, time, numpy as np, matplotlib.pyplot as plt, gym, warnings
import torch, torch.nn as nn, torch.nn.functional as F, torch.optim as optim
from collections import deque
from copy import deepcopy
from torch.utils.data import DataLoader
from itertools import count, groupby
warnings.filterwarnings('ignore')

device=torch.device('cuda' if torch.cuda.is_available() else 'cpu')

env = gym.make('CartPole-v0')
batch_size = 256
gamma = 0.99
eps_start, eps_end, eps_decay = 1., 0.01, 0.99
eps=eps_start
target_rate=1e-2
LR = 1e-3
kappa=1.0
layer_size=128
num_cos = 64
pis = torch.FloatTensor([np.pi*i for i in range(1,num_cos+1)]).view(1,1,num_cos)
entropy_coeff = 0.0
num_tau=64

##### 1. 신경망(DQN) : 그림5
class QVN(nn.Module):
    """ Quantile Value Network """
    def __init__(self):
        super().__init__()
        self.head = nn.Linear(env.observation_space.shape[0], layer_size)
        self.cos_embed = nn.Linear(num_cos, layer_size)
        self.linear3 = nn.Linear(layer_size, layer_size)
        self.linear4 = nn.Linear(layer_size, env.action_space.n)

    def forward(self, input):
        """ input.shape is (1, 4) or (batch_size, 4) """
        return torch.selu(self.head(input))

    def calc_cos(self,taus):
        """ taus.shape is (1, num_tau) or (batch_size, num_tau) """
        batch_size = taus.shape[0]
        num_tau = taus.shape[1]
        cos = torch.cos(taus.unsqueeze(-1)*pis.to(device))# 브로드캐스팅
        #(batch_size, num_tau, 1) * (1, 1, num_cos) = (batch_size, num_tau, num_cos)
        assert cos.shape == (batch_size,num_tau,num_cos), "cos shape is incorrect"
        return cos
```

```
    def get_quantiles(self, states_embed, taus):
        """
        states_embed.shape is (1, layer_size) or (batch_size, layer_size)
        taus.shape is (1, num_tau) or (batch_size, num_tau)
        """
        batch_size = states_embed.shape[0]
        num_tau = taus.shape[1]
        cos = self.calc_cos(taus)
        cos = cos.view(batch_size*num_tau, num_cos)
        cos_embed = torch.selu(self.cos_embed(cos)).view(batch_size, num_tau, layer_size)
        x = (states_embed.unsqueeze(1)*cos_embed).view(batch_size*num_tau, layer_size)
        x = torch.selu(self.linear3(x))
        out = self.linear4(x)
        return out.view(batch_size, num_tau, env.action_space.n)

class FPN(nn.Module):
    """ Fraction proposal network """
    def __init__(self):
        super().__init__()
        self.ff = nn.Linear(layer_size, num_tau)
        self.log_softmax = nn.LogSoftmax(dim=1)

    def forward(self,x):
        """x.shape is (1, layer_size) or (batch_size, layer_size)"""
        p_log = self.log_softmax(self.ff(x))
        p = p_log.exp()
        taus = torch.cumsum(p, dim=1)
        taus = torch.cat((torch.zeros((p.shape[0], 1)).to(device), taus), dim=1)
        assert taus.shape == (p.shape[0], num_tau+1), "taus.shape is wrong"

        taus_ = (taus[:, :-1] + taus[:, 1:]).detach() / 2.
        entropy = -(p * p_log).sum(dim=-1, keepdim=True)
        assert entropy.shape == (p.shape[0], 1), "entropy.shape is wrong"
        return taus, taus_, entropy

qvn = QVN().to(device)
target_net = QVN().to(device)
fpn = FPN().to(device)

##### 2. 행동을 선택하는 정책(policy) : 그림6
def policy(state, eps):
    """
    state is a numpy of shape (env.observation_space.shape[0],)
    eps is a real number
    """
    # generate random numbers uniformly distributed between 0 (inclusive) and 1 (exclusive).
    if np.random.rand() < eps:
        action = env.action_space.sample()
```

```
    else:
        state = torch.FloatTensor(state).unsqueeze(0).to(device)
        with torch.no_grad():
            state_embed = qvn.forward(state)
            taus, taus_, entropy = fpn(state_embed)
            Fminus1 = qvn.get_quantiles(state_embed, taus_)
            q_values = ((taus[:, 1:].unsqueeze(-1) - taus[:, :-1].unsqueeze(-1)) * Fminus1).sum(1)
            assert q_values.shape == (1, env.action_space.n)
        action = torch.argmax(q_values, dim=1).item()
        # 배열 action_values을 flatten version(벡터)을 만든다. 2개 숫자가 생김
        # 최대 숫자가 있는 index가 action
    return action

##### 3. 메모리(memory) : 그림7
memory = deque([ ], maxlen=50000)

##### 4. 파라미터 업데이트 함수 : 그림11~13
qvn_optimizer = optim.Adam(qvn.parameters(), lr=1e-3)
frac_optimizer = optim.Adam(fpn.parameters(), lr=1e-8)

def update():
    # numpy 경험 추출
    experience = random.sample(memory, batch_size)
    # tensor 학습 데이터
    dataloader = DataLoader(experience, batch_size=batch_size)
    # batch_size = experience_size 이므로 experience 1개를 batch로 처리.
    # 즉, 아래 for loop은 1회 실행
    for states, actions, rewards, next_states, dones in dataloader:
        states = states.to(device)
        actions = actions.to(device)
        rewards = rewards.to(device)
        next_states = next_states.to(device)
        dones = dones.to(device)

        states_embed = qvn.forward(states)
        taus, taus_, entropy = fpn(states_embed.detach())
        # taus.shape = (batch_size, num_tau+1)
        # taus_.shape = (batch_size, num_tau)
        # entropy.shape = (batch_size, 1)

        ## 1. qvn의 예측값
        Q_expected = qvn.get_quantiles(states_embed, taus_) # (batch_size, num_tau, action_szie)
        actions_unsq = actions.unsqueeze(-1).unsqueeze(-1) # (batch_size, 1, 1)
        Q_expected = Q_expected.gather(2, actions_unsq.expand(batch_size, num_tau, 1))
        assert Q_expected.shape == (batch_size, num_tau, 1)

        ## 2. fpn_loss (분위수 비율 손실)
        # Fminus1_tau=F^{-1}(tau)
        # detached gradients
```

```
    with torch.no_grad():
        Fminus1_taus = qvn.get_quantiles(states_embed, taus[:, 1:-1])
        Fminus1_taus = Fminus1_taus.gather(2, actions_unsq.expand(batch_size, num_tau-1, 1))
        Fminus1_taus_=Q_expected.detach() # line 139에서 구한 qvn 예측값

        grad1 = Fminus1_taus - Fminus1_taus_[:, :-1]
        grad2 = Fminus1_taus - Fminus1_taus_[:, 1:]
        sgn1_bool = Fminus1_taus > torch.cat([Fminus1_taus_[:, :1], Fminus1_taus[:, :-1]], dim=1)
        sgn2_bool = torch.cat([Fminus1_taus[:, 1:], Fminus1_taus_[:, -1:]], dim=1) > Fminus1_taus
        gradients = torch.where(sgn1_bool, grad1, - grad1) + torch.where(sgn2_bool, grad2, -grad2)
        gradients = gradients.view(batch_size, num_tau-1)
    # frac_loss
    frac_loss = (gradients * taus[:, 1:-1]).sum(dim=1).mean()
    entropy_loss = -entropy_coeff * entropy.mean()
    frac_loss += entropy_loss

    ## 3. qvn_loss
    # 타겟값
    with torch.no_grad():
        # double DQN for next action
        next_states_embed_qvn = qvn.forward(next_states)
        next_taus, next_taus_, _ = fpn(next_states_embed_qvn)
        Fminus1_next_qvn = qvn.get_quantiles(next_states_embed_qvn, next_taus_)
        del_tau=next_taus[:, 1:].unsqueeze(-1) - next_taus[:, :-1].unsqueeze(-1)
        Q_targets_next_qvn = (del_tau*Fminus1_next_qvn).sum(1) # broadcasting
        #Q_targets_next_qvn.shape = (batch_size, action_size)
        action_indx = torch.argmax(Q_targets_next_qvn, dim=1, keepdim=True)
        # action_indx.shape=(batch_size,1)
        # qvn의 타겟분위수 Q_targets
        next_states_embed_targetnet = target_net.forward(next_states)
        Fminus1_next_targetnet = target_net.get_quantiles(next_states_embed_targetnet,
                                                                                  next_taus_)
        action_index_unsq_expand=action_indx.unsqueeze(-1).expand(batch_size, num_tau, 1)
        Q_targets_next_targetnet = Fminus1_next_targetnet.gather(2, action_index_unsq_expand)
        # Q_targets_next_targetnet.shape=(batch_size, num_tau,1)
        Q_targets_next_targetnet = Q_targets_next_targetnet.transpose(1,2)
        rewards_unsq=rewards.unsqueeze(-1).unsqueeze(-1)
        dones_unsq=dones.float().unsqueeze(-1).unsqueeze(-1)
        Q_targets = rewards_unsq + (gamma * Q_targets_next_targetnet * (1. - dones_unsq))
        # broadcasting
        # Q_targets.shape=(batch_size, 1, num_tau)

    # Quantile Huber loss
    td_errors = Q_targets - Q_expected
    assert td_errors.shape == (batch_size, num_tau, num_tau), "td_error.shape is wrong"
    huber_loss = torch.where(td_errors.abs() <= kappa, 0.5 * td_errors.pow(2), \
                        kappa * (td_errors.abs() - 0.5 * kappa))
    penalty=abs(taus_.unsqueeze(-1) -(td_errors.detach() < 0).float())
    quantil_loss = penalty * huber_loss / kappa
```

```
        # qvn_loss
        qvn_loss = quantil_loss.sum(dim=1).mean(dim=1)
        qvn_loss = qvn_loss.mean()

        ##4. frac update
        frac_optimizer.zero_grad()
        frac_loss.backward(retain_graph=True)
        frac_optimizer.step()

        ##5. qvn update
        qvn_optimizer.zero_grad()
        qvn_loss.backward()
        qvn_optimizer.step()

# 10번 연속해서 만점을 받으면 학습 종료할 때 사용할 함수
# 리스트 lst의 처음 요소부터 시작하여 순차적으로 연속된 정수를 그룹화하고
# 각 그룹의 길이를 계산
def consecutive_length(lst):
    return [len(list(group)) for _, group in groupby(enumerate(lst),
                                       lambda i_x:i_x[0]-i_x[1])]
##### 5. main 함수
episode_durations = []# 각 episode에서 CartPole을 움직인 횟수를 담는 변수
movement200=[] # 움직인 횟수가 최대횟수 200인 episode_idx를 담는 변수
num_episodes = 5000 # 최대 episode
t0 = time.time()

for episode_idx in range(num_episodes):
    # env 상태 초기화
    seed_idx = random.randint(0, int(1e6))
    state = env.reset(seed=seed_idx)

    for movement_idx in range(200):
        # epsilon-greedy 방식으로 행동 선택
        action = policy(state, eps)
        # 행동을 입력받은 환경이 다음 다음 상태, 보상, 종료 여부를 제공
        next_state, reward, done, _ = env.step(action)
        # 메모리에 경험저장
        memory.append((state, action, reward, next_state, done))
        # 환경의 다음 상태를 현재 상태로 저장
        state = next_state
        # 메모리가 배치 사이즈 이상이면 update 함수 실행
        if len(memory) > batch_size:
            update()

        # main_net으로 target_net 업데이트
        with torch.no_grad():
            for target_param, local_param in zip(target_net.parameters(), qvn.parameters()):
                target_param.data.copy_(target_rate*local_param.data
                                        + (1.0-target_rate)*target_param.data)
```

```
    # done=True이면 CartPole 이동 횟수(movement_end)를 append
    if done:
      movement_end=movement_idx+1
      episode_durations.append(movement_end)
      # 탐험 가능성 축소
      eps = max(eps_end, eps_decay*eps)
      break

  # 200회 이동 횟수가 연속해서 30번이면 학습 종료
  if movement_end==200:
    movement200.append(episode_idx)
    print(episode_idx,',',max(consecutive_length(movement200)))
    if max(consecutive_length(movement200))>=30:
      break # for i in range(num_episodes):

t1 = time.time()
print("Training time: {}min".format(round((t1-t0)/60,2)))
#torch.save(qvn.state_dict(), "FQF"+".pth")
plt.title('FQF training')
plt.ylabel('Duration')
plt.xlabel('Episode')
plt.plot(episode_durations)
plt.savefig('FQF_training.png', dpi=300, bbox_inches='tight')

##### 6. 검증
from tqdm import tqdm
qvn.eval()
with torch.no_grad():
  scores=[]
  for num_episodes in tqdm(range(5000)):
    state = env.reset()
    done=False
    t=0
    while not done:
      t +=1
      state = torch.from_numpy(state).float().unsqueeze(0).to(device)
      with torch.no_grad():
        state_embed = qvn.forward(state)
        taus, taus_, entropy = fpn(state_embed)
        Fminus1 = qvn.get_quantiles(state_embed, taus_)
        action_values = ((taus[:, 1:].unsqueeze(-1) - taus[:, :-1].unsqueeze(-1)) * Fminus1).sum(1)
      action = np.argmax(action_values.cpu().data.numpy())
      next_state, _, done, _ = env.step(action)
      state = next_state
      if done:
        scores.append(t)
        if t!=200:
          print(t)

print("평균 = ",statistics.mean(scores))
print("표준편차 = ", statistics.stdev(scores))
```

그림16

11 부록

[부록–분위수 함수 정의]

확률변수 Z 의 누적분포함수를 F_Z 라고 할 때, 분위수 함수 $F_Z^{-1}(\omega)$ 를 다음과 같이 정의한다.

$$F_Z^{-1}(\omega) = \inf\{y | F_Z(y) > \omega\} (0 \le \omega \le 1)$$

[부록–1–Wasserstein(W1) 거리 정의]

분위수 함수 $F_Z^{-1}(\omega)$ 와 분위수 비율이 다음과 같이 주어졌다.

$$0 \le \tau_i < \tau_{i+1} \le 1 (0 \le i \le N-1, \tau_0 = 0, \tau_N = 1)$$

이때 1–Wasserstein(W_1) 거리를 다음과 같이 정의한다.

$$W_1(Z, \theta, \tau) = \sum_{i=0}^{N-1} \int_{\tau_i}^{\tau_{i+1}} \left| F_Z^{-1}(w) - \theta_i \right| dw$$

[부록–정리] $0 \le \tau < \tau' \le 1$ 이고 F 가 누적분포함수일 때, 다음이 성립한다.

$$\left\{ \theta \middle| \theta = \arg\min_{\vartheta} \int_{\tau}^{\tau'} \left| F^{-1}(\omega) - \vartheta \right| \right\} = \left\{ \theta \middle| F(\theta) = \frac{\tau + \tau'}{2} \right\}$$

[증명] QRDQN 논문 참고

[부록–W_1 편미분]

위 [부록–정리]에 의하여 다음 거리가 최소가 되도록 fpn 파라미터를 업데이트한다.

$$W_1(Z,\tau)=\sum_{i=0}^{2}\int_{\tau_i}^{\tau_{i+1}}\left|F_Z^{-1}(\omega)-F_Z^{-1}\left(\frac{\tau_i+\tau_{i+1}}{2}\right)\right|d\omega$$

즉, W_1 이 fpn의 이론적 손실함수가 된다. 아래와 같이 경사하강법으로 파라미터를 업데이트할 때, 필요한 것은 W_1 가 아니라 $\frac{\partial W_1}{\partial \tau_i}$ 이다.

$$\tau_i \leftarrow \tau_i-\alpha\frac{\partial W_1}{\partial \tau_i}(1\le i\le N-1)$$

적분을 미분할 때 아래 Leibniz integral rule을 사용한다.

$$\begin{aligned}&\frac{d}{dx}\int_{a(x)}^{b(x)}f(x,t)dt\\&=f(x,b(x))\frac{d}{dx}b(x)-f(x,a(x))\frac{d}{dx}a(x)+\int_{a(x)}^{b(x)}\frac{d}{dx}f(x,t)dt\end{aligned}$$

Leibniz integral rule을 사용하여 다음을 얻는다.

$$\begin{aligned}&\frac{\partial}{\partial\tau_1}\int_{\tau_0}^{\tau_1}\left|F_Z^{-1}(\omega)-F_Z^{-1}(\hat{\tau}_0)\right|d\omega\\&=\left|F_Z^{-1}(\tau_1)-F_Z^{-1}(\hat{\tau}_0)\right|\frac{\partial\tau_1}{\partial\tau_1}+\int_{\tau_0}^{\tau_1}\frac{\partial}{\partial\tau_1}\left|F_Z^{-1}(\omega)-F_Z^{-1}(\hat{\tau}_0)\right|d\omega\\&\quad\langle\because\text{Leibniz integral rule}\\&=\left|F_Z^{-1}(\tau_1)-F_Z^{-1}(\hat{\tau}_0)\right|+\int_{\tau_0}^{\hat{\tau}_0}\frac{\partial}{\partial\tau_1}\left|F_Z^{-1}(\omega)-F_Z^{-1}(\hat{\tau}_0)\right|d\omega\\&\quad+\int_{\hat{\tau}_0}^{\tau_1}\frac{\partial}{\partial\tau_1}\left|F_Z^{-1}(\omega)-F_Z^{-1}(\hat{\tau}_0)\right|d\omega\end{aligned}$$

누적분포함수는 증가함수이므로 누적분포함수의 역함수도 증가함수가 된다.

$$F_Z^{-1}(\omega_0)\le F_Z^{-1}(\hat{\tau}_1)\le F_Z^{-1}(\omega_1)(\tau_0\le\omega_0\le\hat{\tau}_1\le\omega_1\le\tau_1)$$

위 증가함수의 성질과 Leibniz integral rule을 이용하면 다음이 성립한다.

$$\frac{\partial}{\partial \tau_1}\int_{\tau_0}^{\tau_1}\left|F_Z^{-1}(\omega)-F_Z^{-1}(\hat{\tau}_0)\right|d\omega$$

$$=F_Z^{-1}(\tau_1)-F_Z^{-1}(\hat{\tau}_0)+\int_{\tau_0}^{\hat{\tau}_0}\frac{\partial}{\partial \tau_1}\left\{F_Z^{-1}(\hat{\tau}_0)-F_Z^{-1}(\omega)\right\}d\omega$$

$$+\int_{\hat{\tau}_0}^{\tau_1}\frac{\partial}{\partial \tau_1}\left\{F_Z^{-1}(\omega)-F_Z^{-1}(\hat{\tau}_0)\right\}d\omega$$

$$=F_Z^{-1}(\tau_1)-F_Z^{-1}(\hat{\tau}_0)+\int_{\tau_0}^{\hat{\tau}_0}\frac{\partial}{\partial \tau_1}F_Z^{-1}(\hat{\tau}_0)d\omega+\int_{\hat{\tau}_0}^{\tau_1}\frac{\partial}{\partial \tau_1}\left\{-F_Z^{-1}(\hat{\tau}_0)\right\}d\omega$$

$$=F_Z^{-1}(\tau_1)-F_Z^{-1}(\hat{\tau}_0)+\frac{\partial F_Z^{-1}(\hat{\tau}_0)}{\partial \tau_1}\frac{1}{2}(\hat{\tau}_0-\tau_0)-\frac{\partial F_Z^{-1}(\hat{\tau}_0)}{\partial \tau_1}\frac{1}{2}(\tau_1-\hat{\tau}_0)$$

$$=F_Z^{-1}(\tau_1)-F_Z^{-1}(\hat{\tau}_0)+\frac{\partial F_Z^{-1}(\hat{\tau}_0)}{\partial \tau_1}\frac{1}{2}(2\hat{\tau}_0-\tau_0-\tau_1)$$

$$=F_Z^{-1}(\tau_1)-F_Z^{-1}(\hat{\tau}_0)$$

따라서 다음이 성립한다.

$$\begin{aligned}&\frac{\partial}{\partial \tau_1}\int_{\tau_0}^{\tau_1}\left|F_Z^{-1}(\omega)-F_Z^{-1}(\hat{\tau}_0)\right|d\omega\\&=F_Z^{-1}(\tau_1)-F_Z^{-1}(\hat{\tau}_0)\\&=\left\{\text{bool}\left(F_Z^{-1}(\tau_1)>F_Z^{-1}(\hat{\tau}_0)\right)\right\}\left\{F_Z^{-1}(\tau_1)-F_Z^{-1}(\hat{\tau}_0)\right\}\end{aligned}\tag{14}$$

마찬가지로 구간 $[\tau_1, \tau_2]$에 대하여 다음이 성립한다.

$$\frac{\partial}{\partial \tau_1}\int_{\tau_1}^{\tau_2}\left|F_Z^{-1}(\omega)-F_Z^{-1}(\hat{\tau}_1)\right|d\omega$$

$$=-\left|F_Z^{-1}(\tau_1)-F_Z^{-1}(\hat{\tau}_1)\right|+\int_{\tau_1}^{\tau_2}\frac{\partial}{\partial \tau_1}\left|F_Z^{-1}(\omega)-F_Z^{-1}(\hat{\tau}_1)\right|d\omega$$

$$=-\left|F_Z^{-1}(\tau_1)-F_Z^{-1}(\hat{\tau}_1)\right|+\int_{\tau_1}^{\hat{\tau}_1}\frac{\partial}{\partial \tau_1}\left|F_Z^{-1}(\omega)-F_Z^{-1}(\hat{\tau}_1)\right|d\omega$$

$$+\int_{\hat{\tau}_1}^{\tau_2}\frac{\partial}{\partial \tau_1}\left|F_Z^{-1}(\omega)-F_Z^{-1}(\hat{\tau}_1)\right|d\omega$$

누적분포함수는 증가함수이므로 누적분포함수의 역함수도 증가함수가 된다.

$$F_Z^{-1}(\omega_1) \le F_Z^{-1}(\hat{\tau}_1) \le F_Z^{-1}(\omega_2)(\tau_1 \le \omega_1 \le \hat{\tau}_1 \le \omega_2 \le \tau_2)$$

위 증가함수 성질과 Leibniz integral rule을 이용하면 다음이 성립한다.

$$\begin{aligned}
&\frac{\partial}{\partial \tau_1}\int_{\tau_1}^{\tau_2}\left|F_Z^{-1}(\omega)-F_Z^{-1}(\hat{\tau}_1)\right|d\omega \\
&= F_Z^{-1}(\tau_1)-F_Z^{-1}(\hat{\tau}_1)+\int_{\tau_1}^{\hat{\tau}_1}\frac{\partial}{\partial \tau_1}\left\{F_Z^{-1}(\hat{\tau}_1)-F_Z^{-1}(\omega)\right\}d\omega \\
&\quad +\int_{\hat{\tau}_1}^{\tau_2}\frac{\partial}{\partial \tau_1}\left\{F_Z^{-1}(\omega)-F_Z^{-1}(\hat{\tau}_1)\right\}d\omega \\
&= F_Z^{-1}(\tau_1)-F_Z^{-1}(\hat{\tau}_1)+\int_{\tau_1}^{\hat{\tau}_1}\frac{\partial}{\partial \tau_1}F_Z^{-1}(\hat{\tau}_1)d\omega+\int_{\hat{\tau}_1}^{\tau_2}\frac{\partial}{\partial \tau_1}\left\{-F_Z^{-1}(\hat{\tau}_1)\right\}d\omega \\
&= F_Z^{-1}(\tau_1)-F_Z^{-1}(\hat{\tau}_1)+\frac{\partial F_Z^{-1}(\hat{\tau}_1)}{\partial \tau_1}\frac{1}{2}(\hat{\tau}_1-\tau_1)-\frac{\partial F_Z^{-1}(\hat{\tau}_1)}{\partial \tau_1}\frac{1}{2}(\tau_2-\hat{\tau}_1) \\
&= F_Z^{-1}(\tau_1)-F_Z^{-1}(\hat{\tau}_1)+\frac{\partial F_Z^{-1}(\hat{\tau}_1)}{\partial \tau_1}\frac{1}{2}(2\hat{\tau}_1-\tau_1-\tau_2) \\
&= F_Z^{-1}(\tau_1)-F_Z^{-1}(\hat{\tau}_1)
\end{aligned}$$

따라서 다음이 성립한다.

$$\begin{aligned}
&\frac{\partial}{\partial \tau_1}\int_{\tau_1}^{\tau_2}\left|F_Z^{-1}(\omega)-F_Z^{-1}(\hat{\tau}_1)\right|d\omega \\
&= F_Z^{-1}(\tau_1)-F_Z^{-1}(\hat{\tau}_1) \\
&= \left\{\text{bool}\left(F_Z^{-1}(\tau_2)-F_Z^{-1}(\tau_1)\right)\right\}\left\{F_Z^{-1}(\tau_1)-F_Z^{-1}(\hat{\tau}_1)\right\}
\end{aligned} \tag{15}$$

식(14), (15)에 의하여 다음이 성립한다.

$$\begin{aligned}
&\frac{\partial}{\partial \tau_1}\int_{\tau_0}^{\tau_1}\left|F_Z^{-1}(\omega)-F_Z^{-1}(\hat{\tau}_0)\right| d\omega+\frac{\partial}{\partial \tau_1}\int_{\tau_1}^{\tau_2}\left|F_Z^{-1}(\omega)-F_Z^{-1}(\hat{\tau}_1)\right|d\omega \\
&=\left\{F_Z^{-1}(\tau_1)-F_Z^{-1}(\hat{\tau}_0)\right\}+\left\{F_Z^{-1}(\tau_1)-F_Z^{-1}(\hat{\tau}_1)\right\} \\
&=\left\{\text{bool}\left(F_Z^{-1}(\tau_1)>F_Z^{-1}(\hat{\tau}_0)\right)\right\}\left\{F_Z^{-1}(\tau_1)-F_Z^{-1}(\hat{\tau}_0)\right\} \\
&\quad+\left\{\text{bool}\left(F_Z^{-1}(\tau_2)-F_Z^{-1}(\tau_1)\right)\right\}\left\{F_Z^{-1}(\tau_1)-F_Z^{-1}(\hat{\tau}_1)\right\}
\end{aligned} \tag{16}$$

식(16)을 얻은 절차를 사용하여 다음을 얻는다.

$$\begin{aligned}
&\frac{\partial}{\partial \tau_2}\int_{\tau_1}^{\tau_2}\left|F_Z^{-1}(\omega)-F_Z^{-1}(\hat{\tau}_1)\right| d\omega+\frac{\partial}{\partial \tau_2}\int_{\tau_2}^{\tau_3}\left|F_Z^{-1}(\omega)-F_Z^{-1}(\hat{\tau}_2)\right|d\omega \\
&=\left\{F_Z^{-1}(\tau_2)-F_Z^{-1}(\hat{\tau}_1)\right\}+\left\{F_Z^{-1}(\tau_2)-F_Z^{-1}(\hat{\tau}_2)\right\} \\
&=\left\{\text{bool}\left(F_Z^{-1}(\tau_2)>F_Z^{-1}(\tau_1)\right)\right\}\left\{F_Z^{-1}(\tau_2)-F_Z^{-1}(\hat{\tau}_1)\right\} \\
&\quad+\left\{\text{bool}\left(F_Z^{-1}(\tau_3)-F_Z^{-1}(\tau_2)\right)\right\}\left\{F_Z^{-1}(\tau_2)-F_Z^{-1}(\hat{\tau}_2)\right\}
\end{aligned}$$

$$\begin{aligned}
&\frac{\partial}{\partial \tau_3}\int_{\tau_2}^{\tau_3}\left|F_Z^{-1}(\omega)-F_Z^{-1}(\hat{\tau}_2)\right| d\omega+\frac{\partial}{\partial \tau_3}\int_{\tau_3}^{\tau_4}\left|F_Z^{-1}(\omega)-F_Z^{-1}(\hat{\tau}_3)\right|d\omega \\
&=\left\{F_Z^{-1}(\tau_3)-F_Z^{-1}(\hat{\tau}_2)\right\}+\left\{F_Z^{-1}(\tau_3)-F_Z^{-1}(\hat{\tau}_3)\right\} \\
&=\left\{\text{bool}\left(F_Z^{-1}(\tau_3)>F_Z^{-1}(\tau_2)\right)\right\}\left\{F_Z^{-1}(\tau_3)-F_Z^{-1}(\hat{\tau}_2)\right\} \\
&\quad+\left\{\text{bool}\left(F_Z^{-1}(\tau_4)-F_Z^{-1}(\tau_3)\right)\right\}\left\{F_Z^{-1}(\tau_3)-F_Z^{-1}(\hat{\tau}_3)\right\}
\end{aligned}$$

$$\begin{aligned}
&\frac{\partial}{\partial \tau_4}\int_{\tau_3}^{\tau_4}\left|F_Z^{-1}(\omega)-F_Z^{-1}(\hat{\tau}_3)\right| d\omega+\frac{\partial}{\partial \tau_4}\int_{\tau_4}^{\tau_5}\left|F_Z^{-1}(\omega)-F_Z^{-1}(\hat{\tau}_4)\right|d\omega \\
&=\left\{F_Z^{-1}(\tau_4)-F_Z^{-1}(\hat{\tau}_3)\right\}+\left\{F_Z^{-1}(\tau_4)-F_Z^{-1}(\hat{\tau}_4)\right\} \\
&=\left\{\text{bool}\left(F_Z^{-1}(\tau_4)>F_Z^{-1}(\tau_3)\right)\right\}\left\{F_Z^{-1}(\tau_4)-F_Z^{-1}(\hat{\tau}_3)\right\} \\
&\quad+\left\{\text{bool}\left(F_Z^{-1}(\hat{\tau}_4)-F_Z^{-1}(\tau_4)\right)\right\}\left\{F_Z^{-1}(\tau_4)-F_Z^{-1}(\hat{\tau}_4)\right\}
\end{aligned}$$

[부록–IQN과 shape 비교]

(a) IQN

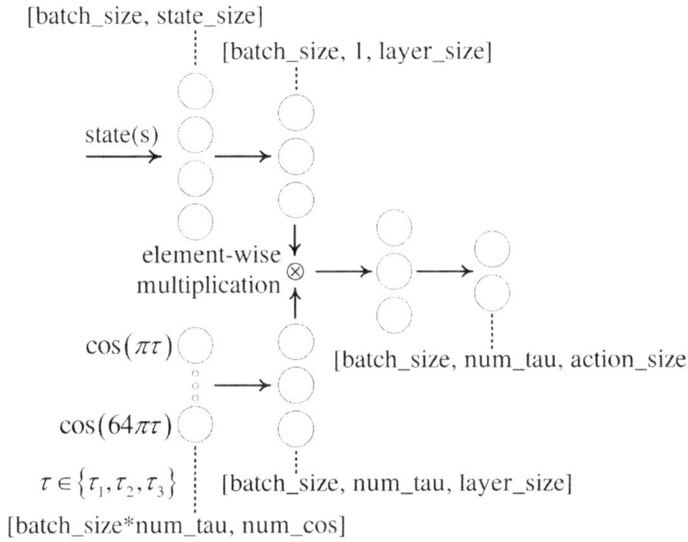

(b) FQF

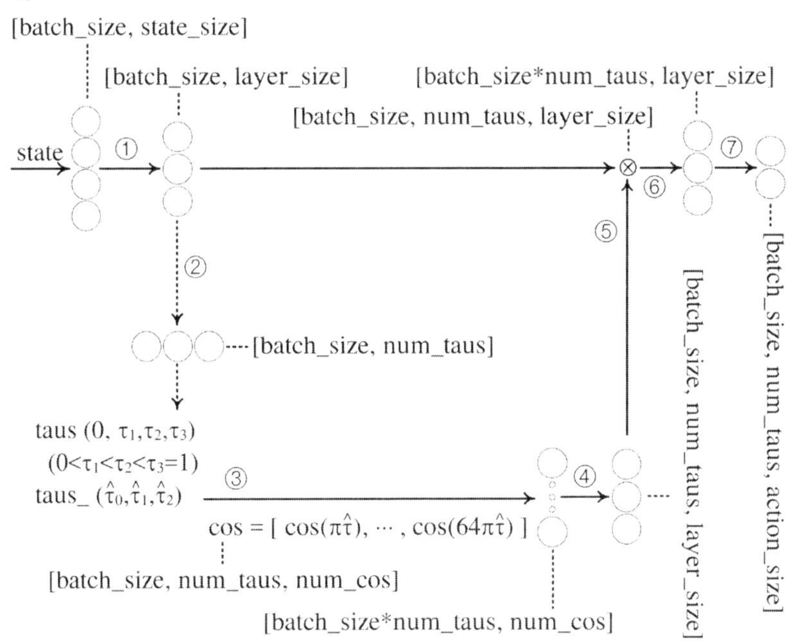

[부록–엑셀] 그림12에 대한 엑셀 계산

분위수 비율 0.08						
타겟 분위수	예측 분위수	error	indicator	penalty	HuberLoss	penalty*HuberLoss
y_t	y_p	y_t-y_p	I_{yt-yp}	$\lvert 0.08- I_{yt-yp}\rvert$	$L_1(y_t-y_p)$	$\lvert 0.08- I_{yt-yp}\rvert * L_1(y_t-y_p)$
2.8	3	-0.2	1	0.92	0.02	0.018
3.4	3	0.4	0	0.08	0.08	0.006
5.2	3	2.2	0	0.08	1.70	0.136
5.8	3	2.8	0	0.08	2.30	0.184
6.4	3	3.4	0	0.08	2.90	0.232
					평균	0.115

분위수 비율 0.27						
y_t	y_p	y_t-y_p	I_{yt-yp}	$\lvert 0.27- I_{yt-yp}\rvert$	$L_1(y_t-y_p)$	$\lvert 0.27- I_{yt-yp}\rvert * L_1(y_t-y_p)$
2.8	4	-1.2	1	0.73	0.70	0.511
3.4	4	-0.6	1	0.73	0.18	0.131
5.2	4	1.2	0	0.27	0.70	0.189
5.8	4	1.8	0	0.27	1.30	0.351
6.4	4	2.4	0	0.27	1.90	0.513
					평균	0.339

분위수 비율 0.47						
y_t	y_p	y_t-y_p	I_{yt-yp}	$\lvert 0.47- I_{yt-yp}\rvert$	$L_1(y_t-y_p)$	$\lvert 0.47- I_{yt-yp}\rvert * L_1(y_t-y_p)$
2.8	7	-4.2	1	0.53	3.70	1.961
3.4	7	-3.6	1	0.53	3.10	1.643
5.2	7	-1.8	1	0.53	1.30	0.689
5.8	7	-1.2	1	0.53	0.70	0.371
6.4	7	-0.6	1	0.53	0.18	0.095
					평균	0.952

분위수 비율 0.63						
y_t	y_p	y_t-y_p	I_{yt-yp}	$\lvert 0.63- I_{yt-yp}\rvert$	$L_1(y_t-y_p)$	$\lvert 0.63- I_{yt-yp}\rvert * L_1(y_t-y_p)$
2.8	8	-5.2	1	0.37	4.70	1.739
3.4	8	-4.6	1	0.37	4.10	1.517
5.2	8	-2.8	1	0.37	2.30	0.851
5.8	8	-2.2	1	0.37	1.70	0.629
6.4	8	-1.6	1	0.37	1.10	0.407
					평균	1.029

분위수 비율 0.86						
y_t	y_p	y_t-y_p	I_{yt-yp}	$\lvert 0.86- I_{yt-yp}\rvert$	$L_1(y_t-y_p)$	$\lvert 0.86- I_{yt-yp}\rvert * L_1(y_t-y_p)$
2.8	9	-6.2	1	0.14	5.70	0.798
3.4	9	-5.6	1	0.14	5.10	0.714
5.2	9	-3.8	1	0.14	3.30	0.462
5.8	9	-3.2	1	0.14	2.70	0.378
6.4	9	-2.6	1	0.14	2.10	0.294
					평균	0.529

quantile Huber loss	0.593

[부록-알고리즘] 아래 알고리즘(FQF 논문)은 QVN과 FPN의 파라미터 업데이트에 대한 설명이다.

Line 1: 상수 N은 분위수 비율 개수를 나타낸다. κ는 Huber loss를 정규화할 때 사용하는 상수이다.

Line 2: x는 환경의 현재 상태, a는 현재 상태에서 취한 행동, r은 상태 s에서 행동 a를 할 때 즉시 받는 보상, x′은 행동 a로 인한 환경의 다음 상태, γ는 할인율이다. (x, a, r, x′)은 1개의 경험이다.

Algorithm 1. FQF update

1: **Parameter:** N, κ
2: **Input:** $x, a, r, x', \gamma \in [0, 1)$
3: // Compute proposed fractions for x, a
4: $\tau \leftarrow P_{w_1}(x, a)$
5: // Compute proposed fractions for x', a'
6: **for** $a' \in \mathcal{A}$ **do**
7:     $\tau^{a'} \leftarrow P_{w_1}(x', a')$
8: **end**
9: // Compute greedy action
10: $Q(x', a') \leftarrow \sum_{i=0}^{N-1} (\tau_{i+1}^{a'} - \tau_i^{a'}) F_{Z', w_2}^{-1}(\hat{\tau}_i^{a'})$
11: $a^* \leftarrow \arg\max_{a'} Q(x', a')$
12: // Compute $\mathcal{L}$
13: **for** $0 \leq i \leq N-1$ **do**
14:     **for** $0 \leq j \leq N-1$ **do**
15:         $\delta_{ij} \leftarrow r + \gamma F_{Z', w_2}^{-1}(\hat{\tau}_i) - F_{Z, w_2}^{-1}(\hat{\tau}_j)$
16:     **end**
17: **end**
18: $\mathcal{L} \leftarrow \frac{1}{N} \sum_{i=0}^{N-1} \sum_{j=0}^{N-1} \rho_{\hat{\tau}_j}^{\kappa}(\delta_{ij})$
19: // Compute $\frac{\partial W_1}{\partial \tau_i}$ for $i \in [1, N-1]$
20: $\frac{\partial W_1}{\partial \tau_i} \leftarrow 2F_{Z, w_2}^{-1}(\tau_i) - F_{Z, w_2}^{-1}(\hat{\tau}_i) - F_{Z, w_2}^{-1}(\hat{\tau}_{i-1})$
21: Update w_1 with $\frac{\partial W_1}{\partial \tau_i}$; Update w_2 with $\nabla \mathcal{L}$;
22: **Output:** Q

Line 3, 4: w_1은 fpn의 파라미터를 나타내고, $P_{w1}(x, a)$은 신경망 fpn에 현재 상태 x와 행동 a를 대입한 표현이고, τ는 fpn 출력이다. Line 12~21에서 τ를 사용한다.

Line 5~11: Double DQN에서 target으로 아래 식을 사용한다.

$$r(x,a)+\gamma q_{target}\left(x',\arg\max_{a'} q(x',a')\right)$$

여기서 $\arg\max_{a'} q(x',a')$를 설명한 의사(Pseudo) 코드가 line 5~11이고 이를 구현한 코드는 **그림16**(전체 코드) line 163~171이다. 예를 들면, line 10의 Q(x′, a′)은 **그림16**(전체 코드) line 169에 있는 Q_targets_next_qvn에 해당된다. Line 10에 있는 w_2는 qvn의 파라미터를 나타내고, Z′은 다음 상태 x′을 사용했음을 의미한다.

Line 12~18, 21: qvn 손실(line 12~18)과 qvn 파라미터 w_2의 업데이트(line 21)를 나타낸다. 의사 코드 line 12~17을 구현한 코드는 **그림16**(전체 코드) line 136~140(예측값), 162~185(타겟값), 188(타겟값 -예측값)이다. 의사 코드 line 18을 구현한 코드는 **그림16**(전체 코드) line 187~197이다. 의사코드 line 21을 구현한 코드는 **그림16**(전체 코드) line 204~207이다.

Line 19~21: fpn 손실에 사용한 gradient(line 19, 20)과 fpn 파라미터 w_1의 업데이트(line 21)를 나타낸다. 의사 코드 line 19, 20을 구현한 코드는 **그림16**(전체 코드) line 142~155이다. 의사 코드 line 21을 구현한 코드는 **그림16**(전체 코드) line 199~202이다.

제 7 장

Rainbow

1. 전체 코드
2. 연습문제

Rainbow 알고리즘은 강화학습의 성능을 높이기 위해 여러 기법을 결합한 방법으로, 2017년 DeepMind의 논문 "Rainbow: Combining Improvements in Deep Reinforcement Learning"에서 소개되었다. 이 논문에서는 Q-Learning 기반의 여러 강화학습 기법을 하나의 알고리즘으로 통합해 Atari 2600 게임 환경에서 높은 성능을 달성한 결과를 제시했다. Rainbow는 다음 여섯 가지 요소로 이루어져 있다:

(1) **Double Q-Learning**: 타겟값을 계산할 때, target_net뿐만 아니라 main_net도 사용해서 Q-값의 과대평가 문제를 줄이고 더 안정적인 학습을 한다. 자세한 설명은 강화학습 시리즈1인 '강화학습 기본과 PyTorch'의 제8장으로 대신한다.

(2) **Dueling Network**: 상태의 가치(Value)와 이득(Advantage)을 분리하여 계산해 더 나은 정책 결정을 지원한다. 자세한 설명은 강화학습 시리즈1인 '강화학습 기본과 PyTorch'의 제9장으로 대신한다.

(3) **Prioritized Replay**: 중요한 경험(예를 들면, 가장 최근 경험)을 더 자주 샘플링하도록 우선순위를 설정해 학습 효율성을 높인다. 자세한 설명은 강화학습 시리즈1인 '강화학습 기본과 PyTorch'의 제10장으로 대신한다.

(4) **N-step Learning**: 하나의 스텝이 아닌 여러 스텝(n-step) 동안의 보상(reward)을 계산하여, 장기적인 보상 정보를 더 빠르게 학습하도록 돕는다. 이는 단기적인 보상에 의존하는 1-step Q-Learning보다 가치의 정확한 업데이트를 가능하게 하며, 더 빠른 학습과 성능 향상을 가져온다. 학습 속도가 향상되는 이유는, n-step 보상이 장기적인 보상에 대한 정보를 더 빠르게 반영해 더 나은 정책을 찾는 데 도움이 되기 때문이다. 자세한 설명은 본 저서의 제1장으로 대신한다.

(5) **NoisyNet**: 가중치에 노이즈를 추가하여 에이전트가 더 효과적으로 탐색하도록 돕는다. 자세한 설명은 본 저서의 제2장으로 대신한다.

(6) **Distributional RL (C51)**: 보상의 단일 값 대신 보상의 분포를 학습해 결과의 불확실성을 더 잘 표현한다. 자세한 설명은 본 저서의 제3장으로 대신한다.

이러한 기법들을 결합함으로써 Rainbow는 기존 방법들보다 더 효율적이고 강력한 학습 성능을 보여주며, 다양한 강화학습 환경에서 효과적으로 작동한다는 것을 위 논문에서 보였다.

1 전체 코드

그림1은 전체 코드를 실행했을 때의 학습 과정을 나타낸다.

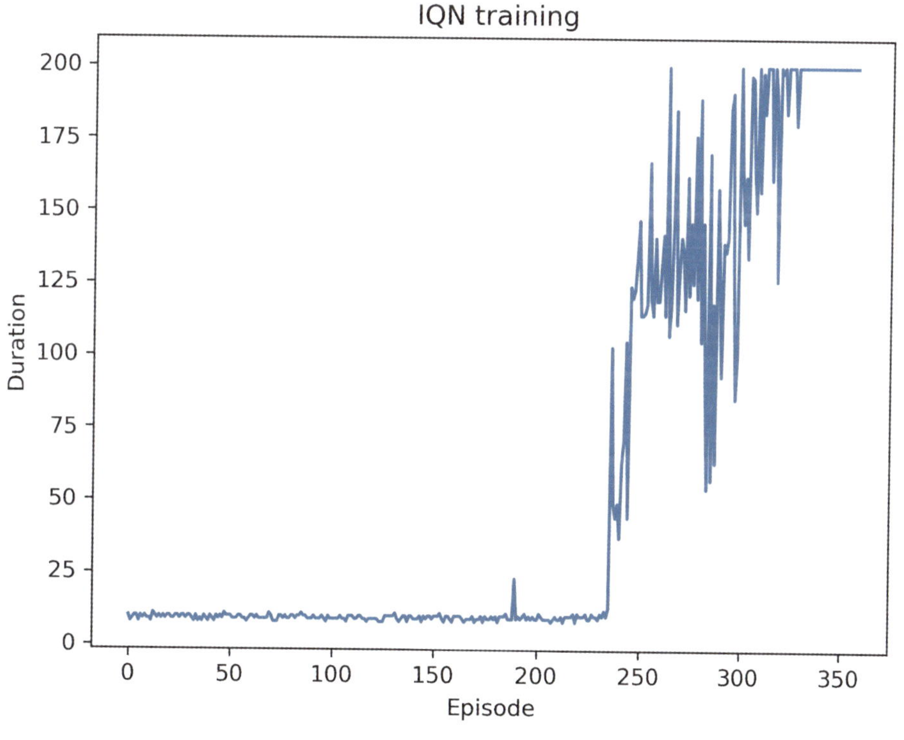

그림1

전체 코드는 다음과 같은 흐름으로 구현된다.

#1. 신경망 정의(line 33~125)

NoisyNet(제2장), Dueling(강화학습 기본과 PyTorch, 제9장)과 C51(제3장)을 사용하여 신경망을 구현한다.

#2. 행동을 선택하는 정책(policy) 정의(line 131~138)

상태(state)가 신경망에 입력되면 NoisyNet을 사용하여 Dueling으로 advantage와 value를 구한다. 그리고 C51로 확률분포를 반환한다.

#3. 메모리 정의(line 140~217)

강화학습 시리즈 1인 '강화학습 기본과 PyTorch'의 제10장에서 설명한 Max-PER (Prioritized Experience Replay)로 memory를 구현한다.

#4. 파라미터 update 함수 정의(line 220~289)

메모리에서 batch_size 만큼의 경험을 무작위로 추출하여(line 225~227) 학습데이터를 만든다(line 229~235). Loss 계산을 위해 double Q-learning으로 타겟값을 구할 때, 신경망 main_net과 target_net의 출력을 계산하는 연산이 포함된다. 이 과정에서 gradient를 계산하기 위해 자동으로 computation graph가 생성된다. 그러나 타겟값에 포함된 두 신경망의 파라미터는 업데이트 대상이 아니므로 computation graph가 필요하지 않다. 불필요한 computation graph가 생성되어 컴퓨터 메모리 자원을 낭비하는 문제를 해결하기 위해 'with torch.no_ grad( )'를 사용한다. 'with torch.no_ grad( )' 블록 내부에서 타겟값을 계산하면 computation graph가 생성되지 않는다(line 242~255). 제3장(C51)에서 설명한 loss를 정의하고, priorities를 업데이트하고, 신경망의 파라미터를 업데이트한다(line 257~270). 업데이트를 마친 후에 NoisyLinear에서 정의한 noise를 reset한다(line 272~274).

#5. main(line 297~353)

```
for 에피소드_인덱스 in range(num_episodes):
  환경이 현재 상태 제공
  for 이동_인덱스 in range(200):#200은 이동 가능한 최대 횟수
    정책(policy)으로 행동을 선택
    행동을 입력받은 환경이 다음 상태, 보상, 종료여부를 제공
    메모리에 경험 저장
    환경의 다음 상태를 현재 상태로 저장
    메모리의 경험이 배치 사이즈 이상이면 update 함수 실행
    q_net으로 target_net을 업데이트
    CartPole 이동이 종료되면 이동 횟수를 append
  이동 횟수 200번이 연속해서 30회이면 학습을 종료
```

전체 코드를 구현하면 다음과 같다.

```
import gym, math, random, numpy as np, statistics, warnings, matplotlib.pyplot as plt
import time, torch, torch.nn as nn, torch.optim as optim, torch.nn.functional as F
from collections import deque
from itertools import groupby
warnings.filterwarnings('ignore')

device=torch.device('cuda' if torch.cuda.is_available() else 'cpu')

layer_size1 = 64
layer_size2 = 64
batch_size = 256
gamma = 0.99
target_rate = 0.005
LR = 0.005
n_step = 3 # Number of steps for N-step DQN
n_step_gamma = gamma ** n_step  # Gamma to the power of N steps
std_init = 0.1

# NStepPrioritizedMemory
capacity = 10000
alpha = 0.6
beta = 0.4
beta_increment_per_sampling = 0.001

# C51
v_min = 0; v_max = 200
num_atoms = 51
delta_z = (v_max - v_min) / (num_atoms - 1)

env = gym.make("CartPole-v0")
n_actions = env.action_space.n

##### 1. 노이즈가 있는 선형 연결층 NoisyLinear
class NoisyLinear(nn.Module):
  def __init__(self, in_features, out_features):
    super( ).__init__( )
    self.in_features = in_features
    self.out_features = out_features

    # parameter로 등록, 적절한 초기화
    self.weight_mu = nn.Parameter(torch.FloatTensor(out_features, in_features))
    self.weight_sigma = nn.Parameter(torch.FloatTensor(out_features, in_features))
    self.bias_mu = nn.Parameter(torch.FloatTensor(out_features))
    self.bias_sigma = nn.Parameter(torch.FloatTensor(out_features))
    self.reset_parameters()
```

```
        # noise로 사용, buffer에 등록, 적절한 초기화
        self.register_buffer('weight_epsilon', torch.FloatTensor(out_features, in_features))
        self.register_buffer('bias_epsilon', torch.FloatTensor(out_features,))
        self.reset_noise()

    def forward(self, x):
        if self.training:
            weight = self.weight_mu + self.weight_sigma * self.weight_epsilon
            bias = self.bias_mu + self.bias_sigma * self.bias_epsilon
        else:
            weight = self.weight_mu
            bias = self.bias_mu
        return F.linear(x, weight, bias)

    # parameter를 적절하게 초기화
    def reset_parameters(self):
        with torch.no_grad():
            weight_mu_range = 1 / math.sqrt(self.in_features)
            self.weight_mu.uniform_(-weight_mu_range, weight_mu_range)
            self.weight_sigma.fill_(std_init / math.sqrt(self.in_features))
            bias_mu_range = 1 / math.sqrt(self.out_features)
            self.bias_mu.uniform_(-bias_mu_range, bias_mu_range)
            self.bias_sigma.fill_(std_init / math.sqrt(self.out_features))

    # noise를 적절하게 초기화
    # parameter 업데이트를 마칠 때마다 재실행
    def reset_noise(self):
        epsilon_in = self._scale_noise(self.in_features)
        epsilon_out = self._scale_noise(self.out_features)
        self.weight_epsilon.copy_(torch.outer(epsilon_out, epsilon_in))
        self.bias_epsilon.copy_(self._scale_noise(self.out_features))

    def _scale_noise(self, size):
        x = torch.randn(size)
        x = x.sign().mul(x.abs().sqrt())
        return x

##### 2. 신경망(NoisyNet, Dueling, C51)
class NoisyDuelingC51DQN(nn.Module):
    def __init__(self):
        super( ).__init__( )
        self.linear =  nn.Linear(4, layer_size1)

        # NoisyNet
        self.adv_noisy1 = NoisyLinear(layer_size1, layer_size2)
        self.adv_noisy2 = NoisyLinear(layer_size2, n_actions* num_atoms)
```

```python

        self.val_noisy3 = NoisyLinear(layer_size1, layer_size2)
        self.val_noisy4 = NoisyLinear(layer_size2, num_atoms)

        # C51
        self.register_buffer('support', torch.linspace(v_min, v_max, num_atoms))

    def forward(self, x: torch.Tensor) -> torch.Tensor:
        pmfs = self.dist(x)
        return pmfs

    def dist(self, x: torch.Tensor) -> torch.Tensor:
        """Get distribution for atoms."""
        x = F.relu(self.linear(x))

        # Dueling
        advantage_hidden = F.relu(self.adv_noisy1(x))
        advantage = self.adv_noisy2(advantage_hidden).view(-1, n_actions, num_atoms)
        value_hidden = F.relu(self.val_noisy3(x))
        value = self.val_noisy4(value_hidden).view(-1, 1, num_atoms)
        q_atoms = value + advantage - advantage.mean(dim=1, keepdim=True)

        dist = F.softmax(q_atoms, dim=-1)
        dist = dist.clamp(min=1e-5)  # for avoiding nans

        return dist

    # NoisyNet
    def reset_noise(self):
        self.adv_noisy1.reset_noise()
        self.adv_noisy2.reset_noise()
        self.val_noisy3.reset_noise()
        self.val_noisy4.reset_noise()

q_net = NoisyDuelingC51DQN().to(device)
target_net = NoisyDuelingC51DQN().to(device)
target_net.load_state_dict(q_net.state_dict())

##### 3. 행동을 선택하는 정책(policy)
def policy(state: np.ndarray)->int:
    with torch.no_grad():
        state  = torch.FloatTensor(state).unsqueeze(0).to(device)
        pmfs = q_net(state)
        q_values = (pmfs*q_net.support).sum(dim=2)
        action = torch.argmax(q_values, dim=1).item()
    return action
```

```
##### 4. 메모리(memory, Prioritized Replay, N-step)
class NStepPrioritizedMemory:

    def __init__(self, n_step, gamma):
        self.n_step = n_step
        self.gamma = gamma
        self.memory = []
        self.n_step_buffer = deque(maxlen=n_step)
        self.beta = beta
        self.pos = 0
        self.priorities = np.zeros([capacity], dtype=np.float32)

    def add(self, state, action, reward, next_state, done):
        # Ensure states are stored in the correct shape
        state = np.expand_dims(state, 0)  # Shape: (1, n_observations)
        next_state = np.expand_dims(next_state, 0)  # Shape: (1, n_observations)

        # Store n-step transition buffer
        self.n_step_buffer.append((state, action, reward, next_state, done))

        if len(self.n_step_buffer) < self.n_step:
            return

        # Calculate N-step return
        reward, next_state, done = self._get_n_step_info()
        state, action = self.n_step_buffer[0][:2]

        # Add N-step transition to memory
        max_prior = np.max(self.priorities) if self.memory else 1.0
        if len(self.memory) < capacity:
            self.memory.append((state, action, reward, next_state, done))
        else:
            self.memory[self.pos] = (state, action, reward, next_state, done)

        self.priorities[self.pos] = max_prior
        self.pos = (self.pos + 1) % capacity

    def _get_n_step_info(self):
        reward, next_state, done = self.n_step_buffer[-1][-3:]
        for transition in reversed(list(self.n_step_buffer)[:-1]):
            r, n_s, d = transition[2:]
            reward = r + self.gamma * reward * (1 - d)
            next_state, done = (n_s, d) if d else (next_state, done)
        return reward, next_state, done
```

```
    def sampling(self, batch_size):
        if len(self.memory) < capacity:
            probs = self.priorities[:len(self.memory)]
        else:
            probs = self.priorities

        probs = probs ** alpha
        probs = probs / (np.sum(probs) + 1e-8)  # to prevent division by zero

        indices = np.random.choice(len(self.memory), batch_size, p=probs)
        samples = [self.memory[idx] for idx in indices]
        state, action, reward, next_state, done = zip(*samples)

        # Ensure concatenation maintains the shape (batch_size, n_observations)
        state = np.concatenate(state, axis=0)
        next_state = np.concatenate(next_state, axis=0)

        is_weights = (len(self.memory) * probs[indices]) ** (-self.beta)
        if self.beta < 1:
            self.beta += beta_increment_per_sampling
        is_weights = is_weights / np.max(is_weights)
        is_weights = np.array(is_weights, dtype=np.float32)

        return state, action, reward, next_state, done, indices, is_weights

    def update_priorities(self, indices, priorities):
        for idx, priority in zip(indices, priorities):
            self.priorities[idx] = priority

    def __len__(self):
        return len(self.memory)

pmemory = NStepPrioritizedMemory(n_step, gamma)


##### 5. 파라미터 업데이트 함수(Double Q-learning)
def update(LR):

    optimizer = optim.Adam(q_net.parameters(), lr=LR)

    # numpy 경험 추출
    states, actions, rewards, next_states, dones, indices, is_weights \
        = pmemory.sampling(batch_size)
```

```
# tensor 학습 데이터
states = torch.FloatTensor(states).to(device)
actions = torch.LongTensor(actions).to(device)
rewards = torch.FloatTensor(rewards).to(device)
next_states = torch.FloatTensor(next_states).to(device)
dones = torch.FloatTensor(dones).to(device)
is_weights = torch.FloatTensor(is_weights).to(device)

# 예측값
# 크로스 엔트로피는 H(p실제|p예측)에 사용할 예측값
log_pmfs_cdqnState = torch.log(q_net(states))
log_yhat = log_pmfs_cdqnState[range(batch_size), actions]

# 타겟값
with torch.no_grad():

    # Double Q-learning
    pmfs_cdqnNextState = q_net(next_states)
    q_values = (pmfs_cdqnNextState * q_net.support).sum(dim=2)
    action_optimal = torch.argmax(q_values, dim=1)

    # 크로스 엔트로피는 H(p실제|p예측)에 사용할 실젯값
    pmfs_target = target_net(next_states)
    pmfs_target = pmfs_target[range(batch_size), action_optimal]
    rewards = rewards.unsqueeze(1).expand(-1, num_atoms)
    dones = dones.unsqueeze(1).expand(-1, num_atoms).float()
    y = pmfs_target_projected(pmfs_target, rewards, dones)

# 손실
losses = -(y * log_yhat).sum(dim=1)
loss = torch.mean(losses * is_weights) # batch에 대한 mean

# priorities 업데이트
priorities = losses + 1e-5 #  a non-zero priority
# priorities of the sampled experiences in the memory.
priorities = priorities.detach().cpu().numpy()
pmemory.update_priorities(indices, priorities)

# 파라미터 업데이트
optimizer.zero_grad()
loss.backward()
optimizer.step()

# 노이즈 초기화
q_net.reset_noise()
target_net.reset_noise()
```

```
##### target 분포의 projection 함수
def pmfs_target_projected(pmf, reward, done):
    z=v_min + torch.arange(num_atoms, device=pmf.device) * delta_z
    Tz=reward + gamma * (1 - done) * z
    Tz = torch.clamp(Tz, v_min, v_max)
    b = (Tz - v_min) / delta_z
    lower = b.floor().long() - (b == b.floor()).long() # b=정수 n이면 lower=n-1
    upper = b.ceil().long() # b=정수 n이면 upper=n

    pmf_projected = torch.zeros(batch_size, num_atoms, device=pmf.device)
    pmf_projected.scatter_add_(1,lower,(pmf*(upper-b)).type_as(pmf_projected))
    pmf_projected.scatter_add_(1,upper,(pmf*(b-lower)).type_as(pmf_projected))

    return pmf_projected

# 10번 연속해서 만점을 받으면 학습 종료할 때 사용할 함수
# 리스트 lst의 처음 요소부터 시작하여 순차적으로 연속된 정수를 그룹화하고
# 각 그룹의 길이를 계산
def consecutive_length(lst):
    return [len(list(group)) for _, group in groupby(enumerate(lst),
                                lambda i_x:i_x[0]-i_x[1])]
##### 6. main
episode_durations = [] # CartPole을 움직인 횟수(최대 횟수는 200)를 담는 변수
movement200=[] # 움직인 횟수가 최대횟수 200인 episode_idx를 담는 변수
num_episodes = 5000 # 최대 episode
t0 = time.time()

for episode_idx in range(num_episodes):
    # env 상태 초기화(random)
    seed_idx = random.randint(0, int(1e6))
    state = env.reset(seed=seed_idx)# np.ndarray[float32](4,)
    #  Cannot call env.step() before calling env.reset()

    for num_movement in range(200):
        # 행동 선택
        action = policy(state)#int

        # 행동을 입력받은 환경이 다음 다음 상태, 보상, 종료 여부를 제공
        next_state, reward, done, _ = env.step(action)
        #np.ndarray[float32](4,), float, bool, _

        # 메모리에 경험저장
        pmemory.add(state, action, reward, next_state, done)

        # 환경의 다음 상태를 현재 상태로 저장
        state = next_state
```

```
        # 메모리가 배치 사이즈 이상이면 update 함수 실행
        if len(pmemory) >= batch_size:
            update(LR)

        # main_net으로 target_net 업데이트
        with torch.no_grad():
            for target_param, local_param in zip(target_net.parameters(), q_net.parameters()):
                target_param.data.copy_(target_rate*local_param.data \
                                + (1.0-target_rate)*target_param.data)

        # done=True이면 CartPole 이동 횟수(movement_end)를 append
        if done:
            movement_end=num_movement+1
            episode_durations.append(movement_end)
            break

    # 200회 이동 횟수가 연속해서 30번이면 학습 종료
    if movement_end==200:
        movement200.append(episode_idx)

    # 학습률 LR 축소
        if max(consecutive_length(movement200))==5:
            LR=0.0005
        elif max(consecutive_length(movement200))==10:
            LR=0.0001
        elif max(consecutive_length(movement200))==15:
            LR=0.00005

        print(episode_idx,',',max(consecutive_length(movement200)))
        if max(consecutive_length(movement200))>=30:
            break

t1 = time.time()

print("Training time: {}min".format(round((t1-t0)/60,2)))
#torch.save(q_net.state_dict(), "IQN"+".pth")

plt.title('IQN training')
plt.ylabel('Duration')
plt.xlabel('Episode')
plt.plot(episode_durations)
plt.savefig('Rainbow_training.png', dpi=300, bbox_inches='tight')
```

```
##### 6. 검증
from tqdm import tqdm
q_net.eval()
with torch.no_grad():
  scores=[]
#  for i_episode in tqdm(range(5000)):
  for num_episodes in tqdm(range(50)):
    state = env.reset()

    done=False
    t=0
    while not done:
      t +=1
      state = torch.tensor([state]).float().to(device)
      pmfs = q_net(state)
      q_values = (pmfs*q_net.support).sum(dim=2)
      action = torch.argmax(q_values, dim=1).item()
      next_state, _, done, _ = env.step(action)
      state = next_state
      if done:
        scores.append(t)
        if t!=200:
          print(t)

print(statistics.mean(scores))
print("Standard Deviation:", statistics.stdev(scores))
```

그림2

2 연습문제

문제1 그림2(전체 코드)에서 사용한 C51 대신 제4장에서 설명한 QRDQN을 사용하여 Rainbow 전체 코드를 수정할 때, 다음 물음에 답하시오.

1-1. **그림2**(전체 코드)에서 수정할 코드 번호를 모두 적으시오.

1-2. 수정한 Rainbow 전체 코드를 작성하시오.

부록

Backup diagram으로 가치 계산

그림1(a)은 Bellman 기대 방정식을 구할 수 있는 그림으로, backup diagram이라고 한다. 정책 π가 주어졌을 때, 상태 가치 $v_\pi(s)$와 상태-행동 가치 $q_\pi(s,a)$를 미래의 가치로 구하기 때문에 back-up이라고 한다. (b)는 Bellman 최적 방정식을 구할 수 있는 backup-diagram으로, 이를 사용하여 상태의 최적 가치 $v_*(s)$와 상태-행동의 최적 가치 $q_*(s,a)$를 구할 수 있다.

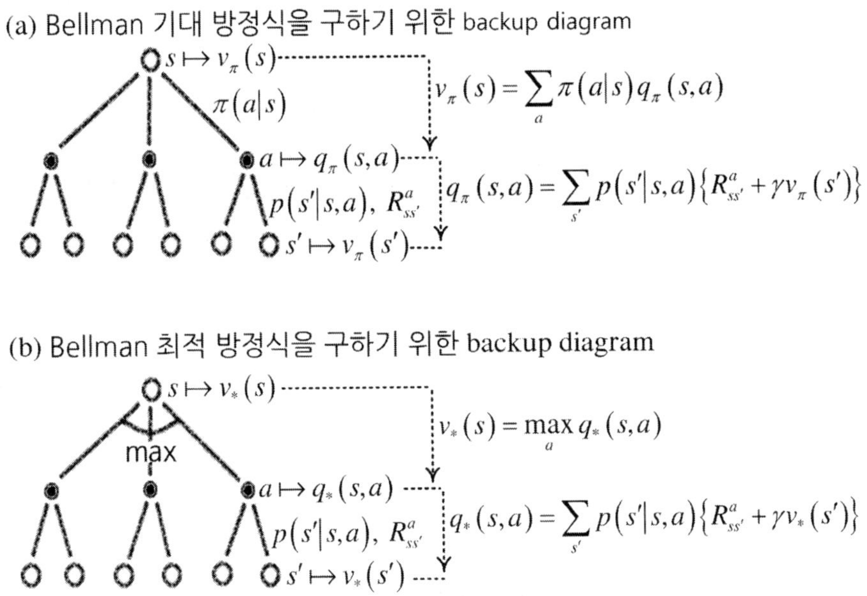

그림1

Bellman 방정식을 기억하기 어렵지만, backup diagram을 이용하여 Bellman 방정식을 직관적으로 적을 수 있도록 그림1을 만들었다. 기호 설명과 가치 정의는 강화학습 시리즈 1인 '강화학습 기본과 PyTorch'에 있다. 노드와 아래 방향으로 연결된 선분으로 구성된 backup diagram을 이해하면 아래로 향하는 점선 화살표 오른쪽의 식을 만들 수 있고, 이를 이용하면 Bellman 방정식을 적을 수 있다. 이제 backup diagram을 이해해 보자.

1 Bellman 기대 방정식

위 **그림1**(a)를 **그림2**(a−1)과 (a−2)와 같이 두 부분으로 나누어 생각하자. (a−1)은 상태 노드 s, 정책 π를 따라 s에서 가능한 3개의 행동 노드, 그리고 상태가 출발점이고 행동이 도착점인 선분으로 구성되어 있다. 선분으로 표시했지만, 출발과 도착이 있는 선분이므로 화살표로 이해해야 한다. 그림을 간단히 나타내기 위하여 화살표 대신 선분을 사용했다.

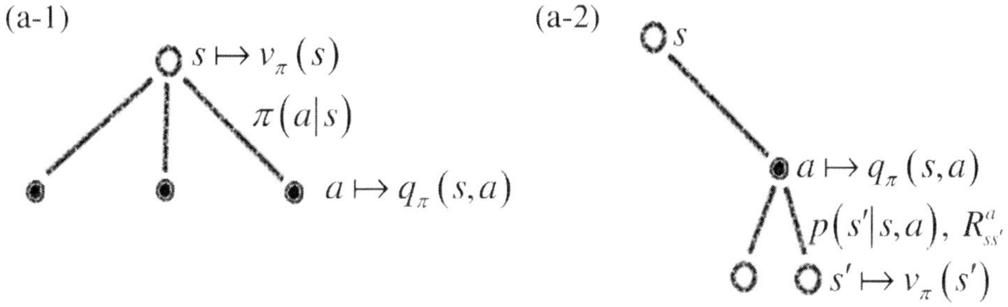

그림2

노드 s는 현재 상태(state)이므로 노드 s와 상태 가치 $v_\pi(s)$를 화살표로 연결했다. 상태 s에서 가장 오른쪽 선분에 해당하는 행동을 a로 나타냈고, s에서 a를 선택할 확률인 $\pi(a|s)$를 해당 선분의 오른쪽에 나타냈다. 노드 s에 연결된 노드 a는 상태 s−행동 a이므로 노드 a와 행동 가치 $q_\pi(s,a)$를 화살표로 연결했다. **그림2**(a−1)은 상태 가치 $v_\pi(s)$를 확률적으로 행동 가치로 나눔을 나타낸다. 즉, 확률 $\pi(a|s)$를 사용하여 $q_\pi(s,a)$로 나누었으므로 $v_\pi(s)$는 **그림3**과 같이 나타낼 수 있다.

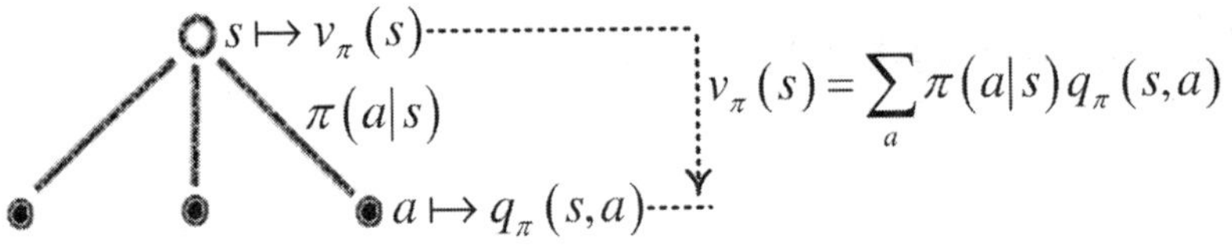

그림3

그림2(a-2)는 현재 상태 s와 행동 a를 연결하고 행동 a와 다음 상태 s'을 연결한 그래프이다. 다음 상태 s'으로 전이할 확률인 $p(s'|s,a)$와 즉시 받는 보상인 $R_{ss'}^a$을 해당 선분의 오른쪽에 나타냈다. 노드 s'를 가치 $v_\pi(s')$와 화살표로 연결했다. 이 그래프는 행동 가치 $q_\pi(s,a)$를 확률적으로 즉시 받는 보상과 미래 상태 가치로 나눔을 나타낸다. 즉, 전이 확률 $p(s'|s,a)$를 사용하여 $R_{ss'}^a + \gamma v_\pi(s')$(할인률 γ)으로 나누었으므로 $q_\pi(s,a)$를 **그림**4와 같이 나타낼 수 있다.

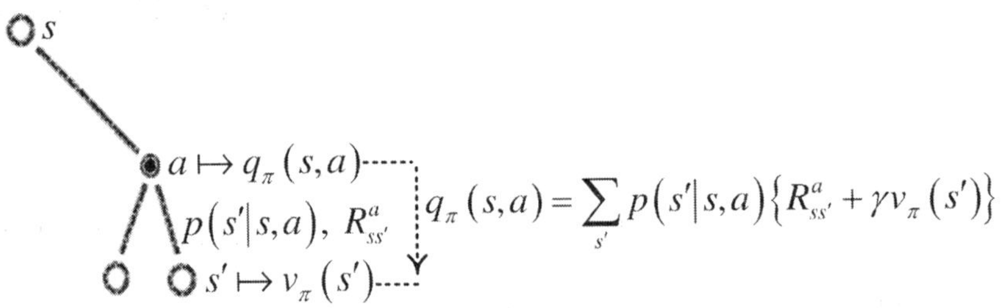

그림4

그림3, 4를 이용하여 다음과 같은 벨만 기대 방정식을 얻는다.

벨만 기대 방정식	
벨만 기대 방정식	$v_\pi(s) = \sum_a \pi(a|s)\left\{R_s^a + \gamma \sum_{s'} p(s'|s,a) v_\pi(s')\right\}$
	$q_\pi(s,a) = R_s^a + \gamma \sum_{s'} p(s'|s,a) \sum_{a'} \pi(a'|s') q_\pi(s',a')$

그림5

2 Bellman 최적 방정식

그림1(b)에 있는 기호 설명은 '강화학습 기본과 PyTorch'에 있고 노드, 선분과 점선 화살표에 대한 설명은 **그림**1(a)와 유사하므로 생략한다.

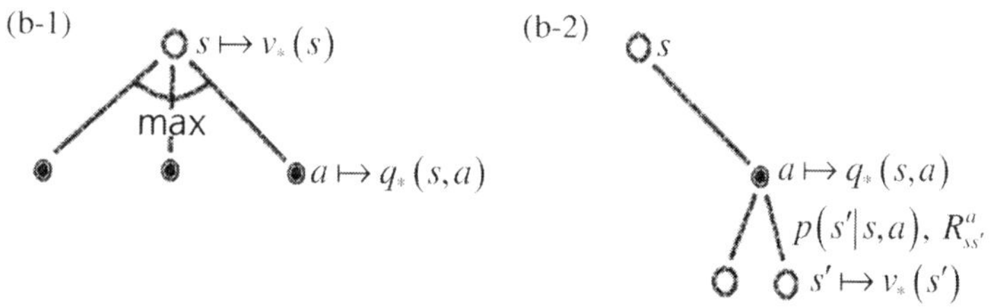

그림6

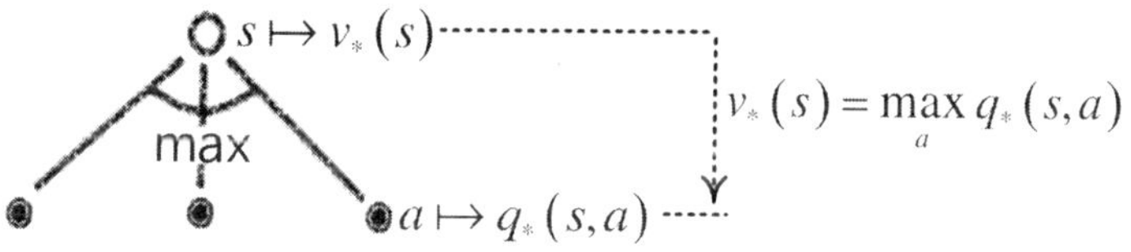

그림7

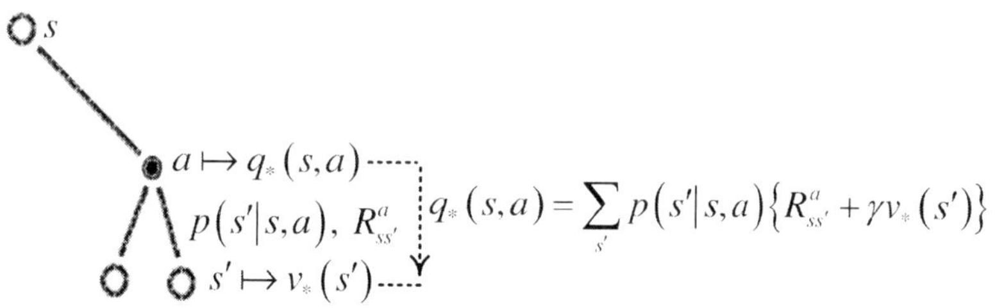

그림8

그리고 **그림**7과 **그림**8로부터 다음과 같은 벨만 최적 방정식을 얻게 된다.

벨만 최적 방정식	$v_*(s) = \max_a \left\{ R_s^a + \gamma \sum_{s'} p(s'\|s,a) v_*(s') \right\}$
	$\underbrace{q_*(s,a)}_{\text{현재 } q \text{ value}} = R_s^a + \gamma \sum_{s'} p(s'\|s,a) \max_{a'} \underbrace{q_*(s',a')}_{\text{미래 } q \text{ value}}$

그림9

강화학습 기본 다지기와 PyTorch

저　　자　추상목
발 행 인　김지영
발 행 처　자유아카데미
주　　소　경기도 파주시 회동길 37-42
　　　　　파주출판도시
전　　화　031-955-1321
팩　　스　031-955-1322
홈페이지　www.freeaca.com
전자우편　main@freeaca.com (대표)
　　　　　editor@freeaca.com (편집)
　　　　　crm@freeaca.com (영업)
등　　록　제406-2003-017호, 1980. 7. 12
제1판1쇄　2024년 11월 30일 발행

저자와의 협의하에 인지생략

ISBN 979-11-5808-658-9　93000